7 Coleção
Ciências e Culturas

Coordenação Científica da Colecção Ciências e Culturas
João Rui Pita e Ana Leonor Pereira

Os originais enviados são sujeitos a apreciação científica por *referees*

Coordenação Editorial
Maria João Padez Ferreira de Castro

Edição
Imprensa da Universidade de Coimbra
Email: imprensa@uc.pt
URL: http://www.uc.pt/imprensa_uc

Design
António Barros

Pré-Impressão
Tipografia Lousanense, Lda.

Capa
Pedro Falcão
ST 16 (Série Expulsão de Energia), 2006
Tinta de água s/ papel
Cortesia Galeria Sete

Print By
CreateSpace

ISBN
978-989-8074-45-4

ISBN Digital
978-989-26-0503-6

DOI
https://doi.org/10.14195/978-989-26-0503-6

Depósito Legal
272072/08

Os volumes desta coleção encontram-se indexados e catalogados
na Basedados da Web of Science.

Marco Steinert Santos

Virchow: medicina, ciência e sociedade no seu tempo

I
U
IMPRENSA DA UNIVERSIDADE DE COIMBRA
COIMBRA UNIVERSITY PRESS

• COIMBRA 2008

ÍNDICE

AGRADECIMENTOS

A dissertação de mestrado que serviu de base ao presente livro não teria sido possível sem o inestimável apoio, estímulo e confiança da Professora Doutora Ana Leonor Pereira e do Professor Doutor João Rui Pita (orientadora e co-orientador, respectivamente). Nomeadamente, nunca poderei esquecer e retribuir a compreensão pelo facto de me encontrar longe de Coimbra (no Reino do Algarve), e de ter de dividir o meu tempo por mil e uma tarefas distintas.

Desejo igualmente agradecer aos meus pais, pois é a eles que devo o que sou, e aos meus filhos, que me inspiram e dão forças àquilo que poderei ainda ser. Deixo também aqui um reconhecimento especial à minha irmã, que se encontra longe (Península Itálica), e que também me inspirou.

Um último agradecimento aos amigos; não nomearei aqui nenhum em especial, pois não seria justo para com os outros ... mas eles saberão identificar-se com este sinal de apreço.

E, finalmente, um tributo às musas que me foram iluminando os sentidos e o sentir.

Santa Maria de Al-Farum, Junho de 2008

7

PREFÁCIO

Acreditamos que Rudolf Virchow é uma figura pouco conhecida em Portugal fora dos circuitos científicos especializados. Embora tenha sido médico, cientista e professor de medicina, a sua importância não se esgota nos meandros das ciências médicas. Virchow ultrapassa os limites das ciências da saúde. Vulgarmente é considerado como o Pai da patologia moderna mas, simultaneamente, Virchow é referência obrigatória da medicina social, da antropologia, da arqueologia e da política; encontramos em Virchow preocupações com o saneamento básico, as construções hospitalares, higiene escolar e higiene alimentar, entre outras. As consequências do seu trabalho tiveram consequências na teoria e na prática da politica do tempo.

Rudolf Virchow nasceu em 1821 e faleceu em 1902. Viveu e realizou ciência num dos períodos históricos em que as ciências médicas germânicas marcavam fortemente a cultura científica europeia. Virchow era um académico; foi professor de anatomia, sublinhando-se o seu trabalho no campo da anatomia patológica na Universidade de Berlim, sobretudo desde 1856. Viveu a Guerra Franco Prussiana, tendo exercido notável actividade num hospital de campanha. Virchow fica ligado a diversas descobertas e contributos científicos inovadores como, por exemplo, entre vários, em trabalhos sobre a leucemia, em técnicas relacionadas com os estudos anatómico-celulares. Mas, numa história da medicina e das ciências médicas ou da saúde o nome de Virchow fica pelo menos relacionado com a introdução do conceito de patologia celular e com a consolidação e divulgação do conceito de medicina social e de medicina como ciência social (proposta realizada já anteriormente por outros autores. Ficou célebre a sua obra *Die Cellularpathologie* (1858). Pode-se dizer que a teoria celular de Virchow representa na segunda metade do século XIX um apuramento da mentalidade anatomoclínica proposta por Bichat e toda a galeria de anatomistas e histologistas que comungaram da proposta científica do médico francês.

Virchow exerceu, também, significativa actividade política; tomou parte activa na vida do II Reich alemão tendo sido opositor ao Chanceler von Bismarck. A articulação entre ciência, medicina e política era muito forte em Virchow, ficando célebre a sua expressão que traduzida se pode ler como: "a medicina é uma ciência social e a política não é mais do que a medicina entendida em grande dimensão".

A obra de Marco Steinert Santos que agora se publica, resulta da adaptação para livro da sua dissertação de Mestrado em História das Ideologias e das Utopias Contemporâneas, na área de especialização em História da Ciência. E aqui está um objecto de tese que se enquadra, desde logo com, a designação geral do mestrado e, depois, com a área de especialização. Trata-se de um estudo original que pretende ser uma primeira abordagem a Virchow cruzando as vertentes já referidas. Não se trata de um trabalho de história da medicina para dar a conhecer o Virchow enquanto cientista médico, daquilo que tradicionalmente se refere como uma história interna da medicina, mas trata-se de um trabalho de história da ciência para retratar e cruzar todas as vertentes exploradas por Virchow no seu trabalho científico, social e politico. A obra, com uma leitura fácil, é apresentada como se de uma biografia se tratasse, de modo cronológico, entrecruzando os percursos de Virchow ao longo da sua caminhada científica, social e politica. Realizada a partir de biografias de Virchow, complementada com consulta de fontes nacionais e estrangeiras, é de sublinhar a pesquisa que o autor realizou do periódico *Die medicinische reform* (1848-1849), obra icontornável para a compreensão da medicina social na Europa e cuja leitura e interpretação se tornou mais fácil dado o domínio exemplar da língua alemã por parte do autor.

Com esta obra, o Grupo de História e Sociologia da Ciência do CEIS20 dá a conhecer o resultado da pesquisa de um investigador deste centro e que se enquadra na linha de investigação "Ciências, tecnologias e práticas de saúde", em articulação com o projecto de investigação "Público e Privado: História Ecológico-Institucional do Corpo, 1900-1950. O caso português" (FCT-POCTI/HAR/49941/2002, Investigadora Responsável, Profª Doutora Ana Leonor Pereira).

João Rui Pita
Agosto de 2008

NOTA DE ABERTURA

«... es ist die Wissenschaft für uns Religion geworden.»

Rudolf Virchow (1865)

A presente obra pretende ser um duplo tributo: um tributo à minha terra de origem (Berlim), e um tributo ao País que me acolheu (Portugal), bem como à terra que me fez adquirir mais conhecimentos (Coimbra). De facto, sendo um luso germânico, de sangue e alma, não poderia ser doutro modo.

A personalidade de eleição para esta dupla homenagem só poderia encarnar-se em alguém como Virchow; de facto, não apenas por ter deixado uma marca profunda em Berlim, mas principalmente por ser originário duma Província que serviu igualmente de berço a parte dos meus antepassados alemães, de três gerações para trás. Depois, há toda uma empatia espiritual pelas dificuldades que Virchow teve de vencer; mais tarde, tendo chegado até onde chegou, nunca se esqueceu donde veio, tendo mantido sempre uma verdadeira modéstia, embora nunca desprezando o seu próprio valor.

Finalmente, trata-se aqui da tentativa de dar a conhecer um homem admirável, a todos os níveis, mas que tem caído no esquecimento (excepto dos que estudam medicina, mas que dele só conhecem o médico/cientista, não o homem multifacetado que foi).

Por fim, poder-se-á questionar: porque escolher uma individualidade *não portuguesa*? Nós não estamos em Portugal? A essa hipotética crítica, com o devido respeito, respondo que a genialidade, aliada a uma vida exemplar, não deveriam conhecer fronteiras, antes devem servir como exemplo de conduta e de inspiração, a todos. Depois, Virchow insere-se profundamente no espaço cultural europeu, tendo dado o seu contributo à evolução geral em que hoje vivemos.

Por todas estas razões, expostas, e outras, que ficaram por expor, venho oferecer a presente obra sobre Virchow.

INTRODUÇÃO

A presente obra, que resulta da nossa tese de mestrado em História das Ideologias e das Utopias Contemporâneas, tem por objecto a figura de alguém que é quase um *ilustre desconhecido* no espaço português: Rudolf Virchow (1821-1902). O objectivo é o de o resgatar da penumbra do esquecimento, analisando o seu gigantesco contributo para a revolução científica no espaço central-europeu, revolução que rapidamente se deslocaria também às regiões periféricas do continente europeu, irradiando simultaneamente para toda a orbe terrestre.

Virchow nasceu no seio do povo, numa das regiões mais atrasadas do Reino da Prússia; a sua perseverança e inteligência encarregar-se-iam de o notabilizar rapidamente em todo o espaço cultural alemão. Falar-se-á, assim, do homem, da sua vasta obra, bem como das interacções com a sociedade em que viveu, dos desafios que enfrentou, das suas vitórias e derrotas. Virchow foi um autêntico Leonardo da Vinci do seu tempo, um homem que se dedicou a ciências tão diversas como a biologia, a medicina, a história (particularmente, a pré-história), a arqueologia, a antropologia, a par de uma participação activa na vida da Polis e do Estado, quer como político comunal, no município de Berlim, quer como deputado no *Landtag*[1] e no *Reichstag*[2], nunca deixando a docência e a vida académica. Um homem dos sete ofícios, que revelou ser um mestre em cada um deles. Penso que o *cimento*, o denominador comum que presidia a estes variados e, aparentemente, campos opostos, tem na sua base a sua filantropia, o seu amor pelo seu semelhante. E como compreender essa disparidade prática de actividades? Segundo nos refere Vasold, Virchow, no final da sua vida, teria afirmado que «*repousava duma actividade para a outra. Quando, numa qualquer questão, não conseguia avançar, deixava tudo para trás e começava a redigir manuscritos*»[3]; Mas, o mais importante é o seu denominador comum: o amor e respeito pelo género humano, o serviço ao bem-estar do ser humano, algo que orientou desde muito cedo toda a sua existência. Numa perspectiva tipicamente socrático-platónica, Virchow defendia que muitos dos males que afligiam a humanidade se deviam à ignorância; a ciência, a democracia e a edução seriam as ferramentas para combater esse estado de coisas, fazendo-a progredir.

---

[1] Parlamento do Estado da Prússia; actualmente, cada Estado Federado da RFA tem um *Landtag*.
[2] Parlamento do *Reich* (1871-1945); actualmente corresponde ao *Bundestag*, Parlamento da Federação.
[3] Manfred Vasold, *Rudolf Virchow – Der grosse Arzt und Politiker*, Francoforte do Meno, Fischer Taschenbuch Verlag GmbH, 1990, pág. 379.

Quanto à ciência propriamente dita, como já se pode adivinhar pelo que se expôs *supra*, esta não era para Virchow um fim em si, mas sim um meio para minorar a existência humana no quotidiano. Poderíamos aqui imputar a Virchow o seguinte pensamento: «tudo pelo Homem, nada contra o Homem». No nosso tempo presente, essa questão da finalidade da ciência é uma questão fundamental: perspectivando a ciência como um fim em si mesma, livre e liberta de peias éticas (por vezes rotuladas de *religiosas*), potencia riscos inimagináveis para o género humano (e alguns efeitos desses riscos são já cruelmente testemunháveis, como, por exemplo, na questão da clonagem de embriões humanos). O mito do Doutor Fausto, de Goethe, nunca foi tão actual como nos nossos dias; com efeito, o *pecado* da ânsia de conhecimentos e a busca da notoriedade *inter pares* podem e poderão ocasionar os efeitos mais nefastos. Daí as vozes que se têm vindo a fazer ouvir, apelando a uma maior consciencialização dos cientistas; a ciência não pode ser um fim em si mesma. Nessa matéria, Virchow foi igualmente um arauto. De facto, pode afirmar-se, sem grande escândalo, que a ciência, em termos gerais, perdeu a sua inocência em 1945, ano em que desfilaram aos olhos do mundo os *triunfos* mais nefastos do génio humano (a bomba atómica, a mecanização *científica* da morte nos campos de extermínio, para referir somente alguns exemplos). Actualmente, aos nossos olhos, a desconfiança relativamente aos progressos científicos nunca foi tão grande (por exemplo, a questão dos produtos transgénicos).

No final desta obra, passar-se-á em revista o legado de Virchow nos praticamente 100 anos posteriores à sua morte, nomeadamente as fases de ostracismo e de ressurreição, de condenação e de reabilitação de que foi alvo.

Por aquilo que ficou expresso nos parágrafos anteriores, compreender-se-á já melhor o propósito que presidirá à presente tese. Virchow surgirá aqui como um exponente, e terá um monopólio quase absoluto. Contudo, sempre que oportuno, desfilarão pelas seguintes páginas outros vultos, quer da política (por exemplo, Bismarck), quer da própria ciência (Schleiden, Schwann, Semmelweis, Darwin, Haeckel, Koch), quer doutras áreas (o filantropo industrial, e correligionário político de Virchow, Werner von Siemens, ou o *self-made man* Schliemann); afinal, a grande obra humana é sempre fruto da conjugação dos diversos *génios* e *monstros* em presença.

Por último, a acção científica de Virchow integra-se plenamente na emancipação da medicina científica, que finalmente se liberta de modo absoluto da *praxis* empírica que lhe advinha do substrato colhido da antiguidade clássica e medieval. Com efeito, é a partir de 1850 que se opera de forma visível o avanço imparável da medicina, com reflexo no quase duplicar da esperança média da vida humana nos 50 anos seguintes: passa-se a compreender o mecanismo das doenças e das epidemias, entravando e eliminando aquelas. Deste modo, a presente tese não perderá igualmente de vista os progressos da medicina, encarnados por uma plêiade de campeões, bem como das acções/reacções por parte das restantes forças sociais em campo no tempo de Virchow.

Por fim, a década de 40 do séc. XIX marca a passagem do termo "individual" para o termo "colectivo", não obstante o modelo político dominante ser o liberalismo. Cada vez mais se passa a ver o ser humano não como um ser isolado, mas sim integrado em corpos sociais. Exponente dessa nova assumpção filosófica transparece no "Manifesto Comunista", de Karl Marx, em 1848. No mesmo ano Virchow arranca com a publicação do periódico "*Die medicinische Reform*", na qual, a par de várias críticas à medicina e propostas de reforma, se assume como pedra de toque a medicina como uma medicina social, e que a verdadeira política teria de ser uma «medicina em grande estilo» (*"eine Medizin im Großen"*)[4].

Finalmente, uma advertência: todas as citações colhidas directamente do alemão foram pessoalmente traduzidas por mim, pelo que poderá ser natural que possam ocorrer desfasamentos com a eventual tradução desses excertos para português levadas a cabo por outras pessoas. Sem deturparem o sentido do texto original, as traduções compreendem sempre uma certa margem criativa por quem traduz.

Exposta a ténue *anima*, passemos ao *corpus*.

---

[4] In *Die Medicinische Reform*, N.º 1, pág. 1, 10 de Julho de 1848.

CAPÍTULO I

Os Primeiros Anos

Rudolf Ludwig Carl Virchow nasceu no lugar de Schivelbein[5], na província da Pomerânia, Estado e Reino da Prússia, a 13 de Outubro de 1821[6]. Como era o mundo, aquando do nascimento de Virchow? Qual era a *ambience* política?

Na Europa vivia-se a ressaca das guerras napoleónicas. A revolução francesa, com todo o seu rol de horrores, bem como a 1.ª fase de Napoleão (a sua *fase republicana*, em que substituía casas reinantes por repúblicas) produziram um visível terror nas cabeças coroadas da restante Europa; esse terror alastrou a todas as outras classes quando Napoleão se coroa imperador e se lança à conquista da restante Europa, passando a distribuir coroas pela sua ambiciosa família, cometendo simultaneamente as maiores atrocidades sobre os povos dos reinos espoliados. Nem um reino austero, bem organizado e disciplinado, como o Estado da Prússia, que vivia ainda à sombra do glorioso e racional reinado de Frederico II, o Grande (1740-1786), escapou à rapina napoleónica. Sete anos de humilhante ocupação, a par de uma soberania limitada, acabariam por revitalizar o espírito do reino; na sombra preparam e executam-se reformas militares (von Scharnhorst) e sociais (Karl von und zu Stein), para, ao primeiro sinal de fraqueza da águia napoleónica, sacudir o jugo e passar à ofensiva. Foi o que sucedeu em 1813 (Outubro: a grande batalha de Leipzig). Em Julho de 1815, o general prussiano von Blücher auxilia Wellington *in extremis,* dando o golpe de misericórdia a Napoleão, em Waterloo.

O dia parecia ganho, e, à semelhança de um futuro espírito de 1945 (o *"Nie wieder Krieg"* – "Guerra, nunca mais"), reúne-se um grande congresso, em Viena (1814-1815), no qual se estabelecem as directivas para a futura "ordem europeia". Essas directivas radicam num *status quo*: perpetuação dos tronos, perpetuação dos credos religiosos (católico e/ou protestante, consoante a zona de implantação geográfica), fixação e imutabilidade das fronteiras. Só que o mundo já não era o mundo anterior a 14 de Julho de 1789. De facto, as guerras napoleónicas são as primeiras guerras *modernas,*

---

[5] Actualmente, Œwidwin, na Polónia, fruto das deslocações fronteiriças que se seguiram após 1945.
[6] Manfred Vasold, ob. cit., pág. 16.

na medida em que se assiste a um recrutamento em massa (o chamado "povo em armas"). Os estados "conservadores" haviam vencido, em última linha, por terem copiado o figurino francês da mobilização geral. Havia a perfeita consciência de que as cabeças coroadas haviam salvo a sua coroa (e a sua cabeça!) à custa do sangue do seu povo. Numa lógica irrefutável, assistia-se por toda a Europa ao seguinte raciocínio: se temos o direito/dever de morrer pelo rei, então também temos o direito/dever de comparticipar na governação do Estado. Assim, não obstante a vitória sobre Napoleão, os *germes* da revolução americana e francesa haviam contagiado as mentes do *terceiro estado*. A face visível deste conflito denota-se nas lutas em prol de uma constituição e nos movimentos liberais que lhe andam associados, e que começam a ecoar aos poucos por toda a Europa (Espanha, 1814-1817 [Constituição de Cádiz], Portugal, 1821-1822, Rússia, 1825 [os Decabristas]); o ponto alto dessa luta será o ano de 1848 (revoluções e barricadas em Paris, Bruxelas, Berlim, Munique, Viena, Praga). Outro elemento novo que faz a sua aparição é o fenómeno das nacionalidades: os povos passam a compreender-se segundo famílias linguísticas e já não como vassalos de um rei, príncipe ou grão--duque; as divisões entre Estados, sejam eles ducados, principados, reinos ou *Reichsstädte*[7] (o caso do espaço linguístico alemão), ou ainda cidades-repúblicas (o caso do espaço linguístico italiano) passam a ser vistas como algo de anti-natural, impeditivo à união e emancipação do espírito nacional como um todo. Lentamente, começam a preparar-se as unificações italiana e alemã.

Portanto, é nesta *ambiance* europeia que nasce Virchow. Contudo, se é verdade que somos filhos do nosso tempo, é igualmente verdade que somos filhos da nossa região. Ora, a província da Pomerânia, localizada na parte ocidental da Prússia Oriental, delimitada entre o rio Oder e o Vístula, era uma das regiões mais atrasadas do Reino da Prússia. A vasta província da Pomerânia havia sido paulatinamente germanizada, principalmente a partir do séc. XII, até aos finais do séc. XIV[8]. O braço visível desse esforço de conquista e de colonização coube à Ordem Teutónica, uma casta de monges-guerreiros, nascida em 1191 na Terra Santa[9]. Os primitivos ocupantes, os povos eslavos, tiveram uma sorte algo semelhante à dos mouros aquando da reconquista cristã na Península Ibérica: morte, expulsão, servidão, conversão (parte dos eslavos eram ainda pagãos, particularmente o povo dos prússios, que viriam a dar o seu nome à Prússia), mesclagem com os colonizadores. A única diferença, relativamente ao caso ibérico, em termos comparativos, é que os eslavos vencidos conseguiram em algumas zonas manter a sua língua e herança cultural, como autênticos enclaves (nomeadamente, na Província

---

[7] O termo *Reichsstadt* (cidade imperial) vem da idade média, e significa uma cidade-livre, submetida apenas à autoridade do imperador, não devendo obediência a outros *senhores* (reis, duques, etc).

[8] O nome Pomerânia (*Pommern*, em alemão), deriva do eslavo *Pomeranze*, que significa "terra ao lado do mar" (Báltico).

[9] Não deixa de ser curioso a existência de algumas *coincidências*, históricas e culturais, entre a Ordem Teutónica, sobre a Alemanha, e a futura Ordem de Cristo, sobre Portugal. Na sua génese, temos duas ordens militares de cariz religioso. A Ordem de Cristo deixa a sua marca na expansão portuguesa além-mar; a Ordem Teutónica dirige a expansão alemã para o Leste. Em termos culturais: a Ordem de Cristo legou a cruz com o mesmo nome; a Ordem Teutónica, a cruz de ferro, ressuscitada como condecoração militar prussiana em 1813, e as cores: o negro e o branco, ainda hoje as cores oficiais das equipas alemãs em eventos desportivos.

da Silésia)[10]. A marca eslava no espaço germanizado sobressai principalmente na onomástica e nos apelidos: por via de regra, todos os apelidos «alemães» terminados em *tow, kow, ow, sky* ou *ny* revelam um cruzamento ou uma ascendência eslava. O próprio Virchow, embora se considerasse genuinamente alemão, tinha orgulho e noção da sua costela eslava, e daí se compreenda uma certa simpatia com o elemento polaco em alguns dos seus trabalhos, como se verá mais adiante.

A par da pobreza, devido a múltiplos factores (guerra dos 30 anos, guerra dos 7 anos, epidemias várias), a Pomerânia destacava-se por ser a província mais protestante de todo o espaço alemão[11] (cerca de 98%), o que, de certa forma, vem desmentindo a ideia de que a riqueza tenha de andar necessariamente associada ao credo protestante. Verdade é que Virchow, desde muito cedo, nutriu uma certa aversão ao catolicismo em geral, à Igreja Católica em particular, ao que não será alheio o espectro protestante, na vertente Luterana, em que nasceu e foi colhendo as suas primeiras impressões sobre o mundo que o rodeava.

Sobre as origens de Virchow, as fontes são relativamente escassas. O seu bisavô paterno, Johann Virchow, aparece mencionado em 1760, como funcionário judicial do Tribunal de Schivelbein. O avô paterno, Christian Virchow, era talhante, explorando igualmente uma destilaria e dedicando-se à agricultura. O seu pai, Carl Christian Siegfried Virchow (1785-1865), foi auxiliar de comércio na sua juventude, passou pelas fileiras do exército prussiano, até 1810, para retornar a Schivelbein, a fim de gerir o pecúlio paterno, composto por algumas terras; entre 1811 a 1828 exerceu cargos ligados à administração municipal, passando depois a dedicar-se exclusivamente ao cultivo da terra. Sobre a mãe de Virchow, Johanna Maria Hesse, apenas se sabe que nasceu em 1785 (vindo a falecer em 1857) e que se casou com o pai de Virchow em 1818; era uma mulher de estatura baixa, forte, de olhos escuros e cabelo castanho. Como se infere da descrição dos seus antepassados, Virchow nasce no seio de uma família que já dominava a leitura e a escrita há algumas gerações, o que também terá a sua importância, nomeadamente ao nível da sua posterior educação, desde cedo incrementada pelo seu pai.

Virchow é filho único. Sobre os primeiros anos da sua infância, o pouco que se sabe devemo-lo ao próprio Virchow, quando escreve sobre si próprio, aos 17 anos, ao se apresentar para a *Reifeprüfung*[12], realizada na Páscoa de 1839: «*Os primeiros anos da minha vida transcorreram calmos e sem a ocorrência de quaisquer episódios que tivessem alguma importância decisiva sobre a minha vida futura. Daí que quase nenhuma lembrança permanente se tenha gravado na minha memória. O facto de ter seriamente adoecido aquando do rompimento dos dentes caninos e de ter padecido de uma grave pneumonia, são coisas que só sei porque me foram relatadas pelos meus pais; mas recordo-me muito bem de que desde muito cedo folheava com grande cuidado livros que contivessem*

---

[10] Sobre a longa colonização germânica no leste, e o contraste que se seguiu após 1945, são ilustrativas as palavras amargas de Ackerknecht: «*Isto revela que os alemães, que a partir do séc. XI começaram a invadir a Pomerânea, não aplicavam o chavão "Um bom eslavo é um eslavo morto", nem seguiram os métodos da evacuação total, seguidos pelos "libertadores" comunistas russos e polacos, em 1945.*» in Erwin Ackerknecht, *Rudolf Virchow – Arzt, Politiker, Anthropologe*, Estugarda, Ferdinand Enke Verlag, 1957., pág. 172, nota de rodapé.

[11] O termo *espaço alemão* identifica todo espaço geográfico-cultural alemão *latu sensu*, incluindo quer o território da futura unificação alemã de 1871, quer a parte alemã do futuro Império Austro-Húngaro.

[12] Exame de maturidade, exame correspondente ao exame final dos liceus, obrigatório desde 1834.

ilustrações, tentando fixá-las na minha memória, especialmente se se tratavam de ilustrações de plantas ou de animais[13].

Ora, antes de se expor sumariamente a educação de Virchow, até à sua ida para Berlim, nos finais de 1839, torna-se imperioso tecer algumas considerações sobre o sistema educativo vigente na Prússia. No reinado de Frederico Guilherme, o rei-sargento (1713-1740), assiste-se a uma autêntica revolução: o rei, sempre com a preocupação de rentabilizar o recém-criado reino[14], decide impor a escolaridade obrigatória (as linhas gerais encontram-se num Decreto Régio, datado de 28 de Setembro de 1717). O racio-cínio do monarca era simples: todos os seus súbditos (homens/mulheres) deveriam saber ler, escrever e fazer contas; ler, para entenderem a bíblia e os decretos (respeitando, assim, a ordem divina e a ordem terrena), escrever (nomeadamente, para se queixarem dos abusos e desvios das entidades administrativas, lesivas do rei), e fazer contas (por exemplo, em matéria de tributações/impostos). Fiel à sua reputação de avareza, o pri-mitivo *sistema educativo* quase nada custou ao monarca, pois o grosso dos primeiros professores primários eram militares, inválidos ou aposentados, literados ou semi-lite-rados, que em troca recebiam uma pequena tença complementar. O ano escolar era reduzido (Novembro a Março, por regra), coincidindo com a *época baixa* do ano agrícola; no início do Verão, havia aulas de recapitulação, 1 a 2 dias por semana, *«para que as crianças não esqueçam o que aprenderam no Inverno»*. Fora dessa obrigação de aprender, as crianças ajudavam as suas famílias, nas tarefas do campo ou nos ofícios dos pais. Com o passar das décadas, o sistema vai aos poucos perdendo o seu cunho rudimentar, aperfeiçoando-se, nomeadamente a partir das "Instruções Reais" de Fre-derico II, o Grande, em 1764. Na infância de Virchow, os mestres-escola revelavam já uma certa preparação; o sistema rudimentar pertencia já ao passado.

A instrução primária de Virchow decorreu em Schivelbein, entre os seus 6/7 até aos 9 anos de idade, destacando-se como um dos melhores alunos; paralelamente, tem lições particulares de latim e de francês. Contudo, parece que a qualidade do ensino não seria das melhores; para suprir essas lacunas, o pai de Virchow convence o pre-gador local, Benekendorff, a abrir uma escola particular, onde Virchow e outras crianças desenvolvem e aperfeiçoam os seus conhecimentos em religião, latim (familiarizando--se igualmente com a leitura dos clássicos romanos) e história, entre outras matérias[15].

Em Maio de 1835, aos 13 anos, Virchow ingressa no liceu de Köslin, a 50 km de Schivelbein, onde permanecerá durante os 4 anos seguintes. Uma nota curiosa: a admissão ao liceu fazia-se pela prestação de um exame de admissão; o próprio Virchow (na sua apresentação à *Reifeprüfung*) refere que foi admitido na última vaga do 1.º ano, o que parece confirmar a existência de algumas lacunas na instrução até aí recebida. Contudo, Virchow adapta-se bem ao liceu e às matérias leccionadas; em pouco tempo, passa a ser um dos melhores alunos; o mesmo não se pode dizer quanto ao com-portamento: Virchow deveria ser *irreverente* junto dos seus colegas, já que estes lhe aplicaram a alcunha de *"Rei"*[16]. A confirmar esta fase de mau comportamento, merece

---

[13] Manfred Vasold, citando Virchow, ob. cit., pág. 16.

[14] Fundado em Königsberg, capital da Prússia Oriental (actual Kalingrad), a 27 de Janeiro de 1701, por Frederico I, que assim deixa de ser Frederico III, *Kurfürst* (Príncipe-eleitor) de Brandenburgo.

[15] Manfred Vasold, citando Virchow, ob. cit., pág. 16.

[16] Idem, *Ibidem*.

a pena destacar o seguinte episódio: Virchow, que era o melhor aluno da sua turma, viu-se subitamente postergado para o último lugar; isto porque, no final do ano escolar, os critérios de avaliação foram reformados de raiz, passando para primeiro critério o comportamento[17]. Virchow alterou a sua *filosofia de vida*, e rapidamente voltou a ser o melhor aluno, no ano seguinte.

Quanto às matérias leccionadas nos liceus daquele tempo no Reino da Prússia, o peso ia maioritariamente para o latim, reflexo de uma pedagogia neo-humanista, tributária do renascimento. De facto, segundo Vasold, *«[...] durante semanas e semanas, os alunos tinham tantas horas de latim como as horas de matemática, alemão, história, geografia e ciências naturais juntas»*[18]. Segundo a opinião de Vasold, Virchow não se dava mal com o sistema de ensino, mas criticava o facto de *«os professores gravitarem pelas coisas distantes, sem cuidarem de forma mais exaustiva as coisas da pátria local»*[19], ou, em termos mais actualistas, o "estudo do meio" em que se encontravam. Mais tarde, em 1849, pegando nesse ponto, tendo por base a geografia e a história, num dos números da "Reforma da Medicina", Virchow escreve as seguintes palavras: *«Estas (geografia e história), finalmente, perceberam que têm de dar igualmente atenção à Pátria, à Província, ao círculo administrativo, sim, à própria cidade e à aldeia, onde se encontra a escola; a história já não termina com o início da revolução francesa.»*[20],[21]

Pela Páscoa de 1839, Virchow conclui o curso dos liceus, ao submeter-se com distinção à *Reifeprüfung*. Esta "prova de maturidade" era composta por uma sucessão de provas, escritas e orais, sobre as diversas matérias leccionadas, bem como uma prelecção sobre um tema escolhido pelo candidato, tendo por base o Antigo Testamento. *«Uma vida cheia de trabalhos e de esforços não é um fardo, mas uma bênção»*, foi o tema escolhido por Virchow. Numa das passagens, Virchow escreve o seguinte: *«Os loucos, que [...] não conseguem ver que o seu espírito se fortalece à medida dos esforços contínuos, de forma a que vão aumentando constantemente a sua força interior e a sua firmeza.»*[22] Noutra passagem pode ler-se: *«Pois que assim são os homens, julgando que uma vida cheia de trabalhos e de esforços constitui um fardo, pelo que suspiram face à pressão dos seus diversos afazeres, desejando que estes permanecessem antes bem longe deles; de sorte que eles são incapazes de reconhecer o quão bondoso e sábio, Ele, que dirige todo o nosso destino, se encarregou de zelar por eles precisamente nesse aspecto.»*[23] Em jeito de premonição, esse tema servirá de *Leitmotiv* à vida futura de Virchow: até ao final da sua existência terrena, Virchow desdobrou-se em várias actividades, teóricas e práticas, das quais daremos conta nas páginas seguintes da presente obra.

O Verão desse ano, Virchow passa-o na companhia dos seus pais; autodidacta, aproveita o Verão para aprender italiano, língua que virá a dominar, chegando poucos anos depois a redigir artigos nesse idioma.

---

[17] Informação recolhida em Ernst Meyer, *Rudolf Virchow*, Wiesbaden, Limes Verlag, 1956, pág. 10.

[18] Manfred Vasold, ob. cit., pág. 18.

[19] Idem, *Ibidem*, pág. 19.

[20] Citação extraída em Manfred Vasold, ob. cit., pág. 19, a qual remete para o periódico *Die medicinische Reform*, pág. 217, N.º 37, 23 de Março de 1849.

[21] Afirmação curiosamente *actual* no caso português: a história de Portugal, nos 11.º e 12.º ano (1.ª parte dos anos 80) terminava, invarialvemente, em 1821; no Ciclo Preparatório (2.ª parte dos anos 70), a história terminava em 1910 (!).

[22] Citação extraída em Ernst Meyer, ob. cit., pág. 11.

[23] Citação extraída em Manfred Vasold, ob. cit., pág. 20.

Nos finais de Outubro de 1839, tendo já completado 18 anos, inicia-se um novo capítulo na vida de Virchow: a sua ida para Berlim, com o propósito de seguir medicina. Berlim seria o primeiro degrau para a sua imorredoira consagração.

CAPÍTULO II

VIRCHOW E A SUA CHEGADA A BERLIM

A cidade de Berlim encontrava-se num franco processo de crescimento e de modernização. Ao contrário de outras cidades europeias, como Paris, Londres ou Viena, Berlim nunca havia sido uma grande cidade, digna desse nome. O seu ponto mais baixo tivera lugar menos de dois séculos atrás: no final da guerra dos 30 anos, contaria com perto de 7.000 habitantes. Só a partir da regência do grande príncipe-eleitor (Frederico Guilherme, 1640-1688) é que a cidade começou, aos poucos, a crescer e tomar formas que a assemelhassem a uma cidade europeia. É a partir dos finais do séc. XVII que se começa a delinear e a executar uma cidade "racional": avenidas largas, edifícios públicos majestosos, infra-estruturas mínimas. Nos finais do séc. XVIII, Berlim já podia «mostrar-se», embora à pequena escala, ao lado de uma Paris, Viena ou Londres.

As reformas políticas e administrativas de von und zu Stein e de von Scharnhorst passariam igualmente pela criação de uma universidade em Berlim, fundada em 1810. O seu mentor foi Wilhelm von Humboldt que defendeu e implementou um conceito revolucionário, em matéria de ensino: a universidade deveria promover a unidade entre a investigação e o ensino, entre a prática e a teoria. De facto, na esmagadora maioria das universidades europeias, o ensino era ainda fundamentalmente teórico, inclusive nas áreas das ciências, a par de um divórcio entre "mundo académico"/"mundo real". Por detrás da unidade "teoria/prática", Humboldt defendia ainda conceitos que hoje nos parecem naturais: a independência/autonomia universitária, por exemplo. Na opinião de Humboldt, a universidade deveria ser uma corporação capaz de se reger por si mesma, formando indivíduos capazes de se auto-determinarem, «*seres emancipados numa sociedade de cidadãos livres*»[24]; o fim da universidade não deveria ser o de formar apenas quadros para a máquina do Estado. A reacção saída do Congresso de Viena deixaria as reformas de Humboldt a meio caminho, acabando por afastar o próprio Humboldt do leme da universidade, instalando-se um clima de repressão sobre os próprios estudantes que fossem mais *radicais*.

---

[24] Manfred Vasold, parafraseando o pensamento de von Humboldt, ob. cit., pág. 22.

Regressemos a Virchow: Virchow ingressa na *Pépinière*[25], uma escola de medicina militar, com regime de internato; a sua formação era essencialmente prática, pois os seus pupilos tinham como destino quase certo o ingresso no exército prussiano, como cirurgiões militares. Não obstante, seria desta escola que viriam a sair outros vultos da ciência médica, contemporâneos de Virchow, como Hermann von Helmholtz, Emil Dubois-Reymond e Emil von Behring[26]. A *Pépinière* (oficialmente rebaptizada, em 1818, com o nome de *Medizinisch-Chirurgisches Friedrich-Wilhelm-Institut* [Instituto médico-cirúrgico Frederico Guilherme]) fora fundada em 1795 pelo *Generalstabs-chirurg*[27] Dr. Johann Goercke, no rescaldo da experiência negativa colhida na campanha de 1792 contra os exércitos da França revolucionária, tendo por finalidade a boa formação de futuros médicos cirurgiões militares.

O acesso a esta instituição, subsidiada integralmente pelo Estado, era restrito. O acesso de Virchow deveu-se àquilo a que hoje, sem grandes rodeios, poderíamos chamar de *cunhas*. No caso de Virchow, foram duas *cunhas*: o seu tio paterno e o seu tio materno. O primeiro havia tido um papel decisivo no aperfeiçoamento das mochilas e fardamento do exército prussiano; o segundo, o major Ludwig Hesse, era um pintor e eminente arquitecto, tendo colaborado na construção da nova *Charité*[28]. É igualmente o tio Hesse que, graças aos seus bons contactos sociais, apresenta Virchow à hierarquia médico-militar, à qual cabia igualmente o supervisionamento da *Pépinière*.

Entre os finais de 1839 até à Páscoa de 1843, Virchow vive nas instalações da *Pépinière*, um ambiente espartano. Os *eleven* (nome que se dava aos estudantes daquela instituição) eram divididos por anos, cada ano por secções. Contrariamente a outros estudantes de medicina, os *eleven* eram obrigados a seguir um plano de estudo pré--estabelecido pela instituição. De resto, eram obrigados a recolherem à instituição até às 23h00 e a usarem vestuário simples; a alimentação era bastante frugal.

Quanto ao ensino da medicina em si, o grosso das aulas tinha lugar *extra-muros*: ou na universidade de Berlim, ou nas residências de alguns dos professores, o que obrigava aos estudantes realizarem um verdadeiro périplo pela cidade. No que respeita à carga horária, «*54 horas semanais, isto é, todos os dias, das 7h00 da manhã, até por volta das 6 horas da noite, ou (quartas-feiras e sábados) 5 horas da noite, ao que acrescem*

---

[25] Um dos aspectos salientes da história da Prússia reside no facto de os seus governantes (Frederico Guilherme, o Grande Eleitor, Frederico I, Frederico Guilherme I e Frederico II, o Grande) terem sempre recebido de braços abertos contingentes populacionais perseguidos em outras partes da Europa, combatendo, por um lado, o sucessivo problema do despovoamente, e, por outro lado, aproveitando os novos conhecimentos trazidos por esses emigrantes; um dos contingentes mais maciços foi o dos huguenotes, os protestantes franceses, que encontraram uma nova pátria na Prússia, na sequência da revogação do Édito de Nantes, em 1685, por Luís XIV. Esse fluxo foi tão forte que teve reflexos na própria língua, tendo-se introduzidos vários galicismos, não só na linguagem corrente, mas também na terminologia científica e militar. A *Pépinière* constitui apenas um exemplo.

[26] Informação colhida em Andree, Christian, *Rudolf Virchow – Leben und Ethos eines Großen Arztes*, Munique, Ed. Langen Müller, 2002, pág. 31.

[27] Tradução livre: general-cirurgião do Estado-maior.

[28] Ludwig Hesse (1795-18??), embora com a patente de major, era um reputadíssimo arquitecto, tendo colaborado de forma activa e decisiva em várias construções (nomeadamente palácios) em Potsdam, patrocinadas por Frederico Gulherme IV, tendo chegado ao cargo de director do *Hofbauamt* (entidade fiscalizadora das construções régias), sucedendo ao famosíssimo Schadow. Informação extraída em Christian Andree, ob. cit., pág. 35.

os trabalhos de casa»[29]. Relativamente às matérias leccionadas nesse primeiro ano: osteologia, química, esplancnologia, anatomia, «*enciclopédia médica e metodologia*»[30], lógica e fisiologia, física, história do Estado da Prússia («*desde Frederico, o Grande, até à actualidade*»)[31].

Neste ponto, torna-se útil e necessário abrir um parêntesis, quer sobre o ensino da medicina em geral no espaço alemão, quer sobre o termo *médico* no tempo em que Virchow era estudante de medicina em Berlim. Comecemos por este último: o termo *médico* não correspondia ao *nosso* termo actual de médico. Com efeito, a legislação vigente no Estado da Prússia, relativamente ao conceito profissional de médico, datava de 1825 (que substituíra a legislação datada de 1725) e só viria a ser reformada em 1852. Segundo a legislação vigente, não existia um *médico*, mas sim, vários tipos de médico, de acordo não só com a formação, mas também pela sua função. O figurino legal vigente estipulava as seguintes categorias: «*promovierte Ärzte, Stadt-und Landwundärzte, Wundärzte 1. und 2. Klasse, Militärärzte e Hebärzte*» (médicos "doutorados", médicos cirurgiões citadinos e de província, cirurgiões de 1.ª e de 2.ª classe, médicos militares e médicos de parto)[32]. Se servir de consolação, essa pluralidade de estatutos era já igualmente confusa para os seus contemporâneos: por um lado, reflectia ainda uma certa visão medievalista sobre a *arte* da medicina; por outro lado, fomentava constantes quezílias entre os vários *tipos* de médicos. Por fim, inerente a esta nomenclatura estava também a *formação* subjacente a cada *tipo*. E, por esta última linha introduzimos aqui o segundo aspecto da questão: o do ensino da medicina, na 1.ª parte do séc. XIX, no espaço alemão.

Regra geral: o ensino da medicina era essencialmente teórico, *ex libris et magister dicit*. Por outro lado, o exercício da *arte de curar* era isso mesmo: uma arte. Não havia *ciência* (médica)! O panorama geral das universidades alemãs era essencialmente teórico. A única excepção, nos meados da primeira metade do séc. XIX verificava-se em Viena, tendo ficado conhecido pelo nome de "1.ª Escola de Viena". A sua origem remonta ao ano de 1784. Com efeito, nesse ano, José II, filho da imperatriz Maria Teresa, fundou um hospital, um manicómio e uma casa para crianças expostas. Em 1785, nasce o *Josephinum*, um instituto destinado à formação de cirurgiões militares. A particularidade desse hospital reside no facto de ter sido o primeiro hospital europeu *moderno*, no sentido de não se limitar a acolher pacientes em estado terminal e/ou de camadas sociais desprovidas de meios. A principal preocupação residia na cura do paciente. Nos inícios do séc. XIX, Viena era a "Meca dos médicos"[33], já que a medicina gozava aí de um avanço significativo sobre o restante espaço alemão. Contudo, essa medicina era meramente *prática*, no sentido em que se dominava com melhor segurança todo o vasto campo do diagnóstico, para além da gigantesca quantidade de conhecimentos adquiridos na anatomia. À luz da época, isso já era muito; mas não era ainda a parte essencial. Que importava conhecer o diagnóstico das doenças, se não se conseguiam curar as mesmas? As terapias eram as seculares sangrias, clisteres, purgantes e pouco

---

[29] Virchow, numa carta escrita a seu pai, citada por Manfred Vasold, ob. cit., pág. 33.
[30] Idem, *Ibidem*.
[31] Manfred Vasold, parafraseando o pensamento de von Humboldt, ob. cit., pág. 22.
[32] Manfred Vasold, ob. cit., págs. 27 e 28.
[33] Expressão colhida em Manfred Vasold, ob. cit., pág. 31.

mais. Logo, no campo da cura, pouco ou nada se havia avançado; daí que a medicina continuasse a ser uma *arte*, ao invés de ser uma ciência. Os médicos de Viena caracterizavam-se por um "niilismo terapêutico"[34], isto é, *«julgavam que nada fazer seria o melhor remédio»*[35]. Com efeito, acreditava-se na existência de uma *vis vitalis*, uma força vital inerente a cada ser humano, dotada com o poder de curar o mal que afligia o corpo. Essa *vis vitalis* ganhará foros próprios na emergente homeopatia.

No restante espaço alemão (e descontando os progressos da escola de Viena), na primeira metade do séc. XIX, a crença na *vis vitalis* era igualmente ainda dominante. Essa *vis vitalis* poderia ser *potenciada* mediante a intervenção divina; daí não só a concepção de que as orações poderiam ter mais força do que o médico, mas o próprio corolário *lógico* de que a doença era fruto de uma conduta pecaminosa por parte do paciente. Essa concepção dominou até meados do séc. XIX na Baviera, região exclusivamente católica. Um exemplo típico desta concepção da medicina era encarnada por Johann Nepomuk Ringseis, ultramontano, de Munique, médico pessoal da rainha Teresa e confidente de Luís I da Baviera, progenitores do futuro e malogrado Luís II da Baviera. Ringseis personifica a *união* nefasta entre um catolicismo tradicional e a medicina. Com efeito, Ringseis afirmava, sem peias, que a doença era a manifestação do pecado original; *«para ele (Ringseis) a doença era um castigo de Deus, consequência de uma relação perturbada entre Deus e o Homem»*[36]. Além disso, Ringseis era uma *eminência parda*: o seu ascendente sobre a família real dificultava a renovação do pensamento crítico, nomeadamente no ensino da medicina. Mais: teve, segundo Vasold[37], alguma influência no afastamento e consequente exílio do Reino da Baviera de personalidades como Jan Evangelista Purkinje, importante neurofisiologista. Não obstante, na universidade de Würzburg, igualmente na Baviera, assiste-se a uma revolução silenciosa no ensino da medicina a partir da década de 40.

Especificamente no que respeita ao panorama berlinense, o ensino da medicina conheceu um notável avanço graças a Johannes Müller, que passa a reger as cadeiras de Anatomia e Fisiologia em 1833, regência que manterá até à sua morte em 1858. Nesses 25 anos, Müller educou toda uma geração de futuros médicos, marcando-os por um pensamento científico crítico e disciplinado. Nos anos 30, Müller publica um manual, em dois volumes, sobre fisiologia, no qual expõe os resultados das suas experiências. Essa obra seria uma obra-padrão em todo o espaço alemão no que respeita à fisiologia. Por fim, refira-se que Johannes Müller foi um dos *pais espirituais* de Virchow, sobre quem teve uma influência decisiva.

Em síntese, no tempo em que Virchow inicia o estudo da medicina em Berlim, esta encontra-se numa encruzilhada: a passagem da *arte de curar* para uma *cura* ou terapia *científica*, bem como a passagem da medicina do campo das mundividências filosóficas para o campo das ciências naturais, o abandono do transcendente, passando a ter por objecto apenas e somente o mundo real, com o ser humano como peça central. Virchow incorporará o espírito moderno, acabando por lhe impor o seu próprio cunho.

Quanto ao próprio Virchow, o início dos seus estudos coincide com os primeiros progressos da patologia celular, preconizada pelo botânico Mathias Schleiden e pelo

---

[34] Idem, *Ibidem*.
[35] Manfred Vasold, ob. cit., pág. 32.
[36] Idem, *Ibidem*, pág. 30.
[37] Manfred Vasold, ob. cit., pág. 30.

fisiólogo Theodor Schwann que, em 1838/1839, preconizavam que o princípio elementar da vida, quer animal, quer vegetal, radicava na célula. Já em 1839, Virchow isolava grupos de células e células individuais.

No tempo em que Virchow inicia o seu estudo da medicina, a formação no estado da Prússia era de 4 anos. Não bastava a aprovação nas cadeiras leccionadas; no final do estudo, para se ser verdadeiramente *médico*, o estudante teria de se submeter a um *Staatsexamen* (exame estadual), que incluía a apresentação e defesa de uma tese. O processo era bastante moroso e burocrático. Em Julho de 1843, Virchow presta perante Johannes Müller os necessários exames orais e escritos. Seguidamente corre o processo de apresentação da tese; somente a 21 de Outubro de 1843 tem lugar a sessão solene da aprovação de Virchow como "Doutor em medicina e cirurgia". A título de curiosidade, a sua tese, se bem que tenha por objecto o reumatismo, nomeadamente da córnea (*"De reheumate praesertium corneae"*), aborda igualmente aspectos do futuro historiador e político (*"Nisi qui liberalibus rebus favent, veram medicinae indolem non cognoscunt"* – "Somente quem tiver um espírito liberal poderá conhecer a natureza da medicina")[38].

Porém, já antes da sua *formatura*, Virchow passa ao exercício prático da medicina. Com efeito, na Páscoa de 1843, Virchow recebe a oferta para ocupar um lugar de cirurgião, que havia ficado vago na *Charité*[39]. A *Charité* foi o primeiro hospital público de Berlim, prestando assistência, nomeadamente aos carenciados. A sua origem remonta a 1710, tendo sido inicialmente fundado por Frederico I como um *Pesthaus* (casa para pestíferos). Poucos anos volvidos convertia-se numa escola prática para a formação de «*praktische Ärzte und Chirurgen*» (à letra: médicos generalistas e cirurgiões)[40]. O nome *Charité*, a sua designação oficial, é conferido pelo rei Frederico Guilherme, em 1727. Ao longo de todo o séc. XVIII formaram-se ali gerações de médicos generalistas e cirurgiões. Em 1830 tem início a construção de um novo edifício, a uns 200 metros, que se passou a designar por *Neue Charité* (Nova *Charité*). Em traços gerais, a *Charité* subsistiu até aos nossos dias, sendo actualmente um dos hospitais de vanguarda de Berlim[41]. Curiosamente, atestando indirectamente o *estado* da medicina, nos primeiros 150 anos da sua história, o nome *Charité* infringia os maiores pavores e receios na população da cidade. A título de exemplo, dois testemunhos coevos: Peter Frank *"um dos médicos mais importantes do séc. XVIII, [...] chamava a hospitais deste tipo covis de assassinos privilegiados»*[42]; Karl Gutzkow (1811-1878), poeta, referindo-se à sua infância, fala da «*terrífica Charité*» que, «*tal como todos os hospitais, eram para o povo sinónimo de antecâmara da morte*»[43]. Somente em meados do séc. XIX é que a *Charité* começa

---

[38] Idem, *Ibidem*, pág. 40.

[39] Trata-se, aqui, de mais um galicismo; sobre a origem dos galicismos no Estado da Prússia, *vide supra*, nota 25.

[40] Extraído em Manfred Vasold, ob. cit., pág. 37.

[41] Após a II Guerra Mundial, o vasto complexo ficou destruído em 60%. Renascendo dos escombros, a *Charité* é actualmente constituída por um vasto complexo hospitalar, com vários edifícios (o edifício principal tem 20 andares), departamentos e centros de investigação (por exemplo, medicina nuclear), encontrando-se estritamente ligado à Faculdade de Medicina da Universidade de Berlim.

[42] Citado em Manfred Vasold, ob. cit., pág. 37.

[43] Idem, *Ibidem*.

a encarnar os valores modernos de um hospital: deixa de acolher necessariamente enfermos idosos ou gente em estado terminal, para acolher *pacientes*, tendo em vista a sua cura e convalescença. Paralelamente, a *Charité* funcionava também em regime ambulatório, prestando assistência em *regime* a que hoje designaríamos por *consultas externas*. Obviamente que, em troca da assistência hospitalar, os internados serviam de *modelos vivos* aos estudantes de medicina, bem como aos próprios médicos.

Como se referiu no início do parágrafo anterior, Virchow recebe o convite para ocupar um lugar de cirurgião na *Charité*. A decisão para aceitar esse lugar não foi fácil, fazendo fé numa carta de Virchow a seu pai, datada de 17 de Março de 1843: «*[...] pela enfermidade e morte repentina de um colega do semestre seguinte* [ao semestre frequentado por Virchow] *ficou aberta uma vaga para cirurgião, entre os cirurgiões da Charité, [...] a qual deverá ser preenchida por alguém da nossa classe, que se prepara para passar para o último semestre. Foi-me apresentada a honrável proposta, no sentido de saber se eu a iria aceitar, e, após algumas hesitações, decidi aceitá-la, sob a condição de me deixarem residir na Charité durante um ano e meio. Hoje fiz a minha apresentação ao general-médico Lohmeyer, responsável pelos médicos militares, e ao Hausstabsarzt da Charité, o qual me informou que me seria entregue a secção das doenças dos olhos, a deno-minada clínica Oftalmológica, a qual se encontra sob a direcção do famoso oftalmologista Jüngken. Esta notícia deixou-me particularmente satisfeito, já que esta secção não costuma ser destinada a nenhum de nós, e é precisamente esta a área da medicina que mais me interessa. Agora, a partir de amanhã, vou começar a fazer as visitas matutinas e vespertinas, para me familiarizar com os doentes e com os negócios correntes [...]. Desta forma perco um semestre deveras interessante, no qual esperava poder colmatar as grandes lacunas do meu estudo teórico; perco as exposições clínicas de professores famosos bem como a necessária disposição para me preparar devidamente para o meu exame. Contudo, espero que o ganho não seja insignificante, e as vantagens materiais deverão superar outros aspectos.*»[44]

E, que outros *aspectos* eram esses? Eram, fundamentalmente, aspectos do foro finan-ceiro. De facto, ao longo de toda a correspondência de Virchow para a casa paterna, até 1847, sobressaem constantes pedidos de dinheiro, para além de *divergências* entre pai e filho; Virchow era um estudante remediado, sempre acossado pela falta de verbas, ora para vestuário *decente* (por exemplo, numa das suas cartas, de 1843, referindo-se à cerimónia de aprovação perante a universidade de Berlim, Virchow queixa-se de que não tem uma indumentária correspondente à natureza solene do acto, pedindo ao pai dinheiro para o alfaiate), ora para livros e instrumentos de trabalho. O cargo de cirur-gião permitia alojamento e alimentação quase gratuita, bem como uma remuneração, embora modesta.

Virchow inicia oficialmente a sua actividade na *Charité* a 1 de Abril de 1843: «*[...] a 1 de Abril, pela manhã, instalei-me na minha nova residência e recebi o meu ceptro com honra.*»[45] Quanto à sua primeira impressão sobre a *Charité* em si: «*A Charité, com o seu milhar e meio de residentes, auto-assume-se demasiadamente como uma cidade autónoma, de modo que pouco se interessa com a Berlim que fica extra-muros, e com a qual só confina num dos seus lados*»[46]; ou seja, a *Charité* era uma cidade dentro da

---

[44] Carta citada por Christian Andree, ob. cit., págs. 36 e 37.
[45] Idem, *Ibidem*, pág. 38.
[46] Carta de Virchow, citada por Manfred Vasold, ob. cit., pág. 38.

cidade, com uma vida própria. Virchow permanecerá na secção de oftalmologia durante dois meses, tendo a seu cuidado 29 enfermos. Sobre estes dois meses, ouçamos o testemunho do próprio: *«Tenho às minhas ordens três enfermeiros e uma enfermeira. O Stabsarzt faz duas visitas diárias, na minha companhia, de manhã pelas 9 e à noite pelas 5 horas, e decide os tratamentos a aplicar. Antes dessas visitas, já eu fiz as minhas pré-visitas, inteiro-me do estado dos doentes e mudo as ligaduras. Após as visitas passo receitas, faço sangrias, trato da aplicação de ventosas, etc. Além disso, todas as manhãs mantemos uma espécie de clínica ambulatória, na qual os doentes dos olhos vindos da cidade podem procurar a nossa ajuda e tratamento, voltando a ir para casa. A isso acresce uma série de trabalhos de secretaria, os relatórios diários, semanais, mensais, trimestrais, processos dos doentes, entre outras coisas, numa dimensão tal que, no ano anterior, 19 cirurgiões da Charité gastaram o equivalente a 36.000 páginas impressas. Contudo, esta quantidade não parece exagerada, quando se tem em vista que, neste momento, por exemplo, se encontram 1036 doentes nas nossas instalações.»*[47] Quanto à sua impressão sobre as primeiras semanas de serviço: *«A aplicação de purgantes, soníferos, comprimidos para dores de dentes e coisas do género e, em certas circunstâncias, sangrias e o uso de sanguessugas estão ao meu cuidado. Podes ver, o quanto eu tinha razão, quando chamei à minha posição uma posição afortunada; ela satisfaz-me, bem como aos doentes, pois os meus enfermeiros asseguram-me diariamente que eu sou demasiado bom para eles. Por outro lado, existe uma atmosfera tão caseira, de modo que até as refeições conferem a sensação de que se está em casa.»*[48]

Passados dois meses, Virchow é transferido para a secção de dermatologia, transferência que não lhe agradou muito: *«Transferiram-me para a secção dos enfermos detidos e enfermos com doenças de pele, na nova Charité, na qual ficarei durante um mês, para depois, durante o próximo trimestre, provavelmente conhecer as restantes secções da nova Charité. Da secção mais bonita passei repentinamente para a secção pior.»*[49]

No ano de 1844, Virchow torna-se assistente do *Prosektor*[50] da *Charité*, Robert Froriep[51]. É junto de Froriep que Virchow aprofunda a investigação macroscópica e microscópica do substrato da patologia anatómica, que em 1845 já se lhe afigura como a via ideal, orientada para a necessidade não só de articular, mas também de fundamentar cientificamente *«a necessidade e a exactidão da medicina, sob o ponto de vista mecânico»*[52].

Em termos científicos, Virchow ia aperfeiçoando os seus conhecimentos, ao mesmo tempo que levava a cabo experiências guiadas pelo seu próprio interesse. Mas, em termos pessoais, continua à procura de melhorar a sua situação em termos financeiros. Não obstante, Virchow começa a fazer-se notado no emergente mundo científico e académico que o rodeia, dando-se a conhecer e tendo igualmente a sorte de ser devidamente acompanhado pelas pessoas certas.

---

[47] Carta de Virchow ao seu pai, citado por Christian André, ob. cit., págs. 38 e 39.

[48] Idem, datada de 14 de Maio de 1843, citada por Christian Andree, ob. cit., pág. 39.

[49] Carta de Virchow ao seu pai, citado por Manfred Vasold, ob. cit., pág. 39.

[50] *Prosektor*, no original, termo de derivação latina, designa a pessoa encarregue de dirigir as autópsias.

[51] Robert Friedrich von Froriep, 1804-1861; em 1833 era Professor Extraordinário de anatomia cirúrgica e *Prosektor* na *Charité*, bem como conservador do museu de patologia desse hospital. Foi ainda Professor de anatomia da Escola de Belas Artes, bem como, desde 1836, *Medizinalrat* e membro do Colégio Médico da Província do Brandenburgo.

[52] As palavras em aspas foram extraídas do site www.uni-heidelberg.de/institute/fak5/igm/g47/bauervir.htm, pág. 2, da autoria do Prof. Dr. med. Axel W. Bauer.

Será graças a esse acompanhamento pelas pessoas certas que em 1845 Virchow profere o seu primeiro discurso público, perante uma audiência selecta, composta por médicos militares, altas patentes do exército, secretários de Estado e ministros. O evento estava marcado para o dia 3 de Maio de 1845, na *Pépinière*, para assinalar o centenário do seu fundador, Johann Goercke. O *empurrão* para proferir um discurso partiu do próprio Froriep; quanto à temática, essa ficava à livre escolha do orador: Virchow. Não se pode olvidar que esse convite revestiu especial significado: Virchow contava apenas 23 anos e meio, e ainda não havia prestado o seu *Staatsexamen*, mas sim, apenas a sua aprovação como médico perante a universidade. O discurso de Virchow foi inovador, revolucionário e profético. Sob o extenso título *"Homenagem ao general do estado-maior médico Goercke, o fundador do Instituto Frederico Guilherme. Da necessidade e da possibilidade de uma medicina, a partir do ponto de vista mecânico, comprovado com base em exemplos. A terapia das sangrias"*[53], enunciam-se no seu discurso já algumas das premissas que amadurecerão na "Reforma da Medicina" e que marcarão toda a futura actividade político-científica de Virchow. Eis alguns excertos: «*[...] contudo, o verdadeiro legado dos grandes homens não são tanto os seus bens materiais, mas sim, as ideias, susceptíveis de desenvolvimento. O legado de Goercke consiste na ideia de formar médicos militares científicos [...]. A medicina não quer apenas ser uma ciência própria; ela quer ser uma ciência natural, a ciência natural mais elevada e bela das ciências naturais. Os grandes pensamentos, oriundos das escolas filosóficas da antiguidade, por muito tempo perdidos, voltaram novamente a despertar nela [...]. Durante muito tempo não se teve em atenção o conceito da célula [...]. No nascimento e na morte das células existe uma lei permanente [...] a vida, na sua essência, é actividade celular [...]*». Mais adiante, Virchow, com base em considerações sobre o sangue, estabelece uma espécie de trindade metodológica, relativamente à investigação com efeitos práticos: «*[...] a investigação sobre a doença e sobre a sua cura terá imperativamente de seguir um triplo caminho. O primeiro é o da clínica: a investigação do doente, mediante a utilização auxiliar da fisiologia e da anatomia. O segundo, o da experimentação: a reprodução da doença e a investigação dos efeitos dos medicamentos nos animais. O terceiro, finalmente, é o da microscopia: o estudo dos cadáveres e das suas várias componentes com o bisturi, o microscópio e o reagente.*»[54] Em síntese, Virchow defende que a medicina se devia apoiar em observações empíricas. A intenção última do seu discurso era, ao fim ao cabo «*uma formal profissão de fé médica, com ataques intencionais dirigidos aos adversários do rumo actual*»[55]. Esse *"rumo actual"* era precisamente o método experimental. Como não podia deixar de ser, o seu discurso foi recebido com sentimentos mistos por parte da audiência, composta quase exclusivamente por militares de carreira, de uma geração anterior. Reflexo disso encontra-se numa carta endereçada ao seu pai, datada de 27 de Agosto de 1845: «*Os velhos médicos militares estavam fora de si, por causa dessa apregoada nova sabedoria [...]. O facto de a vida dever ser construída [vista] de uma forma mecânica parecia-lhes completamente revolucionário, ou, pelo menos, anti-prussiano.*»[56] Não obstante, o seu discurso, bem como a defesa das ideias apresentadas, foi bem recebido pelo

---

[53] *"Erinnerungen an den Generalstabsarzt Goercke, den Stifter des Friedrich-Wilhelms-Institut. Das Bedürfniß und die Möglichkeit einer Medizin vom mechanischen Standpunkt, nachgewiesen an Beispielen"*, in Christian Andree, ob cit., pág. 41.

[54] Christian Andree, ob cit págs. 42 e 43.

[55] Citando Virchow, sem contudo indicar a fonte, Manfred Vasold, ob. cit., pág. 42.

[56] Heinrich Schipperges, *Rudolf Virchow*, 2.ª edição, Hamburgo, Rowohlt, 2003., pág. 14.

director da instituição, pois este viria a comentar que o discurso *«havia soado como se tivesse sido proferido por um membro da Académie Française»*[57], o que atesta bem a *capacidade científica* do orador Virchow.

Independentemente da aura de glória desse seu primeiro discurso público, a situação financeira, precária, continua a atormentar Virchow. Passadas algumas semanas sobre este evento, e do qual havia orgulhosamente informado o seu pai, numa carta seguinte pede-lhe novamente apoio financeiro, a fim de poder realizar o seu *Staatsexamen*. Ao que parece, tal pedido terá azedado o pai; numa carta posterior, Virchow contra-ataca, igualmente com azedume: *«Já é suficientemente mau que alguém, na minha idade, e que se fartou de sofrer, necessite ainda do auxílio paterno. Nos caminhos-de-ferro, homens da minha idade ganham num dia o que eu ganho num mês[...]. Um aprendiz de carpinteiro ganha diariamente 16 Silbergroschen, e eu ganho 5 Silbergroschen. Assim é fácil de compreender que, face a essas circunstâncias, eu não consiga mudar as minhas concepções sociais.»*[58] Portanto, temos aqui uma informação clara, não só sobre a real situação financeira de Virchow, como também da existência daquilo a que modernamente chamamos de "conflito de gerações", entre pai e filho, em assuntos políticos. Aliás, em termos de típico conflito de gerações, parece-me igualmente digno de destaque o excerto de uma carta escrita por Virchow a seu pai, por volta de 1842; o pano de fundo tem por base uma carta anterior, na qual o filho, cheio de orgulho, relatara ao pai os seus progressos na aprendizagem da medicina, sentimentos que o pai interpreta como sendo uma expressão de soberba e de sobrevalorização excessiva. O filho sente-se magoado e responde nestes termos: *«O verdadeiro saber está consciente da ignorância; e o modo como sinto as lacunas do meu saber é doloroso. É por isso que nunca me detenho perante qualquer parte do conhecimento, gosto de aprender, mas a minha opinião defendo-a com convicção. Dizes-me que sou um fantasista, o que certamente será verdade. Um grande pensamento arrasta-me para além das medidas. Sou demasiado irrequieto [...]. Se me tivesses admoestado menos nessa parte, e antes me tivesses louvado, por pouco que fosse, isso em muito teria contribuído para uma ligação interior entre nós. Magoa-me, ouvir de ti sempre admoestações e ver sempre caras feias [...]. Você acha-me sem sentimentos, porque aprendi a aparentar uma imagem calma, quando me sangra o coração. Nunca me faltaram as boas intenções para fazer o bem [...]* (apenas) *o facto de querer algo de melhor e de maior, e de que prossigo com seriedade um sentimento de obter uma maior formação espiritual da que é comum encontrar na maior parte das pessoas»*, para concluir com uma espécie de axioma: adquirir *«[...] todos os conhecimentos da natureza, da divindade até à pedra [...]».*[59]

A 2 de Agosto de 1845, Virchow é mais uma vez convidado a discursar, desta feita na *Pépinière*, por ocasião do seu meio século de existência. A temática do seu discurso tem por base a flebite, ostentando o longo título *"Erinnerung an die Stiftung vor 50 Jahren. Die Nothwendigkeit einer Bearbeitung der Medizin vom mechanischen Standpunkt, erläutert durch das Beispiel der Venenentzündung"* (Recordações da Instituição de há 50 anos. Da necessidade da consideração de uma medicina, segundo o ponto de vista mecânico, aflorado pelo exemplo da flebite). Mais uma vez defende uma construção meca-

---

[57] Manfred Vasold, ob. cit., pág. 42.

[58] Excerto de uma carta de Virchow a seu pai, Junho de 1845, citado por Manfred Vasold, ob. cit., pág. 43.

[59] Carta de Virchow a seu pai, citada por Ernst Meyer, *Rudolf Virchow*, págs. 14 e 15; o autor não indica a data, referindo apenas que Virchow tinha, então, 21 anos de idade.

nicista, quer da vida, quer da doença, visando na sua crítica as antiquadas metodologias de especulação romântica da medicina. Segundo nos informa Andree, o acolhimento por parte da assistência (formada essencialmente por médicos militares) foi quase nulo, contrastando com o apoio inequívoco por parte dos corpos gerentes da *Pépinière*.[60]

O ano de 1845 será ainda marcante para Virchow em termos de trabalhos práticos de investigação. A partir de uma sugestão de Froriep, e com base nas inúmeras autópsias já realizadas, Virchow decide investigar a causa das tromboses. A causa da morte causada por trombose era até aí um mistério, grassando um grande número de teorias explicativas, que eram estéreis e que em nada contribuíam para a explicação real desse flagelo. Apenas se sabia, com base nas autópsias realizadas por essa Europa fora, que em muitos doentes se verificava um entupimento das veias e artérias por coágulos de sangue, geralmente na sequência de um longo período de acamamento, resultante de doença e/ou intervenções cirúrgicas (por exemplo, na sequência de amputações). Virchow aceita o desafio que se lhe coloca. Com base no método científico por ele proposto (a experimentação crítica), opta por recriar artificialmente, em laboratório, com o recurso à utilização de cobaias caninas (mais tarde, Virchow dirá que a lei que introduzira o imposto sobre cães e gatos [as famosas *licenças*] teve o seu contributo positivo para a ciência médica, na medida em que facultava aos laboratórios das faculdades uma quantidade apreciável de animais para fins experimentais). Virchow introduz corpos estranhos (partículas de cortiça, borracha, coágulos, grainhas de sabugueiro) na corrente sanguínea dos animais; passados uns dias os mesmos morriam, com os sintomas de trombose, corroborando as autópsias à posterior essa sintomatologia. As inúmeras experiências são depois cuidadosamente analisadas e redigidas sob a forma de um tratado: "*Über die Verstopfung der Lungenarterie*" (Sobre a obstrução da artéria pulmonar); em termos da história da medicina, as investigações pioneiras de Virchow sobre esta matéria, posteriormente enriquecidas e ampliadas por outros patologistas, são conhecidas na Alemanha pelo termo de *Virchows Trias* (a triade de Virchow), que enumera os três factores que surgiam simultaneamente nas embolias: alterações nas paredes dos vasos sanguíneos, alterações da velocidade de fluxo do sangue e alterações na composição do sangue. Deste modo, «*Virchow deixou a sua marca nos termos trombose e embolia*»[61].

A partir da Primavera de 1846, Virchow prossegue as suas investigações sobre o sangue, identificando uma nova doença: a leucemia. Numa das suas autópsias, Virchow estranhou a coloração anormalmente clara do sangue; as observações realizadas ao microscópio revelaram um aumento desmesurado dos corpos brancos, e não (como erroneamente se pensava) a existência de pus no sangue.

Retornemos ao percurso académico de Virchow: a 11 de Maio de 1846, Virchow sucede a Froriep, passando a chefiar *Prosektor* da *Charité*. A nomeação para tal cargo não foi nenhuma «mercê», pelo que me parece merecer uma breve referência. É preciso não esquecer que Virchow contava apenas vinte e quatro anos e meio. Nos finais de 1845, princípios de 1846, Froriep informa Virchow de que vai deixar o cargo de *Prosektor*, abandonando Berlim, para passar a ser médico pessoal de um Grão-Duque, ou seja, Froriep estava decidido a reformar-se. Simultaneamente, aconselha o jovem Virchow a candidatar-se à sua sucessão no cargo. Na Páscoa de 1846, Froriep deixa

---

[60] Christian Andree, ob. cit., pág. 43.
[61] Manfred Vasold, ob cit., pág. 44.

Berlim e aconselha como seu sucessor Virchow. O *Geheimrat*[62] Schmidt, do *"preus-sischen Ministerium für geistliche, Unterrichts- und Medizinal-Angelegenheiten"* (Ministério prussiano para assuntos eclesiásticos, educacionais e de saúde) pede um parecer ao professor de medicina interna, Lucas Schönlein, membro destacado da comissão consultiva desse ministério. O que importa aqui evidenciar é o facto de o relaciona-mento entre Schönlein e Virchow não ser, na altura, dos melhores. Não obstante, e segundo Virchow, «*Schönlein só se deixava conduzir por pontos de vista objectivos*», recomendou ao *Geheimrat* que se nomeasse Virchow para o cargo que vagara[63]. Pensei que merecia a pena destacar este episódio, por revelar o carácter de uma pessoa que, não obstante antipatizar com alguém a nível pessoal, teve um carácter suficientemente esclarecido para se guiar por critérios *impessoais*. Provisoriamente, Virchow passa a ser *"interimistischer Prosektor bei dem Charité-Krankenhaus"* (*Prosektor* interino junto do hospital da *Charité*), com um salário anual de 100 *Taler*. Por outro lado, a ocupação desse cargo colocava definitivamente de parte o ingresso na carreira médico-militar, destino quase certo de todos os *eleven* da *Pépinière*, como contra-partida do estudo da medicina que haviam beneficiado naquela instituição.

A partir da sua nomeação para o cargo de *Prosektor*, a 11 de Maio de 1846, Virchow «*passa a ter não apenas uma ideia visionária, mas também um posto de trabalho fixo. Começava agora, de forma sistemática, a colocar a medicina num novo fundamento de natureza científica; simultaneamente viria a estabelecer nas duas décadas seguintes uma nova disciplina científica na Alemanha: a patologia.*»[64]

Com efeito, logo após a sua nomeação, Virchow recebe igualmente uma remune-ração extraordinária de 150 *Taler*, como subsídio para uma viagem até Viena e Praga, «*a fim de o novo Prosektor se familiarizar com as coisas lá de fora*»[65]. Essa viagem não deixará de trazer os seus frutos. Em Setembro de 1846, Virchow inicia a sua viagem, passando por Praga, pelo Tirol, Munique e depois Viena, onde permanecerá entre 27 de Setembro a 5 de Outubro. No instituto fundado por Rokitansky, eminente patologista austríaco, assiste a várias autópsias, ficando igualmente maravilhado com o vasto espólio de preparados anatómicos que constituíam a pedra de toque para ministrar um ensino de qualidade científica, por parte dos professores. De regresso a Berlim, Virchow escreve um vasto e profuso relatório sobre as suas impressões, endere-çado ao ministro da cultura da Prússia, von Eichhorn. A conclusão final de Virchow: «*Os alicerces de uma anatomia patológica e de uma fisiologia constituem uma das premissas essenciais da medicina actual, já que só a partir da unificação dessas ciências, com uma terapia racional, se pode esperar o nascimento de uma genuína ciência médica, de onde resulta que o Instituto de Patologia, por um lado, e a clínica, pelo outro, sejam os dois pólos do ensino da medicina e da investigação médica.*»[66]

Penso ser oportuno expor aqui um primeiro «embate científico» de Virchow, precisamente com um dos expoentes da patologia da época: Rokitansky. De facto, na sua passagem por Viena, Virchow não se maravilhara apenas com as rosas; também se deparou com alguns, chamemos-lhe assim, *espinhos científicos*. Na verdade, a passagem

---

[62] O termo *Geheimrat* significa, à letra, conselheiro privado; era um cargo público.

[63] Informação extraída em Manfred Vasold, ob. cit., pág. 48.

[64] Extraído do site referenciado na nota 50.

[65] Manfred Vasold, ob. cit., pág. 48.

[66] Citação extraída em Manfred Vasold, ob. cit., pág. 49.

de Virchow coincide com o lançamento de uma nova obra de Rokitansky, em três grossos volumes, um manual da patologia anatómica. Nesse manual, aquele eminente patologista da denominada *"Nova escola de Viena"* defende e expõe a patologia humoral, a qual propõe como teoria explicativa das doenças «*uma mistura errada dos fluidos do corpo; [...] a doença surge quando se verifica no corpo a existência de uma discrasia (alteração dos fluidos corporais), que Rokitansky julgava poder explicar por uma perturbação no equilíbrio entre as proteínas. Mesmo a febre puerperal [...] seria o resultado, segundo ele, de uma discrasia*»[67].

Virchow discorda abertamente dessa hipótese explicativa. Nos inícios de Dezembro de 1846, a *"Medizinische Zeitung des Vereins für Heilkunde in Preussen"* ("Jornal Médico da Associação para a Medicina da Prússia") publica um comentário de Virchow sobre a última e grande obra de Rokitansky[68]. O referido *comentário* era uma tarefa ingrata, mas o amor pelo rigor científico, por um lado, e a aplicação de uma correcta metodologia científica, pelo outro, impunham essa espinhosa tarefa. De facto, «*na medida em que me decido a enveredar por uma discussão pública desta obra, sinto bem que estou a aceitar um negócio ingrato – um negócio no qual facilmente se poderá interpretar mal o meu propósito [...]. As seguintes linhas nada têm a ver com o anatomista-patologista Rokitansky; [...] tudo o que tenho a dizer refere-se ao Rokitansky que transpõe as fronteiras, as fronteiras para além das quais não levou a efeito quaisquer observações; (o Rokitansky) que transporta o território da anatomia patológica do domínio seguro dos factos para o mundo inseguro das hipóteses.*»[69] Segundo Vasold, a crítica de Virchow assenta no facto de Rokitansky misturar de forma grosseira as observações, factos e hipóteses, chegando, desse modo, a estabelecer uma «*forma de representação categórica, dogmática e imperativa*», ficando as «*hipóteses de tal modo misturadas com as observações empíricas, que se torna impossível, por parte do leitor, descobrir qualquer fronteira*».[70]

Como seria de esperar, o comentário de Virchow desencadeou apaixonadas discussões no mundo científico da altura. Numa carta a seu pai, Virchow dá conta das reacções: «*Uns, nomeadamente os senhores mais velhos das universidades e da prática, estão encantados, enquanto que os senhores mais jovens da escola de Viena estão furibundos.*»[71] No próprio terreno da escola de Viena, Virchow encontrou alguns apoios, por exemplo, do ainda jovem Adolf Kussmaul, que virá a ser igualmente um médico eminente, que sobre esta polémica é contundente, ao afirmar que Rokitansky abandonara «*a via firme da observação segura, que até aí seguira, passando a enveredar por perigosos caminhos erráticos. Foram necessários os sinais de alerta de Virchow para que a investigação da patologia regressasse às suas fronteiras naturais.*»[72]

Quanto ao próprio Rokitansky, segundo Vasold, este não esboçou qualquer reacção pública; o certo é que, poucos anos depois, aquando da 3.ª edição da obra em causa, toda a sua patologia humoral saiu de cena.[73]

---

[67] Idem, *Ibidem*, pág. 50.
[68] Idem, *Ibidem*.
[69] Manfred Vasold, citando Virchow, ob. cit., pág. 50.
[70] Idem, *Ibidem*.
[71] Idem, *Ibidem*, pág. 51.
[72] Manfred Vasold, citando Adolf Kussmaul, tendo por base uma obra de Kussmaul (*"Jugenderinnerungen eines Alten Arztes"* – Lembranças de juventude de um velho médico), ob. cit., pág. 51.
[73] Idem, ob. cit., pág. 51.

A 1 de Maio de 1847, juntamente com Benno Reinhardt, Virchow lança o 1.º número do *"Archiv für pathologische Anatomie und Physiologie und für klinische Medizin"* ("Arquivo para patologia anatómica e fisiologia e para medicina clínica"), abreviadamente conhecido por *"Virchow Archiv"*, uma publicação científica que subsiste até aos nossos dias, e que Virchow dirigiu pessoalmente até à data da sua morte (169 volumes!). De facto, Virchow havia redigido inúmeros artigos, mais do que suficientes para os integrar no 1.º número da sua publicação; por outro lado, Virchow e Benno Reinhardt têm a consciência de que se tornava imperioso criar uma nova revista médica, pois as publicações existentes eram quase todas pouco científicas. Na opinião de Virchow, era chegada a altura «*de nos emanciparmos completamente*»[74]. E, neste ponto, são também elucidativas as palavras de Benno Reinhardt, dirigidas a Virchow: «*É imperiosamente necessário que nos juntemos e que lancemos uma campanha enérgica contra os esotéricos e restante gentalha comum, que neste momento inundam a ciência com o seu palavreado idiota, como se pode ver pela leitura das coisas que aqueles inventam; é de se bradar aos céus! Antigamente, aqueles sujeitos dedicavam-se à terapia e às "Materia medica", ou dedicavam-se a sublimes especulações sobre o ser da doença; nesse campo, por mim, tudo bem! Mas, quando a mesma gentalha se atreve a abarcar a anatomia patológica, a microscopia, etc., isso já não é de suportar. Nesse ponto, temos de nos erguer e fazer frente. Se isto continua assim, a patologia geral e a anatomia microscópica podem converter-se num covil de ilusionistas e de idiotas, como já sucede na "Materia medica". É chegada a altura deste disparate passar a ser travado por uma crítica sem peias e rude, aliada a observações e investigações pertinentes.*»[75]

Virchow e Reinhardt obtêm igualmente a colaboração de outros jovens colegas, como Rudolf Leubuscher e Salomon Neumann (que se destacarão em artigos publicados na futura *"Medicinische Reform"*), todos eles já direccionados para uma reforma radical da medicina.

Penso que valerá a pena dedicar um olhar mais atento ao 1.º volume do *Virchow Archiv*, no que se refere ao 1.º artigo redigido por Virchow (e que tem por base uma sua conferência, realizada em Dezembro de 1846, perante a "Sociedade de ciência médica" de Berlim). Com o título *"Über die Standpunkte in der wissenschaftlichen Medizin"* ("Sobre os pontos de vista na ciência médica"), Virchow expõe um autêntico programa, um verdadeiro manifesto, sobre aquilo que ele entendia ser a verdadeira ciência médica. Assim, em termos gerais, dois objectivos: 1.º, «*a determinação dos desvios, que se verifica nos seres vivos mediante certas circunstâncias*», e 2.º, «*a descoberta dos meios que permitam eliminar aqueles desvios*»[76]. Virchow reconhece que a medicina se encontra ainda bem longe do seu propósito, ao afirmar que «*conhecemos de forma ainda muito insuficiente as condições mediante as quais se verificam desvios no corpo* [humano] *[...] e mesmo que conhecêssemos essas condições, muitas vezes, infelizmente, não conhecemos os meios mediante os quais aquelas condições possam ser erradicadas*»[77]. Virchow tem a plena consciência de se encontrar no patamar de uma nova mundividência epistemológica: «*A idade da filosofia natural acabou; começa agora a idade da ciência natural*».[78] Contudo, segundo

---

[74] Idem, citando Virchow, ob cit., pág. 51.
[75] Idem, citando Benno Reinhardt, ob cit., págs. 51 e 52.
[76] Idem, citando Virchow, ob cit., pág. 54.
[77] Idem, *Ibidem*.
[78] Idem, *Ibidem*.

Virchow, o novo tempo científico que se inicia tem um lastro negativo, herdado do tempo passado: «*Dos tempos das confusões filosóficas conservamos um conceito, que em lado algum se encontra mais desenvolvido do que na Alemanha, e que teve os piores efeitos sobre a medicina – refiro-me ao conceito "da ciência per si e para si", da ciência absoluta que só quer ser prosseguida por amor a si mesma – a ciência orientada apenas pelo amor ao saber. Esta frase tem o gosto de uma concepção demasiadamente inumana, em que o homem perspectiva a sua alma como a única coisa real [...] em que "ele apenas se vê como um espírito e ainda não se aprendeu amar como ser corpóreo"[...]. Da mesma forma como a mundividência filosófica em geral deitou borda fora a orientação pelo transcendental, assim também a perspectiva de uma ciência absoluta na medicina não exerce já qualquer domínio.*»[79]

Segundo Vasold, Virchow imputa à ideia da ciência, como sendo algo de absoluto, a culpa de a medicina, no contexto alemão, não se ter ainda estribado sobre os fundamentos da fisiologia; na Alemanha, a medicina ainda não se encontraria em condições de agir como uma ciência indutiva, ou seja, incapaz de formular uma lei, a partir de numerosas observações individuais. Segundo Virchow: «*É tempo de se reconhecer que agora não vigora o tempo dos sistemas, mas sim, o tempo das observações detalhadas. Neste último aspecto reside o perigo de um retrocesso ao rude empirismo, mas esse perigo só existe se se pretender inferir conclusões gerais de forma arbitrária a partir de algumas observações detalhadas. Este é um erro que o «espírito sistemático dos alemães» cometeu bastantes vezes; este só desaparecerá quanto maior for o número de observações detalhadas, quanto maior for o número dos investigadores. Procuremos as leis gerais a partir da soma das observações individuais, mas não construamos sistemas que derivem de leis gerais a priori ou apenas de fenómenos individuais. Não podemos utilizar um sistema enquanto as nossas experiências singulares não se encontrarem suficientemente fundamentadas, a fim de nos conferir a garantia de que o sistema constitua uma verdade.*»[80] Neste ponto, Virchow exemplifica a salutar via científica que se verifica no seio das outras ciências naturais: «*Da hipótese de trabalho à tese segura, e daí para a lei geral. Apenas quando um passo se encontrar empiricamente firmado, se poderá iniciar o passo seguinte.*»[81] «*Portanto, a ciência natural lança-se ao trabalho, postulando em lei um fenómeno geral, estabelecendo seguidamente uma hipótese sobre coisas ainda não experimentadas; posteriormente, recolhe experiências, destinadas a comprovar ou afirmar aquela hipótese, para procurar uma nova lei. A hipótese, portanto, faz parte da investigação natural, pois ela encarna o pensamento que deverá presidir a toda a actuação racional. Do mesmo modo, também a analogia faz parte da investigação natural, pois a generalização de uma lei conhecida para uma nova hipótese acontece precisamente pela formulação de analogias. Contudo, as hipóteses e as analogias, na investigação da natureza, não têm uma validade per si, antes só terão uma validade se servirem como alavancas para futuras investigações.*»[82]

Referindo-se especificamente à medicina, Virchow advoga que o futuro científico reside na substituição da patologia geral por uma fisiologia patológica, pois «*a anatomia patológica é a doutrina da constituição doentia, a fisiologia patológica a doutrina das*

---

[79] Idem, citando Virchow, ob. cit., pág. 54.
[80] Idem, *Ibidem*, pág. 55.
[81] Idem, *Ibidem*, págs. 55 e 56.
[82] Idem, citando Virchow, ob. cit., pág. 56.

funções afectadas pela doença»[83]. Virchow insiste numa fisiologia patológica «*que não se detenha às portas da medicina, mas que se alicerça no seio da sua residência, uma ciência que sabe com exactidão aquilo que falta à medicina, quais as investigações que faltam realizar, quais as questões a que urge responder. A fisiologia patológica recebe as suas questões, ora por parte da anatomia patológica, ora por parte da medicina prática; ela colhe as suas respostas ora pelas observações levadas a cabo junto do leito do enfermo, sendo assim uma parte integrante da clínica, ora tendo por base a experimentação operada em animais. A experiência é a última e mais elevada instância da fisiologia patológica, pois apenas e somente a experiência é para a medicina universal acessível em toda a parte, apenas e somente a experiência revela certo fenómeno na sua dependência da condição determinante, pois esta condição é uma condição despótica [...].*»[84] Em jeito de conclusão, Virchow afirma que «*a fisiologia patológica irá gradualmente desenvolver-se como um resultado de muitos e árduos investigadores, e não como o resultado de cabeças furiosas individuais; a fisiologia patológica como a vestal da medicina científica, sendo a anatomia patológica e a clínica apenas bastiões exteriores*»[85].

Em termos filosóficos, pode perspectivar-se que Virchow marca a transição *científica* do idealismo de Friedrich Hegel. Virchow critica os efeitos da filosofia hegeliana sobre as ciências naturais, ao afirmar que a escola hegeliana era «*demasiado cómoda e demasiado nobre para se intrometer na vida prática, no empirismo do quotidiano*»[86], concluindo pela supressão do método apriorístico, o qual, segundo Virchow, criara potenciais perigos à medicina, «*na medida em que nesta se haviam instalado há muito um diletantismo sistemático, criando os fenómenos da patologia as maiores dificuldades a uma análise científico-natural. Em todo o lado permaneciam lacunas, cujo preenchimento com hipóteses constituía a tarefa mais apetecível por parte de espíritos preguiçosos, e em todos os lugares se encontravam incrédulos que seguiam como um credo a autoridade de um engenhoso fala-barato, citando com ênfase as suas palavras.*»[87]

Virchow tem a plena consciência de que a *sua* reivindicação em prol de um novo método científico nas ciências naturais, especificamente no que se refere à medicina, poderia causar um mal-estar e desconfiança por parte da autoridade, o medo, por parte desta, de que tal método poderia acabar por colocar em causa o modelo de sociedade vigente. Sobre esse assunto, no rescaldo da revolução de 1848/1849, no volume VI do seu *Archiv*, publicado no ano de 1853, Virchow escreve o seguinte: «*As ciências naturais, em si mesmas, não são revolucionárias, e nós seremos os últimos a querer o estabelecimento de uma medicina de tendência* [moda], *mesmo que isso assim tenha parecido a alguns, ou ainda o pareça. Nós não desejamos a revolução, pois fomentamos o desenvolvimento, embora saibamos que este pode ter lugar pela revolução, quanto muito, num momento posterior, mas raramente criando frutos para a geração que a realiza. É que a revolução "devora os seus filhos" [...]. É portanto falso que o método da ciência natural exclua a autoridade, a fé e a confiança. Evidentemente, ela exige a autópsia, e exclui a fé cega da autoridade outorgada bem como a confiança imposta. Ela exige a prova, mas quem*

---

83 Idem, *Ibidem*, pág. 57.
84 Idem, *Ibidem*, pág. 58.
85 Idem, *Ibidem*, pág. 58.
86 Idem, *Ibidem*, págs. 58 e 59.
87 Idem, citando Virchow, ob. cit., pág. 59.

passa pela prova encontra-se mais bem estribado e goza de autoridade [...]. Também na medicina aceitamos a autoridade dos bons observadores e rejeitamos a autoridade dos pré-pensadores filosóficos ou racionalistas; igualmente na medicina rejeitamos os partidos dos sistemáticos e reconhecemos apenas o empírico, a escola da ciência natural [...].»[88]

Em síntese: a estrela de Virchow começa a brilhar no firmamento do mundo científico; isto apenas com 25 anos de idade. A partir de Novembro de 1847, Virchow passa a leccionar (em latim!) as suas investigações na Universidade de Berlim. Como é natural, Virchow sente um certo orgulho em si; disso encontramos eco em duas cartas dirigidas ao seu pai: numa primeira, dá conta de um curioso episódio ocorrido num evento social, quando uma jovem Senhora da sociedade, ao lhe ser apresentada, lhe pergunta se ele não será por acaso filho do sábio com o mesmo nome, famoso pelas suas prelecções sobre a anatomia patológica; noutra missiva, Virchow dá conta de que *«não só em Berlim, mas também em Halle [Saxónia], até em Praga e em Viena, se sabe agora de que na Charité se encontra alguém que leva a coisa a sério»*[89]. Outro episódio que atesta bem a fama de Virchow: numa sua carta ao pai, Virchow relata que numa certa noite, numa cervejaria de Berlim, conhecera um jovem médico, o qual, em conversa, lhe dissera que *«antigamente, na Charité, as coisas deviam estar bem más, mas agora, ao que parece, há lá um que faz as autópsias muito bem feitas»*[90]; perante o coro de risos e risotas dos circundantes, amigos de Virchow, este apresentou-se ao referido colega, dando-lhe conta do seu mister.

Em 1847, pelo Outono, Virchow faz uma longa viagem pela Alemanha, passando por Weimar, Kassel, Frankfurt e Colónia, passando igualmente pela Bélgica e pelos Países Baixos. A ida a Colónia teve por objectivo assistir pela 1.ª vez à *"Versammlung deutscher Naturforscher und Ärzte"* (Assembleia dos cientistas naturais e médicos alemães). Segundo se pode ler em Vasold[91], Virchow havia-se inscrito para duas intervenções; ao iniciar a sua 1.ª intervenção, tendo por tema a infecção parenquimatosa, Virchow é interrompido pelo presidente, que lhe diz, perante toda a audiência, ter a impressão de que Virchow não fazia a mínima ideia sobre o tema que estava a apresentar. A audiência censurou em bloco a imiscuição do presidente, e Virchow pôde prosseguir a sua intervenção. O certo é que Virchow ficou melindrado e não compareceu a essas assembleias anuais durante alguns anos; ironicamente, numa fase posterior, Virchow viria a ser um dos membros mais proeminentes dessas assembleias, chegando até a encabeçar a sua presidência.

Eco final desse ano de 1847, nomeadamente no que se refere às suas primeiras grandes viagens, podemos encontrá-lo numa carta de Virchow, endereçada aos seus pais: *«Conheço quase todas as universidades alemãs bem como a maioria das sumidades da medicina alemã, e, o que não é menos importante, eles conhecem-me a mim. Reflexivamente, o nosso arquivo expandiu-se e ganhou influência, e tem-me sido possível executar o meu objectivo, isto é, ser o representante de uma determinada orientação na medicina.»*

---

[88] Idem, citando Virchow, com base no *Archiv VI, 1853*, ob. cit., págs. 59 e 60.
[89] Idem, *Ibidem*, pág. 60.
[90] Citação colhida em Vassold, ob. cit., pág. 60.
[91] Vasold, ob. cit., pág. 61.

CAPÍTULO III

A FEBRE TIFÓIDE NA ALTA SILÉSIA

Os anos de 1848/1849 serão decisivos na vida e carreira de Virchow. Particularmente o ano de 1848; o de 1849 será mais uma consequência do anterior. Nos finais de 1847 irrompe uma gigantesca epidemia de febre tifóide na Alta Silésia (*Oberschlesien*), a qual se saldará por 16.000 mortos e 80.000 enfermos. Em termos rigorosos, segundo Christian Andree, sabe-se hoje que a epidemia não era "febre tifóide", mas sim, "febre exantemática", provocada pela profusão de piolhos, decorrente das más condições habitacionais e de higiene[92]; contudo, em termos históricos, foi sob o nome de *febre tifóide* que esta epidemia ficou conhecida.

Qual a origem dessa epidemia? Teremos de perscrutar os ditames *causa* e *efeito*. Como causas, registam-se maus anos agrícolas anteriores (1844, 1846, 1847), os quais se reflectem, necessariamente, num aumento do preço desses produtos. Paralelamente, a Província da Silésia era uma zona fortemente dominada pelo sector têxtil. A concorrência doutros mercados de produção (Grã-Bretanha, Estados Unidos da América) bem como a perda de mercados tradicionais (no caso da Silésia, a anexação, pela Áustria, da cidade livre de Cracóvia) lançam toda essa região numa enorme crise de subsistência. Salários baixos, desemprego e géneros alimentares encarecidos rapidamente proporcionam uma população depauperada, fisicamente mais enfraquecida, logo, mais susceptível a enfermidades. Em suma, foi deste jogo de factores que eclodiu a famigerada "febre tifóide da Alta Silésia".

O seu surgimento foi rápido e mortífero. A princípio, as autoridades locais tentam esconder a epidemia. Exemplo disso é o caso de um juiz de Breslau (capital da Silésia), Heinrich Simon, que lança para publicação num periódico um artigo que alertava para a gravidade da situação; as autoridades censuraram o referido artigo, invocando razões de tranquilidade pública. Não satisfeito, o referido magistrado consegue difundir a notícia por meio de panfletos, com o seguinte título: "*A peste da fome na Alta Silésia. Uma pergunta ao governo da Prússia*".[93] O sigilo das autoridades públicas foi de tal

---

[92] Christian Andree, ob. cit., pág. 15.
[93] Este episódio é referenciado por Manfred Vasold, ob. cit., pág. 66.

ordem que, fazendo fé no diário de August Varnhagen[94], de 28 de Fevereiro de 1848, «*o rei* [Frederico Guilherme IV] *só teve conhecimento do decretar do estado de emergência na Silésia através dos jornais e teve um ataque de fúria*»[95]. Mas já em meados de Fevereiro, a epidemia e a sua natureza eram alvo de acesas discussões nos círculos médicos. Eco desse interesse encontrámo-lo numa carta de Virchow dirigia a seu pai, datada de 13 de Fevereiro: «[a epidemia que grassa na Silésia] *é tão interessante que sinto em mim uma vontade indescritível em a poder ver in loco; uma oportunidade destas é única.*»[96]

O *desejo* de Virchow iria em breve trecho transformar-se em realidade. Finalmente preocupado, o governo da Prússia, através de von Eichhorn, *Kultusminister*,[97] emite um despacho governamental, incumbindo uma comissão científica de estudar o surto de febre tifóide que grassava na Alta Silésia; o intuito era o de, a partir das observações colhidas no terreno, a administração poder tomar as medidas mais adequadas. Essa comissão era constituída por Virchow e pelo *Obermedizinalrat* Dr. Barez, seu superior hierárquico. Ambos partem de Berlim a 18 de Fevereiro; a 29 de Fevereiro, Barez inicia a jornada de regresso, Virchow permanecerá na zona em crise até 7 de Março. A melhor fonte sobre a estadia de Virchow na Alta Silésia, os factos que testemunhou, as conclusões a que chegou, etc., é o opúsculo que Virchow redigiu imediatamente após o seu regresso da área afectada pela epidemia, um opúsculo que rapidamente se tornaria célebre, e o qual viria inclusivamente a ter a sua importância no encerrar do 1.º ciclo de Virchow em Berlim e a sua consequente migração para Würzburg: o "*Mitteilungen über die in Oberschlesien herrschende Typhus-Epidemie*" (Comunicações sobre a epidemia tifóide que grassa na Alta Silésia).

O citado opúsculo, com cerca de 180 páginas impressas, é considerado uma das obras-primas em matéria de higiene social, mantendo uma contundente *actualidade* nos tempos presentes. Nas palavras de Theodor Heuss[98], «*o que o jovem doutor trouxe da Alta Silésia não foi um relatório científico, mas sim, um libelo acusatório, um panfleto contra a burocracia e os latifundiários*».[99] Virchow começa por retratar a realidade geográfica da província, incluindo a composição dos solos, actividades económicas, traçando igualmente a evolução histórica da dita província e a sua colonização: «*Toda a Alta Silésia é polaca. Assim que se transponha o* [rio] *Stober, todo o entendimento com a população rural e os habitantes mais pobres dos núcleos urbanos torna-se impossível para quem não domine a língua polaca, sendo necessário recorrer aos préstimos de um intérprete. É na margem direita do rio Oder que esse fenómeno mais se verifica; na margem esquerda predominam numerosos elementos germânicos.*»[100] Segundo Vasold, Virchow não lamenta a longa germanização ocorrida, mas sim, a perda de identidade por parte dos habitantes: «*Passaram-se quase 700 anos desde que a Silésia foi separada da Polónia; a maior parte da província encontra-se inteiramente germanizada pelo esforço da colonização alemã e pelo poder da cultura alemã. Só que, para a Alta Silésia, 700 anos foram insuficientes para retirar aos seus habitantes a*

---

[94] August Varnhagen, citado por Manfred Vasold, ob. cit., pág. 66.
[95] Citação colhida em Manfred Vasold, ob. cit., pág. 66.
[96] Heinrich Schipperges, ob. cit., pág. 17.
[97] À letra, significa "Ministro da Cultura"; contudo, as atribuições do seu ministério eram tríplices: assuntos espirituais (religiosos), educacionais e medicina.
[98] Theodor Heuss (1884-1963), 1.º Presidente da República Federal da Alemanha (1949-1959).
[99] Manfred Vasold, citando Theodor Heuss, ob. cit., pág. 73.
[100] Manfred Vasold, citando as *Mitteilungen [...]* de Virchow, ob. cit., pág. 68.

marca nacional polaca, contrariamente ao que sucedeu com as suas tribos irmãs da Pomerânia e da Prússia. É claro que serviram para destruir a consciência da sua nacionalidade, corromper a sua língua e quebrar o seu espírito [...]. Os seus hábitos do quotidiano lembram em toda a parte a verdadeira Polónia. A sua indumentária, as suas habitações [...] finalmente, a sua falta de higiene e a sua indolência não se encontram em nenhum outro local, a não ser nas camadas mais baixas do povo polaco.»[101]

Contudo, a origem dos males não radica essencialmente na nacionalidade, mas noutras razões: razões culturais e económicas, nomeadamente. Em termos culturais, Virchow culpa o clero católico; em termos económicos, Virchow é impiedoso para com os latifundiários e patrões da nascente industrialização. Relativamente ao clero católico, Virchow afirma que *«em lado algum, excepto na Irlanda, e, em tempos, na Espanha, o clero católico conseguiu uma servidão tão absoluta sobre o povo como aqui; o clérigo é o senhor absoluto deste povo, que lhe presta serviço como um bando de servos da gleba»*[102]; noutra passagem pode ler-se as seguintes palavras: «[A igreja católica] *poderia ter dado ao povo um certo desenvolvimento espiritual, se apenas o quisesse. Sucede que radica no interesse da Mãe Igreja manter os povos obtusos, estúpidos e escravizados; a Alta Silésia é apenas um novo exemplo que se entronca no rol dos outros* [países]*, encontrando-se a Espanha, o México e a Irlanda no topo.»*[103] Quanto aos latifundiários, Virchow afirma que estes, na sequência das reformas de von Stein (que aboliu o regime da servidão), se esqueceram de transformar os antigos servos em camponeses auto-responsáveis; os antigos servos foram apenas formalmente libertados da servidão medieval, mas ninguém se preocupou em lhes incutir iniciativa própria. Por outro lado, o excessivo consumo de álcool contribui igualmente para minar a saúde pública: *«No final do dia, quando o povo regressava dos mercados das cidades, as estradas estavam literalmente juncadas de gente embriagada, homens e mulheres; até as crianças que eram ainda amamentadas pelo peito materno eram alimentadas com álcool.»*[104]

Outra causa para a proliferação do mal radica no tipo comum das habitações: *«[...] essencialmente casas de madeira; as paredes são constituídas por troncos, revestidos de barro, com telhado de palha [...]. A casa é quase sempre, simultaneamente, habitação, curral para o gado e dispensa [...]. Grande parte do espaço é ocupada por um fogão de sala [...] no qual se cozinha, e sobre cuja superfície de tijolos dormem os ocupantes [...]. O melhor local do espaço restante, se o nível de vida o permitir, é ocupado por uma vaca e um bezerro [...]. O único luxo destas habitações é constituído por uma fileira de imagens de santos, que costumam pendurar sob as janelas.»*[105]

No que se refere à alimentação, esta era composta essencialmente à base de batatas, leite, leitelho e chucrute; o pão quase que não entrava na dieta, a carne era um alimento raro. Quando estes géneros se tornavam raros, os habitantes recorriam a *«trevos, gramas, batatas podres etc. Muitos morreram de fome; muitos outros entraram num estado de atrofia, que metia dó.»*[106]

---

[101] Idem, *Ibidem*.
[102] Idem, *Ibidem*, pág. 69.
[103] Heinrich Schipperges, ob. cit., pág. 94.
[104] Manfred Vasold, citando as *Mitteilungen [...]* de Virchow, ob. cit., pág. 69.
[105] Idem, *Ibidem*, pág. 70.
[106] Idem, *Ibidem*.

Consequentemente, segundo Vasold, «*a mortalidade era claramente superior do que nos tempos "normais". No círculo administrativo de Pless, em 1846 morreram 2.399 pessoas em cerca de 69.000 habitantes, e no ano seguinte faleceram 6.877 – portanto, a taxa de mortalidade subira de 3,48% para 9,97%*»[107]. Segundo Virchow, com base nas informações dos padres, nas 25 paróquias do círculo administrativo, morreram «*907 de fome, isto é, 1,3% da população*».[108]

Quanto à causa da doença, Virchow duvidava do seu carácter contagioso, atribuindo-a aos maus ares, «*o que naqueles tempos era comum*», segundo Vasold[109]. Actualmente, sabe-se que a epidemia era uma febre exantemática. A febre exantemática e o tifo, *strictu senso*, só viriam a ser doenças distinguíveis uma da outra a partir dos métodos da investigação bacteriológica. Hoje sabe-se que a causa originária da doença se deveu a uma dieta precária, aliada à profusão de piolhos do vestuário e falta de cuidados de higiene mínimos. Somente cerca de 20 anos depois, face a um novo surto de "febre tifóide" (na verdade, era tifo abdominal!) na Prússia Oriental, é que Virchow, com base nas autópsias realizadas, logrou destrinçar o tifo abdominal (verdadeiro tifo – que era o surto em causa) da febre exantemática.

Paralelamente a esse flagelo, a população era ainda terrivelmente afectada por outra enfermidade, que se caracterizava pela atrofia das extremidades do corpo, causa directa da subnutrição e dos rigores do Inverno. «*Foram-me mostrados diversos casos em que se verificou a atrofia das extremidades [...]. Víamos crianças, de pés descalços [...] andando sobre a neve [...]! O Senhor Zillmer, médico do regimento, em Gleiwitz, informou-me de um caso em que o membro inferior sofreu uma amputação espontânea (pelo quebrar do osso, ao se levantar da cama).*»[110]

No que se refere às causas da epidemia, Virchow concluía e apontava razões sociais, ao lado de factores geográficos e climatéricos. Em termos gerais, Virchow criticava a actuação errada dos burocratas bem como a aristocracia feudal que não investia os seus rendimentos na terra de onde os obtinha, preferindo gastá-los numa vida ociosa nas grandes cidades, bem como a emergente burguesia industrial que via as pessoas como meras máquinas humanas. Neste ponto, vale a pena citar um excerto que se encontra já na parte final das *Mitteilungen*: «*Todo o mundo sabe que o proletariado do nosso tempo foi condicionado pela introdução e o aperfeiçoamento das máquinas [...]. A força humana perdeu toda a autonomia, passando a ser apenas um elo, se bem que vivo, mas equivalente a um elo morto, ligado às máquinas. Os seres humanos apenas valem como mãos! [...]. No nosso século começa a idade social [...]. De facto, a associação do trabalho sem propriedade com o capital do Estado ou da aristocracia monetária [...] constitui o único meio capaz de melhorar a condição social. O capital e a força de trabalho terão, no mínimo, de ser equivalentes, e a força viva não pode ficar submetida ao capital morto.*»[111] Como soluções, Virchow advogava «*uma democracia plena e ilimitada*» bem como a «*educação, seguida das suas filhas liberdade e bem-estar*».[112] Isso era meia verdade; seria necessário

---

[107] Idem, *Ibidem*, pág. 71.
[108] Idem, *Ibidem*.
[109] Idem, ob. cit., pág. 71.
[110] Manfred Vasold, citando as *Mitteilungen [...]* de Virchow, ob. cit., págs. 72 e 73.
[111] Ernst Meyer, citando as *Mitteilungen* de Virchow, ob. cit., pág. 42.
[112] Manfred Vasold, citando as *Mitteilungen [...]* de Virchow, ob. cit., pág. 15.

esperar quase 4 décadas, para que a emergente bacteriologia viesse e revelasse a outra meia verdade.

Entretanto, o ambiente político tornava-se cada vez mais escaldante; pressentia-se uma revolução no ar. Virchow deixa a Alta Silésia e chega a Berlim a 9 de Março, para, segundo o seu testemunho, «*participar no movimento da capital [...] para ajudar no derrube da nossa velha forma de Estado*», ou seja, na Revolução.[113] No dia seguinte, 11 de Março, Virchow redige uma carta ao seu pai; referindo-se à sua missão na Alta Silésia, e estabelecendo igualmente pontes com os acontecimentos que estavam a ocorrer em Berlim, Virchow escreve que «[a miséria na Alta Silésia] *nunca teria tomado as proporções que teve [...] se se tivessem tomado as medidas preventivas adequadas [...]. O governo, em especial o ministro von Bodelschwingh [...] [sacrificou] pela sua incredulidade e pela sua teimosia tantas pessoas como as que teriam custado uma pequena guerra [...]. É triste que em momentos como este o Rei continua a tratar o seu povo como um rebanho de crianças pequenas e que coisas que são tão importantes como o pão-nosso de cada dia, por exemplo, e a liberdade de imprensa, tenham sido postergadas para as calendas gregas.*»[114]

Após os dias quentes de Março, Virchow começa a filtrar os seus apontamentos, redigindo as famosas "*Mitteilungen*". Afrontamento directo, ou falta de tacto diplomático (pessoalmente, inclino-me mais para a 1.ª hipótese), Virchow publica o seu opúsculo no II Vol. do seu *Archiv*. Somente depois é que enviará um exemplar impresso ao ministério, à laia de relatório científico, sobre o que lhe fora dado a observar na Alta Silésia. O ministro von Eichhorn ficou furibundo; o governo da Prússia em choque. Esta atitude, irreverente, bem como a participação activa nas barricadas de Berlim acabariam por ditar a consequente exclusão de Virchow de Berlim e a sua emigração para o sul da Alemanha: Würzburg.

Contudo, penso que vale a pena deitar um olhar sobre as reacções do ministério competente, quer sobre a atitude de Virchow, quer sobre o conteúdo das suas "*Mitteilungen*". Logo para *apimentar* a situação, Virchow juntou ao seu opúsculo uma breve nota explicativa, à parte, na qual escrevera o seguinte: «*Ao Alto Ministério dos Assuntos Espirituais, da Educação e da Medicina [...]. Julgo não ser necessário desculpar-me pela franqueza com que escrevi este tratado; o interesse da humanidade reclamava que eu dissesse aquilo que se me afigura ser uma verdade científica.*»[115] Um funcionário superior, de nome Lehnert, encarregue de entregar a referida obra ao seu ministro, anotou o seguinte: «*Quer parecer-me que a referida franqueza do Sr. Virchow é antes uma parcialidade total em matéria de fantasmagóricas loucuras políticas; eu tinha-o em conta como uma pessoa dotada de entendimento prático; é um sonhador republicano, sem as virtudes da república. É uma pena, pois é talentoso! Contudo, não se pode negar que esta obra contém muitas coisas verdadeiras e que merecem uma análise cuidadosa. Quer parecer-me que a secção da educação deveria igualmente ter conhecimento sobre isto, e que deveria ser chamada a atenção dos Senhores ministros do Interior, do Comércio e das Finanças para esta obra, a fim de aplicarem [...] meios eficazes.*»[116] Quanto às anotações feitas pelo ministro von

---

[113] Ernst Meyer, ob. cit., págs. 43 e 44.
[114] Manfred Vasold, citando Virchow, ob. cit., pág. 73.
[115] Extraído em Manfred Vasold, ob. cit., pág. 16.
[116] Idem, *Ibidem*, pág. 16.

Eichhorn, em pessoa, podem destacar-se os seguintes trechos, alguns deles profundamente irónicos: «*Virchow deveria ser nomeado presidente do Distrito Administrativo da Alta Silésia! Enviem-se para lá homens como Virchow e outros que tais e tudo será resolvido na perfeição*»; relativamente às exigências em prol de uma democracia ilimitada: «*É uma pena que o autor não entre em pormenores quanto à sua comparticipação na tentativa de derrube* [do governo em Berlim] *[...] pois faria tanto sentido estar isso aqui como muitas outras coisas que aqui estão e que nada têm a ver com tifo!*»[117] Noutro ponto, alguém do ministério anota a cínica observação de que «*Virchow é um ingrato relativamente ao velho regime, regime ao qual tanto deve*»[118]. Na parte final, em que Virchow escreve abertamente «*da vergonha do governo [...] que havia permitido que se chegasse a um tal estado de coisas*»[119], pode ler-se uma espécie de réplica desesperada, aposta por um funcionário do ministério: «*É quase um milagre a quantidade de conhecimentos precisos que o Sr. Virchow obteve da Alta Silésia, em termos científicos, isto é, observação médica da epidemia em tão curto espaço de tempo [...] 14 dias. Quer parecer-me que algumas coisas são de ouvir dizer, outras foram por ele inventadas.*»[120]

Um ano depois, em 1849, no 2.º Vol. do seu *Archiv*, Virchow voltará a referir-se às misérias que vira na Alta Silésia, apontando soluções gerais para evitar a repetição de epidemias semelhantes, expondo as seguintes ideias/princípios: «*Bem-estar, educação e liberdade promovem-se mutuamente, e o mesmo sucede inversamente, com a fome, ignorância e servidão.*» Daí a conclusão: «*A medicina, como uma ciência social, como a ciência do ser humano, tem por missão encarar esses desafios, tentando encontrar as suas soluções teóricas; o homem de Estado, o antropólogo prático, deve encontrar os meios para a sua solução.*»[121]

Como se verá ao longo da presente obra, a ida à Silésia marcaria a futura actuação de Virchow, até à sua morte. Foram esses 14 dias passados na Alta Silésia que dariam a Virchow o *Leitmotiv* que orientaria toda a sua vida: aplicar os frutos do conhecimento, a bem da humanidade. Num dos seus vários olhares retrospectivos sobre a epidemia de 1848, escreverá em 1866, em jeito de prognose, as seguintes palavras: «*Por ventura, a constituição belga ou a constituição inglesa impediram que os povos da Flandres, Irlanda ou Escócia fossem vítimas, aos milhares, da fome e das epidemias? Numa democracia livre, com um governo democrático, tais acontecimentos são impossíveis. A terra produz mais alimentos do que as pessoas são capazes de consumir; o interesse da humanidade é contrário a que exista um acumular disparatado de capital e de bens imóveis nas mãos de somente alguns que depois desviam os produtos em canais que continuamente fazem refluir o lucro sempre às mesmas mãos. O constitucionalismo nunca há-de quebrar essas relações [...]. Por isso continuo a teimar na frase que coloquei no topo: liberdade e democracia ilimitada.*»[122]

---

[117] Extraído em Manfred Vasold, ob. cit., pág. 17.
[118] Idem, *Ibidem*, pág. 17.
[119] Idem, *Ibidem*, pág. 18.
[120] Idem, *Ibidem*.
[121] Heinrich Schipperges, ob. cit., pág. 94.
[122] Manfred Vasold, citando Virchow, ob. cit., págs. 75 e 76.

CAPÍTULO IV

VIRCHOW E A REVOLUÇÃO DE 1848

Parece-me agora oportuno relatar brevemente a revolução de 1848, bem como o papel modesto, mas activo, desempenhado por Virchow. O espaço político alemão vivia os maiores sobressaltos, ditados em parte por um idealismo romântico que não se conformava com a realidade existente, tentando mudá-la e conformá-la ao ideal que dominava esse idealismo romântico: a unidade política do espaço cultural alemão. Esse espaço encontrava-se espartilhado em cerca de 300 Estados, uns mais soberanos que outros, uns maiores, outros, verdadeiramente liliputianos. Vivia-se ainda a herança deixada pela triste guerra dos 30 anos. O espaço alemão dividia-se entre reinos, grão-ducados, cidades imperiais (*Reichsstädte*), cidades-arcebispais (por ex: Colónia), cidades-livres (*Freistädte*, por ex: Bremen, Hamburgo, Lübeck, heranças da Liga Hanseática), condados, baronados; reflexivamente, existia uma panóplia de diversos ordenamentos jurídicos bem como dezenas de sistemas monetários locais. Se bem que razões de pragmatismo económico tivessem conseguido estabelecer uma união aduaneira em 1834 (o *Zollverein*), a falta de unidade política, não obstante algum visível crescimento económico, deixavam o espaço alemão como um ente sem personalidade, enfraquecido perante o concerto das outras nações europeias. O sonho em prol da unidade perdida era mais actual que nunca. De facto, existia uma espécie de *sebastianismo*, tendo por base a ideia de *Reich* (Império) e de *Kaiser* (imperador), a ideia do ressurgimento de um moderno Sacro Império Romano Germânico, tendo por referências míticas os primeiros imperadores medievais, com destaque para Frederico Barbarossa (1122-1191) e Frederico II (1196-1250), imbuído/compensado pelos ideais dos modernos Direitos, Liberdades e Garantias, criados e sedimentados na cena internacional pelas revoluções norte-americana e francesa.

Por outro lado, não se podem igualmente perder de vista factores de natureza sócio-económica. Após o final das guerras napoleónicas, assiste-se a um contínuo crescimento demográfico, mas a capacidade produtiva dos géneros alimentares não conseguiu acompanhar esse crescimento. A isso acresce uma sucessiva migração, das zonas rurais para as zonas urbanas. Paralelamente, o valor real-aquisitivo dos salários era cada vez mais baixo, a pobreza generaliza-se. Os primeiros sinais de que algo de ameaçador começa a pairar no ar, verificam-se a partir da década de 40; 1844, 1845 e 1846 são anos agrícolas excessivamente maus na Alemanha (bem como na generalidade dos países da Europa Ocidental), o que agrava de forma generalizada a miséria das massas, multiplicando a pobreza. As palavras de Vasold são elucidativas: «*Segundo uma estimativa para o ano de 1844, um terço de todas as localidades da Alemanha encontrava-se numa pobreza extrema. Em Solingen [...] dois terços encontravam-se desempregados; em Berlim, apenas 1 em 20 habitantes pagava impostos [...].*»[123] No que respeita à evolução demográfica e social na Prússia, «*entre 1816 e 1846, a população aumentou em 60%, mas no mesmo período de tempo, os artesãos aumentaram para 107%, e os oficiais de artesanato para 165% [...]. O número dos oficiais de artesanato e dos artesãos cresceu mais rapidamente do que a população em geral. Quem é que lhes poderia dar trabalho? Os mártires do ano de 1848 eram na sua maioria originários destas classes.*»[124]

Deste modo, assiste-se em vários Estados alemães (Prússia, Baviera, Baden, Áustria) a movimentações, por parte do *terceiro estado*, que intencionavam, por um lado, acabar com os restícios de despotismo esclarecido que ainda existiam, e, por outro lado, fomentar a ideia de unidade nacional, sem esquecer igualmente o acossamento que a generalizada situação de carestia exercia. No ano de 1848 estalam várias Revoluções, quer pela Europa (Paris, Bruxelas, Praga), quer no espaço alemão: Berlim, Munique, Viena, Baden. Cenários de guerra civil: populares dum lado, exército do outro, barricadas pelo meio.

Em Berlim, a revolução estala a 18 de Março, com confrontos entre populares e o exército; Virchow encontra-se igualmente nas barricadas. A 19 de Março, Virchow relata numa carta ao seu pai os acontecimentos tumultuosos da véspera: «*Do nosso lado, os primeiros combates começaram ao meio-dia; durante 12 horas ecoaram pela cidade o trovejar dos canhões e das armas de pequeno calibre – hoje venceu o povo [...]. Neste momento Berlim festeja esta revolução que foi a mais sangrenta e tenaz de todas a que assistimos este ano, muito mais dura até que a de Paris [...]. Em poucas horas, toda a Berlim se encontrava sobre as barricadas, e quem tinha arranjado armas, municiava-se. Pelas 4h00 da manhã encontravam-se em Berlim 25.000 soldados [...]. O número dos cidadãos em armas não se consegue determinar. O combate começou [...] pelas 5h00 da manhã. Pela primeira vez, desde a revolução francesa do século passado, e pela primeira vez desde os inícios da história alemã, se assiste ao facto de um soberano disparar sobre os seus súbditos com canhões; já não bastava o fogo das espingardas [...]. Diante da [minha] barricada o regimento real de Stettin com 2 canhões; na barricada só se encontravam 12 armas de fogo, e mesmo assim, aguentou-se o exército durante mais de duas horas.*»[125] «*[...] a minha participação no levantamento foi relativamente insignificante. Ajudei a construir algumas barricadas, mas depois, como me tinham dado apenas uma pistola, em pouco poderia ser útil, uma vez que os soldados disparavam a grande distância, e um corpo a corpo tornava--se inviável, pelo reduzido número dos cidadãos presentes na minha barricada.*»[126]

Após dois dias de confrontos, a revolução triunfa nas ruas; Frederico Guilherme IV ordena a retirada do exército da capital. Estima-se que os dois dias de combates

---

[123] Manfred Vasold, ob. cit., pág. 80.
[124] Idem, *Ibidem*, pág. 81.
[125] Idem, citando Virchow, ob. cit., págs. 82 e 83.
[126] Christian Andree, citando uma carta de Virchow, ob. cit., pág. 51.

tenham custado a vida a 230 pessoas[127]. O governo cedia ao grosso das exigências (por exemplo, uma constituição, liberdade de reunião e de imprensa). Vivia-se uma autêntica Primavera liberal; numa carta dirigida ao seu pai, Virchow escreve: «*Como deves ter visto depois da minha última carta, a revolução venceu completamente.*»[128] Contudo, em breve, Virchow apercebe-se de que se vivia uma calma aparente: «*Por agora temos um período de acalmia, mas uma acalmia vulcânica, de um vulcão que ainda não se encontra extinto.*»[129] De facto, a breve trecho, pressente-se que se está a viver antes um compasso de espera: «*Fala-se novamente da populaça; novamente se pensa em dividir de forma desigual os direitos políticos entre os diversos membros da Nação; novamente se assiste ao atrevimento de aterrorizar a imprensa, e o governo começa lentamente a usar um tom de voz que se assemelha bastante ao tom usado antes do 18 de Março [...]*»[130]. Numa sua carta, datada de 1 de Maio de 1848, dirigida ao seu pai, Virchow faz uma espécie de credo de fé relativamente ao tempo presente: «*Há muito tempo que tenho a consciência de me encontrar de forma livre e esclarecida no tempo em que vivemos, tomando em mim os seus movimentos, de forma fresca e atempada. Muitas vezes me enganei sobre o ser humano, mas sobre o tempo, ainda não. Daí que tenha a vantagem de não ser já uma meia-pessoa, mas sim, uma pessoa inteira, e de a minha convicção médica desembocar na minha convicção política e social. Enquanto cientista natural, só posso ser republicano [...]*».[131]

Na verdade, as forças revolucionárias vão lentamente perder a sua unidade, subdividindo-se em pretensões múltiplas e por vezes divergentes. São ilustrativas as palavras de Vasold: «*As exigências sociais eram as exigências do 4.º estado, nascidas das suas necessidades. O 3.º estado, o da burguesia, tem outras preocupações; é o que se infere das denominadas Märzforderungen* (exigências de Março): *aí se fala em liberdade de imprensa, do direito de andar armado, de um parlamento alemão e de tribunais de jurados; na Prússia, as exigências por uma constituição encontram-se no topo. A burguesia e o jovem liberalismo político reivindicam [...] exigências de natureza política, ao passo que as classes inferiores procuram a ajuda do Estado e os liberais exigem a liberdade do Estado.*»[132]

No restante espaço alemão assiste-se ao estabelecimento de um parlamento em Frankfurt (a *Paulskirche*), que tenta conciliar os diversos interesses em causa e estabelecer um projecto de unificação alemã. Desprovido de autoridade e de poderes, durará sensivelmente um ano, acabando por se dissolver de forma pouco digna. O medo do 4.º estado acabou por atirar as forças liberais ao encontro das velhas autoridades. Sobre essa evolução, Virchow escreveria numa das cartas aos seus pais que «*o medo dos possidentes, que agora surge por toda a Europa como uma epidemia psíquica, é na verdade uma loucura e tem como elemento comum aquela loucura que, para afastar um mal temido, lança mão daqueles meios que potenciam a doença, acabando por aparecer inevitavelmente o mal que se temia*».[133] A reacção vencia a *revolução*; a única conquista será a outorga de várias constituições em diversos Estados alemães, quase todas aquém do que pretendiam as correntes liberais.

---

127 Número extraído em Manfred Vasold, ob. cit., pág. 84.
128 Manfred Vasold, citando Virchow, ob. cit., pág. 84.
129 Idem, *Ibidem*, pág. 85.
130 Vasold, citando uma carta de Virchow, inserida na obra "*Revolutionsbriefe 1848/49*" (Cartas Revolucionárias 1848/49), de Weber, R (Hg.), L 1973.
131 Ernst Meyer, ob. cit., pág. 45.
132 Manfred Vasold, ob. cit., pág. 85.
133 Idem, *Ibidem*, pág. 86.

Quanto ao sonho da unificação alemã, o sonho não passaria disso mesmo: de um sonho. O fracasso deveu-se a factores internos e externos. No plano interno, às rivalidades entre o Estado da Prússia e a Casa da Áustria; no plano externo, quer a Rússia, quer a França, quer a Dinamarca exerceram pressões diplomáticas (a Rússia chegou mesmo a ameaçar o recurso à guerra, caso a Prússia não desistisse de encabeçar a unificação alemã). Fechava-se um ciclo, mas, paulatinamente, abria-se um outro, longo ciclo: o do plano de Bismarck, que dizia abertamente que *«não é através de discursos e por deliberações de maiorias parlamentares que se decidem as grandes questões do tempo* [a unificação alemã] *– esse foi o grande erro de 1848 e de 1849 –, mas sim, pelo ferro e pelo sangue».*[134] O curso dos acontecimentos viria a dar-lhe razão.

Neste período de 1848/1849 agita-se também a questão polaca; tenha-se presente que a Nação polaca deixara de existir enquanto tal, na sequência das três partilhas da Polónia (1791, 1793 e 1795), passando os polacos à categoria de súbditos prussianos, austríacos e russos. Em abono da verdade, a Prússia ficara com a menor parte; em contrapartida, a *autoridade* prussiana era mais benévola, quando comparada com a austríaca (já a soberania russa foi a pior, o que justifica o elevado número de sublevações polacas ocorridas nessa zona). Seja como for, a intelectualidade polaca, face aos sucessos de Março de 1848, começa igualmente a tornar-se activa, exigindo o restabelecimento da independência da Polónia, a começar pelas porções de territórios ocupados pela Prússia. Não deixa de ser curioso um dos argumentos da intelectualidade polaca: *«Para garantir a existência de uma Alemanha livre torna-se imperiosa a existência de um Estado polaco independente, como muralha contra as investidas dos asiáticos.»*[135] Neste ponto torna-se interessante observar o comportamento político de Virchow. Virchow defende abertamente o direito à existência da Nação polaca, estribando-se em princípios morais, já que a Nação alemã não poderia aspirar à unificação como um Estado livre, se continuasse a usurpar outras nações. Encontramos aqui um certo paralelismo com o que na mesma altura era afirmado por Friedrich Engels: *«Uma Nação não pode ser livre e continuar a subjugar outras nações. Portanto, a libertação da Alemanha não se conseguirá realizar sem que ocorra a libertação da Polónia da subjugação pelos alemães.»*[136] Não obstante, tais argumentos eram minoritários na ala dita liberal; na ala conservadora, uma hipotética concessão de independência aos nacionais polacos estava fora de questão. Virchow predissera um levantamento polaco; a sua prognose nunca se viria a concretizar, pelo menos no seu tempo.[137]

O episódio de Virchow nas barricadas representa bem o seu comprometimento político com os novos tempos. É igualmente em 1848/1849 que Virchow dá os seus primeiros passos na política. De facto, Virchow torna-se membro de várias associações políticas bem como de associações de trabalhadores, participando em debates e em discursos[138]. Em meados de 1848, Virchow é eleito para a assembleia constituinte da

---

[134] Heinrich Schipperges, citando o excerto de um discurso de Bismarck, proferido a 24/09/1862, ob. cit., pág. 25.

[135] Citação extraída em Manfred Vasold, ob. cit., pág. 88.

[136] Idem, citando Friedrich Engels, ob. cit., pág. 88.

[137] Refiro-me aos vários tumultos ocorridos entre 1919-1921, na sequência do Tratado de Versailles bem como à grande purga étnica levada a cabo pela Polónia entre 1945-1947 (a expulsão de perto de 3 milhões de alemães até à linha Oder/Neisse, actual linha fronteiriça entre a Alemanha e a Polónia).

[138] Informações extraídas em Heinich Schipperges, ob. cit., pág. 18.

Prússia, contudo: «*Uma vez que não tenho ainda 30 anos, como o exige a lei eleitoral, tive de rejeitar; caso tivesse a idade exigida, encontrar-me-ia neste momento sentado na assembleia, e em todo o caso faria parte da ala mais à esquerda, se bem que nem sempre concorde com os meios que eles propõem para a prossecução dos seus fins.*»[139]

Em Agosto de 1848 tem lugar em Berlim o Congresso dos Trabalhadores, na qual participam todos as associações de trabalhadores, com o nobre propósito de impor ao Estado a obrigação de garantir a cada trabalhador o seu (direito ao) trabalho bem como o de garantir a responsabilidade do Estado em matéria de assistência social para com os trabalhadores sinistrados ou incapacitados pela idade. Virchow apoia estas ideias, pois via claramente que a solução das questões sociais constituía o fim mais elevado da revolução em que participara. Relativamente à questão social, numa carta aos seus pais, Virchow expõe claramente o seu raciocínio nesta matéria: «(a questão social) *não é como o nó górdio [...]. A solução da questão social radica na destruição da plebe. Como se consegue destruir a plebe? Apenas se se integrar a plebe na sociedade, se se permitir que ela desfrute e participe dos direitos da cidadania, da sociedade e da família [...]. Deste modo, a questão social e a questão política interceptam-se.*»[140] Noutra carta ao seu pai, Andree, parafraseando Virchow, dá conta de que o acento tónico residia «*na erradicação da velha distinção burguês//trabalhador. [...] O objectivo mais importante seria a melhoria da situação dos trabalhadores – não segundo a vontade régia, mas sim, segundo a vontade emancipada do povo.*»[141]

Em Outubro de 1848 Virchow torna-se membro do Congresso Democrático, em Berlim[142], para além de ter sido eleito representante pelos círculos eleitorais de Frankfurt e de Berlim[143]. De facto, em termos de síntese, o ano de 1848 foi um ano árduo para Virchow, que conseguia simultaneamente arranjar tempo para actividades tão diversas como a medicina, a ciência e a política. A título ilustrativo, escutemos o próprio Virchow numa das suas cartas dirigidas à sua casa paterna (desculpando-se por não escrever com a assiduidade que lhe era normal): «*Os meus dias são preenchidos por actividades, em parte políticas, em parte médicas. De manhã prendem-me as minhas funções na Charité e a minha docência, e quando muito, tenho ainda tempo para ler um jornal; à tarde tenho diversas assembleias de comissões, à noite, reuniões de todo o tipo. A nossa associação do Distrito, o distrito Friedrich-Wilhelmstadt, no qual sou delegado do comité, realiza três reuniões por semana; uma vez por semana tem lugar a assembleia do Bezirks--Zentral-Verein* (associação central dos distritos), *na qual se encontram os delegados de todos os distritos e onde fui até agora membro do Comité; uma vez por semana tem lugar a assembleia Geral dos médicos, onde sou vice-presidente. A isso juntam-se os clubes, associações de artesãos e trabalhadores fabris [...]. Os únicos dias em que me pude libertar foram os dias de Pentecostes.*»[144]

A partir da segunda metade do ano de 1848 assiste-se, em toda a parte, ao lento triunfar da *reacção*. O governo acaba por proclamar o estado de sítio, alguns novos

---

[139] Manfred Vasold, citando uma carta de Virchow aos seus pais, ob. cit., pág. 90.
[140] Idem, *Ibidem*.
[141] Christian André, ob. cit., págs. 51 e 52.
[142] Informações extraídas em Heinrich Schipperges, ob. cit., pág. 18.
[143] Christian André, ob. cit., pág. 51.
[144] Ernst Meyer, citando uma carta de Virchow, s/ data, ob. cit., págs. 57 e 58.

periódicos são proibidos, o exército acabará por entrar em Berlim sem encontrar resistência, desarmando os que haviam combatido nas barricadas. «*Na França, na Itália, na Áustria e aqui venceu a contra-revolução, a qual começa em toda a parte a desfrutar desavergonhadamente da sua vitória*», escreverá Virchow aos seus pais, pouco antes do Natal[145]. Noutra carta[146], Virchow afirma que «*a história quer ir em frente, a sua missão é a libertação espiritual e física do género humano, e ainda hoje continuo convencido, tal como há vários meses atrás, de que para isso será necessária primeiramente uma República*».[147]

A partir de 1849 assistem-se a sinais de *saneamento*. O governo do ultra-conservador conde Brandenburg vai tomando as medidas destinadas ao restabelecimento da ordem. O ar em Berlim começava a tornar-se rarefeito para muitos dos que, mais ou menos activamente, haviam participado na revolução. No que se refere a Virchow, em termos pessoais, as suas preocupações aumentam com o afastamento de dois cirurgiões da *Charité*. Nos inícios de Março de 1849, em mais uma carta dirigida aos seus pais, expõe a sua situação incerta do seguinte modo: «*Também a mim o Kultusministerium expôs a questão de saber como é que eu poderia conciliar o meu cargo com o facto de dar à estampa panfletos incendiários. Respondi que o meu cargo oficial nada tem a ver com a minha actividade política, e de que não abusei do exercício desse cargo [...]. Caso venha mesmo a ocorrer a minha suspensão, põe-se a questão de saber se se colocarão obstáculos à minha actividade científica. Eu penso que não, e pelo exercício desta, bem como das minhas actividades literárias e ocupações médico-práticas, continuaria a ter meios suficientes para o meu sustento.*»[148]

Deixou-se já exposto mais atrás que existia um *conflito de gerações*, entre o pai Virchow e o filho Virchow; com o passar do tempo, este ia-se esbatendo. Contudo, tem interesse analisar neste ponto o pensamento de Virchow relativamente a uma nova ideologia que começava a irradiar na Alemanha, e daí para o resto do mundo: o comunismo. Face a uma pergunta (preocupada) do seu pai ("o que é que achas do comunismo?"), Virchow responde numa carta com as seguintes palavras: «*O comunismo enquanto tal acho-o, tal como já to disse anteriormente, uma loucura, caso se se o quisesse implantar na prática. Já o socialismo, pelo contrário, reconheço-o como sendo o único objectivo dos nossos intentos, evidentemente não este ou aquele sistema, como o que foi agora implantado na França, mas sim, um esforço de conduzir a sociedade para bases razoáveis, ou, por outras palavras, criar mecanismos para que a plebe deixe de ser a plebe. Isso é algo que já não se consegue alterar. Também o cristianismo teve apenas essa finalidade [...]. É algo que poderia ocorrer sem qualquer violência, se os seres humanos, a saber, aqueles que detêm o poder nas mãos, fossem mais razoáveis. Mas, como até agora têm sido irrazoáveis, é quase certo que tal sucederá de forma sangrenta e com recurso à violência.*»[149]

Como se pode antever, o relacionamento com o governo da Prússia, nomeadamente com o *Kultusministerium* estava definitivamente rompido. Em Abril de 1849, Virchow

---

[145] Manfred Vasold, citando uma carta de Virchow aos seus pais, ob. cit., pág. 91.

[146] Como a fonte é outra, ignora-se se o seguinte trecho se insere no *corpus* da carta anteriormente citada.

[147] Heinrich Schipperges, citando uma carta de Virchow, ob. cit., pág. 18.

[148] Manfred Vasold, citando uma carta de Virchow, ob. cit., pág. 91.

[149] Manfred Vasold, citando Virchow, ob. cit., pág. 92.

paga a factura pelo seu engajamento político: o ministro competente ameaça exonerar Virchow das suas funções de *Prosektor* da *Charité*. Segundo Vasold, «*Virchow supõe que o motivo da sua exoneração se prende com a sua incessante oposição ao governo*».[150] As autoridades acusam Virchow de ter exercido manifestações políticas «*enquanto residente na Charité; se, por ventura, tivesse residido extra-muros, tudo isso poderia ser perspectivado como um assunto do foro pessoal*».[151] Em termos concretos, as manifestações políticas, traduziram-se pela difusão de panfletos nas enfermarias bem como pelo facto de ter defendido publicamente uma "*realeza democrática*"[152], «*isto é, uma República, na qual o rei seria um presidente, mantendo-se as regras sucessórias*».[153] Virchow contra-argumenta, afirmando, segundo Vasold, que «*se é essa a razão, então, que o removessem da Charité, mas que não colocassem em causa o seu posto de trabalho*».[154] Acaba por se chegar a uma solução de compromisso, mediada pelo *Geheimrat* Lehnert, director dos assuntos médicos, que diz a Virchow que poderá manter o seu cargo, se deixar de exercer a sua influência política sobre os funcionários da *Charité*. «*Portanto, Virchow não terá de pedir desculpas pelas suas agitações políticas e aceita, de futuro, abster-se da política. Em contra-partida, pode conservar o seu cargo.*»[155] A única consequência imediata: Virchow deixa de residir na *Charité*, perdendo igualmente o seu direito de comensal.[156]

Nesse ano de 1849, Virchow torna-se céptico, no que respeita à política *real*. Em Outubro de 1849, Virchow dirige uma carta a um seu velho amigo de Schivelbein, Wilhelm von Wittich, escrevendo o seguinte: «*Se se quiser fazer uma política séria, se se quiser obter realmente o progresso, então, ter-se-á de abandonar o continente europeu. Nós, que sempre desejamos de forma séria uma fortuna duradoira junto do povo, vemo-nos coagidos a perspectivar com horror a próxima revolução que se seguir, pois temo que esta será tão aterrorizadora que nós não encontraremos nela qualquer papel. A verdadeira democracia consciente terá agora que se limitar a trabalhar em prol da educação geral, no fortalecimento do humanismo. Ela terá de lograr obter uma base com uma amplitude de tal ordem que permita que num momento posterior os seus apóstolos possam encontrar em toda a parte um círculo de actuação favorável, bastando-lhes apenas agir, desde que queiram agir.*»[157] Torna-se bem patente o estado de espírito de Virchow: desmoralizado por uma revolução falhada, sentimento de angústia relativamente a uma revolução sangrenta, que avizinhava como certa, contra-balançada com um certo optimismo, estruturado numa concepção filantrópica, oposta, por exemplo, a um Grotius (o homem seria o lobo do homem).

Por fim, os anos de 1848/1849 constituem ainda um importante marco na criatividade científico-literária de Virchow; com efeito, juntamente com Rudolf Leubuscher, Virchow dá a lume o famoso periódico "*Die medicinische Reform*" (A reforma da medi-

---

150 Idem, ob. cit., pág. 92.
151 Idem, *Ibidem*, pág. 93.
152 Expressão atribuída a Virchow por Christian Andree, ob. cit., pág. 51.
153 Christian Andre, ob. cit., pág. 51.
154 Manfred Vasold, ob. cit., pág. 93.
155 Idem, *Ibidem*.
156 Christian Andree, ob. cit., pág. 51.
157 Manfred Vasold, citando uma carta de Virchow, ob. cit., pág. 93.

cina), periódico de vanguarda que abrirá novos caminhos à medicina, nas suas vertentes sociais e de saúde pública, e que ainda hoje mantém a sua actualidade. Deste periódico, do seu conteúdo e das suas consequências a médio e longo prazo, falar-se-á no capítulo seguinte.

CAPÍTULO V

A "*DIE MEDICINISCHE REFORM*" (A REFORMA DA MEDICINA)

Entre 10 de Julho de 1848 e 29 de Junho de 1849 sai a lume a publicação "*Die medicinische Reform*", de cariz periódico semanal, que contará com um total de 52 números; a sua inovação, propósitos e objectivos, no mundo médico, será tão importante como, em termos religiosos, o foram (são?!) os 10 mandamentos de Moisés. Esclareça--se ainda que o termo alemão "*Reform*" tem um sentido mais profundo que o aparente termo português "Reforma". Em termos *alemães*, "*Reform*" significa uma alteração radical das coisas; como exemplo (e justificação) desta afirmação, não é por acaso que o fenómeno do protestantismo (suas várias derivações), no séc. XVI, na Alemanha, é designado pelo termo colectivo de *Reform*, uma *reforma* que alteraria para sempre o relacionamento do homem com Deus; já em termos *lusos*, "Reforma" significa antes uma ligeira alteração, ou, em termos simplistas, *dar uns retoques*. Posto esta consideração, com o devido respeito por opinião em sentido contrário, passemos ao que nos interessa.

Antes de se proceder a uma análise das passagens mais significativas contidas no periódico em causa, torna-se necessário lançar um breve olhar às décadas anteriores a 1848, em termos estritamente médico-filosóficos, reflexos de um certo *modus* de encarar o progresso científico, sem esquecer o elemento social. Como *Leitmotiv*, utilizemos duas célebres frases de Virchow: «*Os médicos são os advogados naturais dos pobres e a questão social recai, em grande medida, na sua jurisdição*» [*Die Ärzte sind die natürlichen Anwälte der Armen und die sociale Frage fällt zu einem erheblichen Theil in ihre Jurisdiction*][158], e «*A política nada mais é do que a medicina em grande estilo*» [*Die Politik ist weiter nichts, als Medicin im Grossen*][159].

Todos nós temos a percepção de que o século XIX, no seu todo, foi um século *veloz*, quando comparado com os séculos que o precederam: os progressos tecnológicos, económicos e científicos foram inegáveis. Sucede que os progressos nas vertentes sociais e políticas foram mais *lentos*, só ganhando pleno significado e realização no ainda mais veloz e voraz séc. XX. Portanto, o que se quer aqui expor e justificar é a dura realidade

---

[158] Christian Andree, citando Virchow, ob. cit., pág. 52.
[159] Manfred Vasold, citando Virchow, ob. cit., pág. 100.

de uma Europa a duas velocidades: os progressos sociais e políticos foram incapazes de acompanhar a velocidade das novas tecnologias bem como dos progressos científicos e industriais. Em termos de *esquerda*, pode falar-se de um desajustamento entre a *super--estrutura e a infra-estrutura*; em termos meramente humanistas, pode afirmar-se, sem margem para escândalo, que se assistia ao crescer de um fosso de miséria generalizada, oposto a uma mini-minoria que ia, bem ou mal, beneficiando dos progressos em curso. Esse fosso nunca foi tão grande como na década de 40 (em termos de Europa continental); daí que surjam igualmente as várias revoluções, em 1848.

Concretizando: a velocidade tecnológica dos meios de produção não foi acompanhada por uma evolução/ajustamento político e social; e, dentro do elemento social, integra-se, precisamente, a medicina. Até um certo momento, a medicina e a assistência médica era perspectivada como sendo um serviço meramente *pessoal*. Pelo sentido *pessoal*, configura-se, aqui, a estrutura social vigente, *grosso modo*, até à Revolução francesa. Por via de regra, o tecido social era constituído por unidades familiares, com uma certa estabilidade. Em termos simplistas, o figurino social dominante era a família como unidade produtiva, quer nas zonas rurais, quer nas zonas urbanas, quer na vertente da produção agrária, quer na vertente da produção rudimentar pré-industrial (por exemplo: a família como unidade produtiva de produtos manufacturados nos centros urbanos). A assistência médica, bem ou mal, era mediada pelo *chefe de família* (família, *latu sensu*, compreendendo aqui, quer os dependentes pelos laços de sangue, quer os dependentes em sentido económico, por exemplo, o aprendiz). Com o advento da revolução industrial assiste-se ao destruir do figurino tradicional da unidade de produção à pequena escala, ou dita familiar. Da noite para o dia surgem grandes unidades produtivas (as fábricas), diluindo-se toda uma cadeia ancestral de vínculos e de conhecimentos pessoais. À multiplicação de assalariados corresponde, proporcionalmente, um sinistro *anonimato social*. Reflexos disso verificam-se também na emergente sistematização jurídica, nomeadamente, na figura do contrato: o patrão contrata o esforço de trabalho do seu trabalhador, remunerando-o, e fica-se por aqui. Tudo o que extravasa a pura relação laboral formal, fica fora do contrato. Fora do contrato fica igualmente a questão da assistência médica. Efeitos perniciosos do triunfo do individualismo abstracto, com os corolários da *Liberté, Igualité et Fraternité*, firmados pela Revolução francesa. Ao jeito de George Orwell, todos eram teoricamente iguais, mas uns eram mais iguais que outros.

Como se intui, as condições desumanas de trabalho, aliadas a baixos salários e à inexistência de cuidados médicos (independentemente do *estado* da medicina nos alvores do séc. XIX), iam minando a saúde pública. Como ainda hoje sucede pelo mundo fora, salários baixos ou miseráveis esgotam-se na aquisição do pão de cada dia; outras preocupações, como a saúde, ficam de fora, pela simples razão de não haver rendimento disponível para tal. A esse fenómeno, que poderíamos apelidar de *universal*, acresce o facto de as condições de vida nos centros urbanos serem bastante letais, fruto da ausência do que modernamente chamamos de *infra-estruturas básicas* (por exemplo, rede de esgotos), a par do facto de uma grande concentração de pessoas numa área reduzida potenciar as doenças contagiosas, sem esquecer que a ciência médica continuava rudimentar (tenha-se presente que a bacteriologia estava ainda por nascer). Muitas vezes, a cura era uma mistura entre *sorte* e *intuição*.

Este é o figurino geral da miséria social das primeiras décadas do séc. XIX; e não é por acaso que as primeiras consciências a manifestarem-se surjam precisamente no Reino Unido, o pioneiro da revolução industrial. Com efeito, e citando Vasold, «*os grandes lideres do "sanitary awakening"* [despertar sanitário], *o jurista Edwin Chadwick e os dois médicos, Southwood Smith e John Simon, direccionaram – tal como o jovem Virchow – as suas aspirações, em primeira linha, para uma reforma no âmbito da saúde pública. Curiosamente, no ano de 1848 conseguem importantes concessões político-sanitárias por parte do Estado.*»[160]

Em termos germânicos, desde muito cedo que se assiste ao nascimento de preocupações sociais, encabeçadas, curiosamente, por médicos. Uma das figuras de proa foi o médico Friedrich Nasse, de Bona, que viria a ficar conhecido por defender a criação de melhores condições de saúde junto dos trabalhadores fabris, e que «*já em 1823 apresentava um vasto catálogo de reformas*».[161] É igualmente graças aos estudos inovadores de Nasse que ficámos a saber elementos preciosos sobre a profissão médica no espaço alemão, na década de 20 e 30 do séc. XIX: «*[...] o número dos médicos era bastante baixo [...]. 2/3 a 5/6 dos alemães não dispunham de cuidados médicos – paradoxalmente, os médicos reclamam trabalho e pão.*»[162]

Para além do reduzido número de médicos existentes (segundo Vasold, no Estado da Prússia existia, até meados do séc. XIX 1 médico por cada 3.000 habitantes), e sem esquecer o *estado* da medicina nas primeiras décadas do séc. XIX, torna-se igualmente interessante perscrutar a mentalidade das massas, relativamente aos médicos/medicina: «*A ida ao médico era dispendiosa, um luxo a que poucos se podiam dar; e isto, independentemente do facto de o homem comum não gostar de entrar em contacto com gente com estudos; preferia ir ao curandeiro, pois esse era mais barato e ao menos entendia-o. Além disso, era opinião corrente de que o médico pouco poderia fazer [...]*»[163]; «*Nas aldeias raramente se via um médico, e quando tal sucedia, as pessoas juntavam-se e perguntavam quem é que estava a morrer.*»[164] Por outro lado, o exercício da profissão de médico, principalmente nas zonas rurais, era bastante aventuroso: «*O médico tinha à sua frente longas viagens por caminhos miseráveis [...] em carruagens ou por trenó [...] envolto por um espesso manto [...] tendo debaixo do assento a caixa dos medicamentos, e ao seu lado o sabre e a pistola, pois nos bosques abundavam malfeitores, sem contar com os lobos famintos, no Inverno.*»[165]

Não obstante o baixo número de médicos, aliado a uma descrença generalizada na arte da medicina e a uma situação deprimente de baixos rendimentos, perspectivam--se, aqui e além, alguns *sinais modernos*. Por exemplo, a instituição dos *Armenärzte* ("médicos dos pobres"), destinados a cuidarem exclusivamente das pessoas desprovidas de meios, sendo remunerados pela cidade ou pelo Estado. «*Em Berlim existiam 12 médicos dos pobres em 1823, e em 1835 eram já 35.*»[166] Esta figura institucional não existia de

---

160 Manfred Vasold, ob. cit., pág. 95.
161 Idem, *Ibidem*, pág. 97.
162 Idem, parafraseando Friedrich Nasse, ob. cit., págs. 97 e 98.
163 Manfred Vasold, ob. cit., pág. 97.
164 Idem, *Ibidem*, pág. 97.
165 Vasold, citando Gustav Freytag, ob. cit., pág. 96.
166 Manfred Vasold, ob. cit., pág. 97.

forma uniforme em todo o espaço alemão, mas «*em alguns Estados alemães estabelecera--se já a imposição de os médicos tratarem gratuitamente as pessoas sem rendimentos*».[167]

Sintetizando: com o discorrer do tempo o coro de vozes que propugnavam por uma alteração do estado das coisas vigentes na medicina torna-se cada vez mais sonoro. A título de exemplo, «*em 1844 Hermann Eberhard Richter publica o seu livro "Sobre a reforma da medicina e da sua relação com o Estado", e dois anos depois surge outra obra, com o título "A Reforma da Medicina"*».[168] É neste coro de arautos dos novos tempos que se integram e destacam Virchow e Leubuscher, com o seu periódico "*Die medicinische Reform*", e que conta com a colaboração de diversos jovens médicos, inseridos na nova vaga. Tenha-se em atenção que nesse ano de 1848 surgem, um pouco por todo o lado, outras publicações votadas à causa da reforma da medicina, como a "*Neue Zeitung für Medicin und Medicinalreform*" ["Novo Jornal para a Medicina e Reforma da Medicina] (Nordhausen), "*Medicinisches Reformblatt für Sachsen*" ["Folhetim para a Reforma da Medicina na Saxónia"] (Leipzig, Saxónia), "*Die medicinalpolitischen Blätter*" ["Folhas de Medicina Política"] (Nurenberga), "*Forum für Medicinalangelegenheiten*" ["Forum para Assuntos Médicos"] (Praga)[169]. Contudo, a mais marcante e mais frutuosa, em termos de futuro, foi a "*Die medicinische Reform*", de Virchow.

O 1.º número da revista, datado de 10 de Julho de 1848, constitui uma espécie de programa de propósitos bem como uma profissão de fé relativamente aos fins da medicina, interceptando-a com os acontecimentos revolucionários daquele ano: «*A "Reforma da Medicina" nasce numa época em que as alterações no sistema de Estado ainda não se encontram concluídas, mas em que de todos os lados se assiste à chegada de planos e de pedras destinados à edificação de um novo Estado [...]. Nesta reestruturação, a medicina não poderá ficar intocada; também ela não poderá impedir a ocorrência de uma reforma radical sobre si mesma.*»[170] Noutra passagem pode ler-se que «*a "Reforma da Medicina" irá tentar realizar esta missão mediante artigos de opinião e de discussão, relatórios sobre as assembleias reformadoras dos médicos, pela discussão das novas propostas de reforma, publicação relativamente aos passos dados nesta matéria pelo poder legislativo e executivo, assim que sejam conhecidas/ [...]. A reforma da medicina realiza-se, não tanto para os médicos, mas sim, em favor dos doentes; evidentemente que os médicos têm uma participação activa, mas a sua posição perante a questão da saúde pública é diferente da que se verifica com os professores primários perante a questão do ensino público, na medida em que os médicos são mais independentes e daí tenham maior legitimidade em serem ouvidos. Os médicos são os advogados naturais dos pobres e a questão social recai, em grande medida, na sua jurisdição. Em França, as publicações médicas periódicas chamaram a si essa tarefa, logo após a revolução de Fevereiro, e colocaram à cabeça dos seus artigos medicina social (não a socialista).*»[171]

Segundo Virchow, estaria em curso uma alteração radical na relação Estado/medicina. O tempo da "*polícia sanitária esclarecida*" pertence ao passado; agora, o ser humano

---

[167] Idem, *Ibidem*.

[168] Idem, *Ibidem*, pág. 98.

[169] Títulos extraídos em Manfred Vasold, ob. cit., pág. 99.

[170] In *Die medicinische Reform – Eine Wochenschrift, Herausgegeben von Rudolf Virchow und Rudolf Leubuscher, 1. und 2. Jahrgang 1848/49*, Reimpressão por Georg Olms Verlag, Hildesheim – New York, 1975, pág. 1.

[171] Idem, *Ibidem*, págs. 1 e 2.

começaria a perspectivar-se como «*o seu próprio amo e Senhor*»[172]. No N.º 5 do periódico, de 4 de Agosto de 1848, Virchow redige um artigo sobre o conceito e a finalidade da saúde pública: «*A palavra "saúde pública" demonstra àqueles que pensam de forma consciente a alteração total e radical que se opera na nossa mundividência relativamente à relação entre Estado e Medicina; aquela palavra demonstra àqueles que julgavam e ainda julgam que a medicina nada têm a haver com a política, a enormidade do seu erro [...]. Sejamos tão claros quanto possível, e não esqueçamos por um só momento de que as transformações que agora se iniciam sobre a humanidade europeia são pelo menos tão importantes como naquele hiato de tempo em que o cristianismo se alicerçou sobre as ruínas da antiguidade clássica. De facto, não existe movimento idêntico em toda a história universal, que nos transporta da política dinástica e territorial, do puramente político, para o político-social, conduzido pela política nacional e democrática; ela só encontrará a sua paz quando a posição cosmopolita se intercepte com a política das ciências naturais e humanas, a fisiologia (em sentido amplo) ou a antropologia. E, perante um movimento deste tipo, atrevem-se a dizer--nos que a medicina nada tem a haver com a política? [...]. O Estado Democrático deseja o bem-estar de todos os cidadãos, pois ele reconhece os mesmos direitos a todos.*»[173]

Sempre que oportuno, Virchow não só dá a conhecer as reformas legislativas, realizadas ou em curso, pelo poder legislativo, como as critica ou aponta caminhos. Em matéria de caminhos, «*Virchow defende já a existência de uma legislação médica de aplicação a toda a Alemanha, bem como um Reichsministerium* [Ministério do Reich] *destinado à saúde pública, uma Academia da Medicina e um Conselho de Saúde [...]*».[174] Em matéria de críticas, por exemplo, sobre as reformas oficiais em curso, escreve em Janeiro de 1849 o seguinte: «[aguardemos] *então a sua legislação médica, quer esta seja outorgada, ou até constitucional, e iremos testá-la sem preconceitos. A estatística médica será o nosso critério: iremos aqualitá-la, vida por vida, e veremos, onde é que os cadáveres se amontoarão mais, se junto dos trabalhadores ou se junto dos privilegiados.*»[175]

Consequentemente, no futuro, nenhuma forma de Estado se poderia encarar como algo de imutável, caso não abarcasse com seriedade e empenho a solução das "*questões sociais*"; já em 1846, Virchow escrevera que «*no seu núcleo mais profundo, a medicina é uma ciência social*».[176] Os dias da medicina tradicional estariam contados. «*[...] A honra reclama que as novas questões progressivas referentes à moral e à situação político-social encontrem igualmente acolhimento por parte da medicina. O princípio "pela graça de Deus" e a assistência aos enfermos pobres "pelo amor de Deus" caíram, o princípio da igualdade de direitos e da gestão pública da saúde querem e devem encontrar a sua realização.*»[177]

Noutro número da revista, Virchow lança a ideia de que «*a gestão pública dos cuidados de saúde já não permite encará-la como algo de isolado, ela já não é uma ciência apolítica, e os homens de Estado carecem do auxílio de médicos conscienciosos*»[178]. Sintetizando: «*A medicina prática e o poder legislativo político teriam de andar de mãos dadas. Nessa*

---

172 Heinrich Schipperges, citando a *Die medicinische Reform*, pág. 21, ob. cit., pág. 82.
173 In *Die medicinische Reform*, pág. 21.
174 Heinrich Schipperges, ob. cit., pág. 18.
175 Idem, citando a *Die medicinische Reform*, pág. 182, ob. cit., pág. 18.
176 Ernst Meyer, citando Virchow, sem, contudo, citar a fonte, ob. cit., pág. 49.
177 Heinrich Schipperges, citando a *Die medicinische Reform*, s/ pág, ob. cit., pág. 87.
178 Heinrich Schipperges, citando a *Die medicinische Reform*, pág. 72, ob. cit., pág. 82 e 83.

medida, também o médico é o político», como o resume Ernst Meyer[179]. Essa ideia do comprometimento do Estado com a saúde e o bem-estar dos seus súbditos ou cidadãos transparece ainda noutra frase: «(A expressão) *gestão pública dos cuidados de saúde* (mostra) *àqueles que opinam no sentido de a política não ter nada a ver com a medicina a enormidade do seu erro.*»[180] Num dos últimos números, em Junho de 1849, voltando ao conceito de saúde pública, que *«as epidemias públicas exigem uma saúde pública [...] para erradicar as doenças epidémicas físicas e somáticas [...]. É certo que o cuidado pela saúde do indivíduo continuará sempre confiado aos amigos, à família ou à comunidade;* [contudo] *[...] perante as extremas condições de vida actualmente vigentes* [já não bastam] *os meios paliativos [...]* [são necessários] *[...] meios radicais.*»[181] Quanto ao momento presente da situação (a de 1849), Virchow escreve as seguintes palavras proféticas: «*Tal como o cego Édipo, a actual sociedade, de forma tacteante, embrenha-se cada vez mais na sua lamentável loucura, e, na medida em que granjeia mais inimigos, fortalecendo-os, arrastando-os a meios loucos e extremos, ela produz a sua própria destruição, tal como profetizara o oráculo.*»[182] Finalmente, quanto às epidemias em si, Virchow afirma que «*as epidemias assemelham-se a grandes tábuas de aviso, nas quais o estadista de envergadura poderá ler que na evolução do seu povo tem lugar uma perturbação, algo que nem mesmo uma política despreocupada poderá continuar a ignorar*»[183].

Em suma, as ideias de Virchow acabariam por se realizar, lentamente, ao longo dos séc. XIX e XX. Os reflexos encontram-se actualmente ancorados nas próprias constituições políticas das democracias ocidentais: ao lado dos tradicionais "Direitos, Liberdades e Garantias", surge todo um rol de direitos "modernos" que dão pelo nome de "Direitos Sociais, Económicos e Culturais", expressão típica do actual "Estado de Direito e do Estado Providência", nos quais se engloba o moderno «direito à saúde».

As sucessivas críticas programáticas expressas por Virchow na "Reforma da medicina" apontam ainda noutras direcções. Por exemplo, quanto ao objectivo da medicina e sua divulgação. Para Virchow, à medicina não cabia apenas a cura dos que padeciam, mas sim, igualmente uma *«estilização positiva da saúde»* (nas palavras de Schipperges)[184]. *«É por isso que exigimos em primeiro lugar a generalização da formação fisiológica. A fisiologia terá de ser uma parte componente da formação geral universitária dos estudantes de todas as faculdades.»*[185] Contudo, isso seria apenas um primeiro passo. Segundo Virchow, a divulgação de conhecimentos básicos referentes à saúde deveria ser difundida igualmente nos liceus, e daí para as escolas primárias. As vantagens daí decorrentes para a saúde pública seriam evidentes. Segundo Virchow, «*[...] as aulas* (escola primária/ /liceu) *terão de receber certos impulsos da medicina. Instruções popularizadas que tenham por fundamento uma dietética racional, uma profilaxia generalizada etc., e que terão de assentar sobre o conhecimento já divulgado referente ao corpo humano; a moralidade terá de assentar [...] num conhecimento mais aprofundado e renovado sobre o significado das eternas leis da natureza e da sua aplicação ao próprio corpo* (humano).»[186]

---

179 Ernst Meyer, ob. cit., pág. 48.
180 Heinrich Schipperges, citando a *Die medicinische Reform*, pág. 21, ob. cit., pág. 83.
181 Idem, *Ibidem, Die medicinische Reform*, pág. 270, ob. cit., pág. 20.
182 Idem, *Ibidem, Die medicinische Reform*, pág. 169, ob. cit., pág. 20.
183 Manfred Vasold, citando a *Die medicinische Reform*, pág. 45, ob. cit., pág. 77.
184 Heinrich Schipperges, ob. cit., pág. 83.
185 Idem, citando Virchow, ob. cit., pág. 83.
186 Idem, citando a *Die medicinische Reform*, pág. 77, ob. cit., pág. 85.

Por fim, ao longo do periódico focam-se igualmente aspectos como a segurança e higiene no trabalho, defendendo o direito à assistência, a proibição do trabalho nocturno por parte de crianças e jovens, mulheres grávidas e lactantes.[187]

Não obstante o cariz progressista das ideias divulgadas, o clima político não estava ainda amadurecido. Virchow dá conta disso no último número dessa revista, ao escrever que *a reforma da medicina que perspectivamos era uma reforma da ciência e da sociedade. Nós desenvolvemos os seus princípios.*[188] Contudo, Virchow não perde a esperança no futuro, e de que a evolução histórica acabará por tornar inexorável a aplicação à prática dos princípios enunciados: *«Nós não mudamos de campo, mas sim, de espaço. Não só seria inútil, mas sim, insensato lançar jovens sementes sobre solo rochoso ou lançar a semente à terra no Inverno. Cada coisa tem o seu tempo, e tudo o que é digno sob o céu tem a sua hora.»*[189]

Em jeito conclusivo, pelo seu inerente significado, seguem-se aqui mais duas citações, extraídas da "Reforma da medicina": *«Quem se poderá mostrar surpreendido pelo facto de a Democracia e o Socialismo terem encontrado mais adeptos entre os médicos do que noutras profissões? de em toda a parte, do lado da ala mais esquerdista do movimento, nomeadamente na sua chefia, se terem encontrado médicos? a medicina é uma ciência social, e a política nada mais é do que a medicina em grande»* (Novembro de 1848)[190]; ou a já citada frase *«O médico é o advogado natural dos pobres e a questão social cai em grande parte na sua jurisdição»* (Maio de 1849)[191]. Por último, refira-se ainda que em 1849, Virchow publica um opúsculo intitulado *«Os esforços em torno da unificação da ciência médica»*[192]. A temática da nova concepção da medicina também é aflorada. Segundo Virchow, *«caso a medicina [...] queira realmente realizar a sua grande missão, então, ela terá de se intrometer na vida política e social [...] ela terá de defrontar os obstáculos que impedem o desenvolvimento normal do ciclo da vida, promovendo a sua eliminação».*[193] Outras ideias propugnadas por Virchow nessa obra são a limitação do horário de trabalho, a assistência, por parte do Estado, aos doentes, a formação gratuita dos médicos e a liberdade de escolha de médico, por parte dos pobres[194].

Não obstante a crescente afirmação de Virchow no espaço científico-cultural, o ar de Berlim começava a tornar-se irrespirável, pela assumpção das rédeas do poder pela *reacção*. Desiludido, pouco antes dos meados de 1849, Virchow começa por procurar alternativas à sua premeditada saída de Berlim. Virchow recebe propostas de Zurique, Gießen e Würzburg, acabando por optar por esta última. Não obstante, Virchow deixará uma *lança* em Berlim: o cargo de *Prosektor* passa para as mãos do seu amigo e colega, Benno Reinhardt, co-editor do *Archiv*, que dará continuidade ao estilo de trabalho de Virchow na medicina legal, cimentando e fortalecendo o método por ele empregue.

---

[187] Ernst Meyer, ob. cit., pág. 53.
[188] Heinrich Schipperges, citando a *Die medicinische Reform*, pág. 274, ob. cit., pág. 88.
[189] Idem, *Ibidem, Die medicinische Reform*, pág. 218, ob. cit., pág. 88.
[190] Citação extraída do site http://home.tiscalinet.ch/biografien/virchow.htm
[191] Extraído do site www.dafkurse.de/lernwelt/menschen/virchow/virchow.htm
[192] Título original: "Die Einheitsbestrebungen in der wissenschaftlichen Medizin".
[193] Christian Andree, citando Virchow, ob. cit., pág. 52.
[194] Idem, *Ibidem*.

CAPÍTULO VI

WÜRZBURG: FORTALEZA-REDUTO DA MEDICINA

A perda/abandono do cargo de *Prosektor* na *Charité*, motivada por questões políticas, em 1849, e o abandono da docência privada na universidade de Berlim constituem, ironicamente, o grande salto para Virchow. Com efeito, a aura científica do jovem Virchow irradiara já para outros pontos da Alemanha, pelo que não hesitou em aceitar o convite feito pela faculdade de medicina da Universidade de Würzburg, na Baviera, que planeava instituir uma cadeira de patologia anatómica, da qual seria o primeiro professor ordinário[195]. Virchow passará 7 anos em Würzburg, de 1849 a 1856, um ciclo temporal que mais tarde passará a ser conhecido sob a designação dos sete anos gordos.

A faculdade de medicina de Würzburg tornara-se uma das mais prestigiadas universidades alemãs, graças à sua autonomia e à existência de um espírito aberto e, por último, pelos exigentes critérios de selecção, preconizados por Franz von Rinecker, o seu reitor; esse *espírito aberto* só veio à tona a partir de 1848, embora estivesse sempre latente. Segundo Andree, os critérios de selecção dos candidatos à docência eram os seguintes:

« – *estrela de primeira grandeza*
– *elevado dom de oratória*
– *cientificamente excelente*
– *afável no trato*
– *mentalidade conservadora no quotidiano*»[196].

No que se refere ao último ponto, tal obstáculo terá sido posto de parte pela *garantia* de Virchow em não se envolver na política. Na verdade, a sua actividade política em Berlim rotulara-o como sendo um *"radical de esquerda"*[197]; essa era a visão

---

[195] A única *condição* a que se teve de submeter antes de aceitar o cargo foi o de subscrever uma declaração, na qual se comprometia a *"abster-se de comportamentos político-radicais"* – extraído do site www.dhm.de/lemo/htlm/biografienh/VirchowRudolf/, pág. 2.

[196] Christian Andree, ob. cit., pág. 54.

[197] Expressão colhida em Ernst Meyer, ob. cit., pág. 59.

das autoridades. Contrastando, essa ideia não era colhida pelos colegas de Virchow: «*Não preciso de perder palavras sobre o significado científico de Virchow, bem como sobre o seu raro e eminente talento de ensino prático, e tu sabes igualmente bem que ele é acima de tudo uma pessoa muito simpática, acessível e honrada; no carácter de Virchow não há qualquer mácula, independentemente das inimizades e suspeições que lhe acarretaram a sua actividade política nos tempos mais recentes. Tu sabes que Virchow participou activamente nas reformas da medicina e da universidade e nos movimentos políticos dos últimos anos, e que actuou de uma forma um tanto tempestuosa e pouco escrupulosa no seu radicalismo e na sua crítica – mas acho que é apenas aí que se lhe pode fazer alguma censura, pois ele não tem uma ambição orgulhosa, mesmo em relação à política [...].*»[198] Quanto ao próprio Virchow, em 1849 afirma que «*não tenho qualquer ambição em ser um político de profissão. – Até agora, não tenho qualquer ambição política*»[199].

Parece-me ser aqui oportuno retratar a *época cultural* em torno de Würzburg, bem como na Baviera em geral, para melhor se compreender o *desafio* que se colocara a Virchow bem como o *cuidado* que se verificou na sua contratação. Contrariamente ao que se assiste na restante Europa (refiro-me à secularização dos bens de raiz do clero, como, por exemplo, o ocorrido em Portugal com o triunfo do liberalismo), no reino da Baviera vivia-se um refortalecimento do catolicismo. Como exemplo elucidativo, tenha-se em atenção a seguinte frase de Vasold: «*Quando Luís I subiu ao trono, em 1825, existiam 27 mosteiros – quarenta anos depois eram 441.*»[200] Vasold, citando as memórias de Carl Gegenbaur, natural de Würzburg e estudante nessa cidade nos meados do século, a propósito da vida académica nessa universidade católica: «*Os assistentes da universidade eram obrigados a frequentar os serviços religiosos, o que era muito penoso para Gegenbaur, "já durante os meus estudos pré-universitários tive de aturar as idas pouco espirituais à igreja [...] no Juliusspital a direcção pertencia aos padrecos; o nosso médico-chefe há muito que se havia subjugado a esse estado de coisas, e a autoridade administrativa imediatamente inferior concordava sempre com os padrecos". Sob Luís I, Johann Nepomuk Ringseis e Joseph Goerres eram muito influentes em Munique. Ringseis era médico pessoal da família real; e o linguista do Alto Palatinado, Andreas Schmeller dá conta de que ele [Ringseis] desejava que a queima das bruxas voltasse a ser um exercício devoto.*»[201] Também o jovem Haeckel, protestante, dá o seu testemunho, numa carta aos seus pais: «*Formalismo supersticioso e todo o ritual anti-cristão das imagens, o domínio dos padrecos e o culto mariano do catolicismo [...].*»[202] É precisamente na sequência da revolução de 1848, ocorrida igualmente em Munique, que se começa a instalar um clima mais liberal e secular na universidade de Würzburg.

É este, em traços gerais, o ambiente encontrado por Virchow; e assim também se compreende a exigência, por parte do rei da Baviera, de que uma das *condicio sine qua non* para a contratação de Virchow seria a obrigação deste em se abster da política. Quem se encarregou de limar esta *aresta*, foi Ritter Kiwisch von Rotterau. Destaque-se

---

[198] Ernst Meyer, citando um excerto de uma carta do Dr. Wegscheider, de Berlim, para o seu colega, Dr. Bardeleben, de Giessen, de 20/03/1849, ob. cit., págs. 60 e 61.

[199] Idem, citando Virchow, ob. cit., pág. 60.

[200] Manfred Vasold, ob. cit., pág. 111.

[201] Idem, citando a obra de Gegenbaur, *Erlebtes und Erstrebtes*, L 1902, pág. 52, ob. cit., págs. 111 e 112.

[202] Manfred Vasold, citando uma carta de Ernst Haeckel, ob. cit., pág. 112.

aqui a resposta de Virchow, quando Kiwisch lhe dá conta dessa condição, no decurso das negociações: «*Há épocas em que, para qualquer homem honrado, se torna imperioso defender publicamente a sua opinião política e, numa situação dessas, nunca me poderia remeter para um papel cobarde. Essas eram as circunstâncias que se verificavam no ano passado* [em Berlim]. *Se vier para junto de si, num ambiente que me é totalmente estranho, é evidente que não me colocarei numa posição que apenas poderá prejudicar a minha actividade mais imediata. Por isso, poderá esperar da minha parte de que venho para junto de si com o propósito de me distanciar de quaisquer actividades políticas.*»[203]

A contratação oficial, por parte do Senado da Universidade de Würzburg, tem lugar em Agosto de 1849. Evidentemente que logo se fizeram ouvir reacções, por parte dos ultramontanos, que, «*no seu órgão oficial, a "Postzeitung", de Augsburgo, declaravam ao ministério de que este incorria no crime de traição à Pátria, se Virchow fosse efectivamente nomeado para Würzburg*».[204]

À sua chegada a Würzburg, Virchow encontrará um já reputado corpo docente, dos quais se destacam o ginecologista Franz Kiwisch Ritter von Rotterau (1814-1852), Franz von Rinecker (1811-1883) e o anatomista Rudolf Albert Kölliker (1817-1905)[205]. Virchow afeiçoar-se-ia a estes três, quer em termos científicos (daí que, em termos académicos, este grupo tivesse sido designado pela alcunha do "*célebre trevo de Würzburg*"[206]), quer em termos de amizade, a qual perduraria até à morte dos vários intervenientes.

Virchow inicia a sua actividade a 30 de Novembro de 1849, no *Juliusspital*, no mesmo dia em que participa aos seus pais o seu noivado com Rose Mayer, a terceira filha de um seu colega da *Charité* de Berlim, o Prof. Carl Mayer, presidente da Sociedade de Assistência aos Partos, e ainda conselheiro governamental para a saúde; o casamento terá lugar em 1850, do qual nascerão seis filhos[207].

Uma nota curiosa, fruto da inexistência de um Estado alemão unificado: Virchow era um *estrangeiro* no reino da Baviera. De facto, até 1871, o termo *alemão* significava, no estrangeiro, de que se era *nacional* de um dos 39 Estados alemães existentes. A nível *interno*, o que contava era a nacionalidade do Estado *alemão* donde se era originário. Virchow era prussiano; a nacionalidade bávara, à semelhança dos outros Estados alemães, só se adquiria com o nascimento ou mediante naturalização. Virchow receberá a nacionalidade bávara mediante um «*édito régio, promulgado pelo rei, após audição do Conselho de Estado*»[208], mantendo a sua nacionalidade originária, a prussiana.

Em termos hierárquicos, Virchow passava a estar na dependência do *Kultusministerium* bávaro[209]; segundo informação fornecida por Vasold[210], o dossier pessoal de Virchow, arquivado nesse ministério, ficou destruído na sequência dos bombardeamentos ocorridos no final da II Guerra Mundial sobre Munique, pelo que os poucos

---

[203] Idem, citando Virchow, ob. cit., pág. 114.

[204] Idem, ob. cit., pág. 116.

[205] Nomes e datas recolhidos em Heinrich Schipperges, ob. cit., pág. 22.

[206] Manfred Vasold, utilizando uma citação de Haeckel, ob. cit., pág. 124.

[207] Informação colhida em Heinrich Schipperges, ob. cit., pág. 20.

[208] Manfred Vasold, ob. cit., pág. 119.

[209] À letra, Ministério da Cultura.

[210] Manfred Vasold, ob. cit., pág. 120.

testemunhos *oficiais,* referentes à passagem de Virchow por Würzburg, se reduzem aos encontrados nos arquivos daquela universidade.

Em termos de remuneração, esta era de carácter misto: uma parte em numerário, outra em géneros. Vichow aufere um *«vencimento anual de 1.200 Gulden, 2 Scheffel de cevada e 7 Scheffel de trigo»*[211]; o *Scheffel* bávaro era equivalente a *«cerca de 172 Kg [...] quantidade equivalente ao consumo médio anual de um adulto».*[212]

Sobre as suas primeiras impressões, numa das suas cartas aos seus pais, pouco antes do Natal de 1849, Virchow refere que *«[...] todos são amigáveis e têm muita consideração por mim, mas, mesmo assim, não consigo afastar a sensação de ser um estranho [...]. Na quinta-feira fui "aceite em funções" pelo reitor, isto quer dizer que tive de prestar três juramentos: um juramento à constituição, um juramento ao regulamento de serviço e um juramento contra ligações secretas.»*[213]

A primeira lição proferida por Virchow tem lugar a 1 de Dezembro de 1849[214]; ao serão desse dia funda a *"Physikalisch-medizinische Gesellschaft"* (Sociedade de física médica), sendo logo eleito como 1.º secretário dessa sociedade[215]. O primeiro artigo da primeira publicação é da autoria de Virchow (*"Tratado sobre a Sociedade de física médica"*[216]). A finalidade desta sociedade era o *«desenvolvimento de toda a medicina e das ciências naturais e o estudo da situação histórico-natural e médica na Francónia»*[217]. Sobre o alcance e funcionamento desta sociedade, passemos a palavra a Vasold: *«Quase 50 anos depois, foi diante deste ilustre círculo que Wilhem Röntgen apresentou os resultados das suas investigações que seriam revolucionárias em todo o mundo. Os seus membros reuniam-se de 14 em 14 dias. Aos 24 membros fundadores, todos pertencentes à universidade de Würzburg, juntar-se-iam muitos membros vindos de fora, bem como membros correspondentes.»*[218] Em termos simbólicos, Kölliker entrega à nova sociedade um molar de um rinoceronte fóssil[219]. A referida sociedade científica cresce a olhos vistos; nos finais de 1851, contará já com 76 membros, *«61 ordinários, 10 vindos de fora e 5 correspondentes»*[220]. O sucesso e reconhecimento científico é de tal envergadura que a Sociedade Filosófica de Würzburg solicita a sua ligação àquela; nas palavras de Vasold, esse pedido *«simboliza a passagem da época da filosofia natural para a época da ciência natural»*[221]. No ano de 1852, esta sociedade científica será seccionada por 5 comissões; Virchow passa a orientar a comissão de epidemiologia, criando as bases para o estudo das epidemias e epizootias, deixando simultaneamente o cargo de secretário da sociedade, por falta de tempo disponível.

Como se vê, Virchow passou a dedicar-se, de corpo e alma, à investigação científica, sendo considerado um dos *pais* da *escola de Würzburg.* De facto, a sua crescente

---

[211] Idem, *Ibidem.*
[212] Idem, *Ibidem.*
[213] Manfred Vasold, citando uma carta de Virchow, ob. cit., pág. 122.
[214] Idem, ob. cit., pág. 122.
[215] Informação extraída em Manfred Vasold, ob. cit., pág. 123.
[216] Título extraído em Manfred Vasold, ob. cit., pág. 123.
[217] Manfred Vasold, ob. cit., pág. 123.
[218] Idem, *Ibidem.*
[219] Episódio recolhido em Manfred Vasold, ob. cit., pág. 123.
[220] Manfred Vasold, ob. cit., pág. 125.
[221] Idem, *Ibidem.*

grandeza científica, aliada à sua personalidade e modo de preleccionar as aulas, reflecte-se no número crescente de alunos que vai acompanhando nesses sete anos e nos quais deixará a sua marca. A partir de 1851/52, o número de alunos matriculados em medicina sobe em flecha, fenómeno a que não será alheio a presença do «factor Virchow». A esse respeito, são elucidativas as palavras de Adolf Kussmaul: «*No Outono de 1849, Virchow deixara Berlim, onde começara de forma tão ilustre. Chamado para Würzburg como professor de anatomia patológica, o seu nome chamava há já quatro anos numerosos discípulos de Esculápio para a [...] famosa cidade. Por aqui se compreende, porque razão escolhi Würzburg para os meus novos estudos.*»[222] Entre o seus alunos contar-se-ão mais tarde individualidades como Wilhelm His (1831-1904), Edwin Klebs (1834-1913), Ernst Haeckel (1834-1919), Georg Eduard von Rindfleisch (1836-1908), Nicolaus Friedreich (1825-1882), Adolf Kussmaul (1822-1902) e Hugo Wilhelm von Ziemssen (1829-1902)[223]. Aliás, refira-se que a Universidade de Würzburg chamará a si nos anos seguintes outros nomes de vulto, para áreas como a química, física e história (por exemplo, Leopold Ranke).

Vasold refere o facto de que a maioria dos vultos que chegam a Würzburg serem originários do Norte alemão, «*para grande desagrado das autoridades eclesiásticas católicas junto da corte bávara, bem como da opinião pública. "Luzes do Norte"[...] ou "Legião Estrangeira do Norte"[...]*», eram as alcunhas que mais se faziam ouvir na opinião pública local[224].

É em Würzburg que Virchow desenvolverá o grosso da sua patologia celular, investigando, dissecando, microscopizando, e é igualmente durante a sua estadia em Würzburg que assentará o seu axioma: "*omnis cellula a cellula*", ou seja, as células constitutivas do corpo só se poderiam desenvolver a partir de tecido vivo; mais precisamente em 1852 redige uma frase capital: «*Só existe vida através de descendência directa.*»[225] Particularmente no que se refere às células, «*elas são o último elo constante na longa cadeia de formações inter-ordenadas, a partir das quais se compõe o corpo humano. Apenas posso afirmar que elas são os elementos vitais, a partir dos quais se formam os tecidos, os órgãos, os sistemas, todo o indivíduo em si. Entre eles nada mais existe que a mudança [...]. É um Estado de iguais, se bem que nem todos tenham as mesmas aptidões, que se mantém coeso, uma vez todos os indivíduos se mantêm dependentes entre si [...].*»[226] Até essa altura, o pensamento científico dominante postulava que as células eram animadas pelos fluidos do corpo. No que concerne à patologia em particular, ao partir de Berlim, Virchow era ainda adepto da patologia tributária da teoria de Theodor Schwann (1811-1882), o qual defendia a «*possibilidade da constituição de células novas a partir de tecido germinal isento de células, num processo análogo ao processo de cristalização*»[227]. Esta concepção de Schwann correspondia à teoria da geração espontânea ou da criação originária.

---

[222] Idem, citando Adolf Kussmaul, ob. cit., pág. 110.
[223] Nomes e datas recolhidos em Heinrich Schipperges, ob. cit., pág. 24.
[224] Manfred Vasold, ob. cit., pág. 111.
[225] Christian Andree, ob. cit., pág. 59.
[226] Idem, citando Virchow, ob. cit., págs. 59 e 60.
[227] Citação extraída do site file://A:\Schwanns%Theorie%20der%20Zellneubildung.htm

A enunciada premissa de Virchow erradicará a concepção de Schwann, tal como Pasteur o fará com a *"generatio spontanea"*, ao nível da bacteriologia. Não obstante, Virchow não deixará de prestar uma justa homenagem a Schwann, o grande precursor da patologia, ao escrever, em 1855, as seguintes palavras: *«Podemos dar as voltas que quisermos, em última análise, regressamos sempre à célula como ponto de partida. A prestação imortal de Schwann radica não na sua teoria da célula, a qual se encontrou durante muito tempo na vanguarda, e que será, talvez, posta de parte muito em breve, mas sim, na sua concepção da evolução dos tecidos em particular e na comprovação de que essa evolução e, por conseguinte, toda a actividade fisiológica, radicar em última linha, na célula.»*[228]

Outro efeito daquele axioma será determinante para o progresso posterior da medicina. Com efeito, segundo o princípio morfológico da patologia celular, não é o organismo inteiro do ser humano que pode adoecer, mas sim, apenas e somente determinadas células ou grupos de células; o efeito prático traduz-se numa objectivação do termo "doença". Aliás, para Virchow, a doença é a outra face da vida, pois a doença não é mais que a expressão da vida, que se modifica devido a uma alteração das condições tidas por normais.

Vimos já, ao longo deste capítulo, que Virchow se havia comprometido em não se meter em *politiquices*. Contudo, o seu interior, a sua consciência, nunca se deteve perante situações que o revoltavam. Em termos gerais, se em Berlim Virchow lutara contra a *autoridade* do Estado, em Würzburg, a sua luta era mais branda, tendo por objecto a igreja católica, principalmente, a sua influência sobre o ensino e os efeitos nefastos sobre a investigação científica. Em Fevereiro de 1851, em conversa com o seu amigo Hans Wegescheider, Virchow confidencia-lhe que *«o exemplo da Áustria acarretará provavelmente também entre nós a emancipação do episcopado e a manietação do ensino, e o modo como a faculdade de medicina de Würzburg se irá comportar não parece augurar nada de bom [...]. A imprensa ultramontana alastrou os seus ataques à faculdade de medicina para toda a universidade, de modo que o reitor se viu forçado a exigir procedimento judicial junto do ministério público.»*[229] Em termos pessoais, sempre que surgia a oportunidade, Virchow expunha perante todos a sua concepção muito pessoal sobre coisas transcendentes, como a alma e Deus. Como exemplo, Vasold refere que era frequente Virchow dirigir-se aos alunos, perguntando-lhes, em tom irónico: *«Então, Sr. Candidato, já alguma vez encontrou uma alma ao dissecar um corpo?»*[230] Noutra ocasião, numa conversa travada com o teólogo Franz Hettinger, professor extraordinário em Würzburg, Virchow afirmou-lhe: *«Já autopsiei milhares de cadáveres, mas nunca encontrei neles uma alma.»*[231] A sua *guerra privada* contra o catolicismo revelar-se-á igualmente em alguns trabalhos científicos realizados em Würzburg, como se dará igualmente conta neste capítulo.

No que se refere ao seu papel como professor em Würzburg, penso que terá aqui interesse escutar os testemunhos que nos chegaram às mãos através dos seus alunos, tais como Haeckel, Gegenbaur ou Kussmaul. Segundo Gegenbaur, *«mesmo que nos*

---

[228] Idem, *Ibidem*.
[229] Citação extraída em Manfred Vasold, ob. cit., pág. 127.
[230] Idem, *Ibidem*.
[231] Idem, *Ibidem*.

concentrássemos ao máximo, não era fácil acompanhar uma lição de Virchow. Dizia-se que ele não preparava as aulas. Tanto maior era o nosso ganho. Deste modo, aproximei-me mais dos meus objectivos e não havia razão algum para que eu me mudasse para outra universidade qualquer, a partir do momento em que me apercebi das inúmeras vantagens proporcionadas por Würzburg.»[232] Testemunhos mais preciosos são-nos dados por Haeckel, graças ao seu costume de manter uma correspondência assídua e pormenorizada com os seus pais. Sobre as prelecções de Virchow, Haeckel relata que «as prelecções são a seu modo algo de único, de modo que me é impossível dar-te agora uma imagem generalizada [...]. As prelecções tratam em grande parte coisas que ainda não se encontram impressas e que acabam de ser descobertas pelo próprio Virchow. Daí que a afluência seja tão grande. O grande anfiteatro, com mais de 100 lugares, está quase sempre lotado. Enquanto que nas outras prelecções a maior parte se balda, aqui quase ninguém quer faltar porque aqui ouve coisas que não ouve em mais lado algum[...]. Se bem que seja bem frequentado, arrisco-me a dizer que quase só uma décima parte entende minimamente o que aqui é dito [...]. As prelecções de Virchow são difíceis, mas extraordinariamente belas [...]. Por outro lado, se não se tiver uma boa formação filosófica e cultura geral, é muito difícil acompanhá-lo e manter o fio condutor que tudo liga de forma admirável; é que o seu claro raciocínio contrasta com a massa de conceitos densos e eloquentes, indirectas cultas, a utilização exagerada de palavras estrangeiras que são muitas vezes desnecessárias etc. A maioria dos meus colegas olha petrificada e estarrecida perante este milagre.»[233] Quanto a Adolf Kussmaul, este deixou o seguinte testemunho: «As demonstrações e prelecções eram inexcedíveis, cada dia trazia coisas novas e dignas de serem aprendidas.»[234] Em matéria de aulas práticas, mais que não seja pela sua originalidade tecnológica, ouçamos novamente Haeckel: «Somos cerca de 30 a 40 pessoas e encontramo-nos sentados em torno de duas mesas compridas, em cujo centro se encontra um sulco percorrido por um pequeno comboio, sobre o qual assentam microscópios com rodas e que empurramos uns para os outros. Aí, no espaço de uma hora, é-nos dado a ver os preparados patológicos mais estranhos e raros, cuidadosamente preparados para o microscópio, enquanto Virchow faz as suas excelentes prelecções (naturalmente, adaptado ao material clínico que se está a observar). Estas lançam então a sua luz sobre a maioria dos casos vivos que havíamos observado na clínica, tal como sucede no outro curso de Virchow, em que ele encarrega por vezes os seus próprios alunos de executarem a autópsia. É precisamente neste encadeamento entre o elemento clínico-patológico e a análise anatómica e microscópica [...] que se obtém de forma cómoda uma perspectiva total e unitária da doença, algo que é extremamente interessante, pedagógico e importante. E isso é algo que [...] não se encontra em Berlim. Isto só acontece aqui.»[235]

Haeckel terá a feliz oportunidade de conhecer Virchow ainda melhor, no ano de 1856, quando se torna assistente pessoal deste. Será graças e este facto, bem como à assídua correspondência de Haeckel com os seus pais que temos uma imagem mais palpável sobre Virchow, como professor e como pessoa. Assim, numa das suas cartas desse período, pode ler-se que Virchow «vê tudo de uma forma maravilhosamente calma, sem emoções e passivamente objectiva, de modo que aprendo a venerar a sua calma extraordinariamente

232 Manfred Vasold, citando as memórias de Gegenbaur, ob. cit., pág. 128.
233 Idem, citando uma carta de Haeckel, ob. cit., págs. 128 e 129.
234 Idem, citando Adolf Kussmaul, sem referir a fonte, ob. cit., pág. 129.
235 Manfred Vasold, citando uma carta de Haeckel, ob. cit., págs. 129 e 130.

estóica e o seu sangue frio, e em breve apreciarei igualmente a sagacidade extraordinariamente clara do seu espírito bem como a vastidão do seu saber [...]. Não obstante, há alturas em que eu não gostaria de trocar com Virchow. Será que Virchow consegue maravilhar-se com uma bela paisagem, um animal engraçado ou uma bela planta, tal como sucede com a minha observação subjectiva da natureza? Evidentemente que não! Seria terrível se no mundo todos os homens fossem tão sóbrios e racionais [como Virchow], quase tão terrível como se todos fossem umas cabeças caóticas como a minha mísera pessoa.»[236]

De facto, os 7 anos de Würzburg não se limitaram apenas a trabalhos de gabinete ou de laboratório, ou a prelecções. Houve também lugar a «trabalhos de campo». O mais conhecido verificou-se em 1852. No Inverno de 1851/1852 surge uma epidemia de tifo na região do Spessart, provocando um crescimento anormal da taxa de mortalidade. Os efeitos foram tão alarmantes que o parlamento bávaro aprova por unanimidade uma moção que encarrega Virchow de ir à referida zona, para se inteirar da questão; o governo da Baviera executa de imediato a moção do parlamento. Virchow chega ao Spessart nos últimos dias de Fevereiro, constatando de imediato que a mortalidade é provocada pela degradação das condições de vida; a sua *sentença*, com vista a extirpar o mal, é contundente: assinala como pressupostos fundamentais para a recuperação/ /manutenção da saúde e cura dos enfermos a existência de educação, melhores condições de vida e liberdade. E, pegando na educação, não se inibe de lançar uma crítica mordaz à igreja católica, ao questionar *«se a influente e poderosa "hierarquia católica" não se teria encontrado em condições de "proporcionar ao povo, pela educação, incutir formação, bem-estar e moralidade". Quer o Estado, quer a Igreja teriam ao seu alcance os meios de proporcionar "o ponto de vista da cultura. Esta é uma opinião que é confirmada, quer pela história, quer pela observação directa, uma opinião que não resulta nem do fervor, nem da cólera, que não tem veneração ou desprezo por qualquer partido, e que por isso pode aqui ser manifestada»*.[237] Para Virchow, o mal poderia ser erradicado: *«Somente o povo poderá ele mesmo lutar contra aquela* [crise], *pela sua própria actuação [...] em última análise, isso só se conseguirá alcançar e manter através da formação, do ensino e da educação. A quem compete esta tarefa? Quem a reconhece? Quem a concretiza?»*[238] A resposta a essas questões é dada pelo próprio Virchow: *«O Estado pode fazê-lo, se tiver nas suas mãos toda a direcção do ensino. Nesta matéria não se pode defender outra concepção cultural, caso contrário, cada ano que passa trará consigo situações idênticas, ou ainda piores.»*[239] A sua conclusão final: *«A educação, o bem-estar e a liberdade são as únicas garantias para uma saúde duradoura do povo.»*[240] O trabalho que escreveu sobre a sua inspecção ao local tornar-se-ia um clássico, ostentando o título *"Die Not im Spessart"* (A Calamidade no Spessart), lançado no mesmo ano. As reacções, por parte do ultra-montanismo, não se fariam esperar: o nosso já conhecido Ringseis reage, afirmando que Virchow se arrogava de uma *«orgulhosa e cega sabedoria professoral [...] sendo um ingrato relativamente à hierarquia da Igreja Católica Roman»*.[241]

---

[236] Idem, *Ibidem*, pág. 140.

[237] Heinrich Schipperges, citando Virchow, "Die Not im Spessart", ob. cit., pág. 97.

[238] Manfred Vasold, citando Virchow (*Die Not im Spessart*), ob. cit., pág. 135.

[239] Idem, *Ibidem*, págs. 135 e 136.

[240] Heinrich Schipperges, citando Virchow, "Die Not im Spessart", ob. cit., pág. 97.

[241] Manfred Vasold, reproduzindo a reacção de Ringseis, exposta por Virchow no seu *Archiv 7 – 1854*, ob. cit., pág. 136.

Outro *trabalho de campo* de Virchow teve por objecto de estudo uma deformação, que hoje se imputa ao foro genético e que já nesse tempo era designada por *"Kretinismus"* (cretinismo). Esta morfologia caracteriza-se por seres de estatura muito baixa, com um crânio enorme, de rosto tipo mongolóide. Virchow estava espantado pela elevada taxa de incidência deste fenómeno na zona da Baixa Francónia (onde se inclui Würzburg). Em termos estatísticos, chega a referir que em alguns distritos a incidência chegava a 1 por cada 4.500 habitantes. Neste ponto, penso ser oportuno transcrever parte de uma carta de Ernst Haeckel[242], referente a esta temática do cretinismo: «[Virchow] [...] *aconselhava-nos a que realizássemos uma viagem aos distritos dos cretinos, porque só aí se poderá descortinar o poder da natureza em produzir caricaturas humanas. Entre outras coisas, havia visto uma cretina de 21 anos de idade, com uma altura de 84 cm, cuja cabeça tinha um perímetro de 54 cm e cujos pés mediam 17 cm de comprimento, e outras coisas do género. De resto, é realmente espantoso a massa de cretinos que existem por aqui, pois numa aldeia encontrou mais de 20. O seu número é mais significativo nas encostas das montanhas e nas proximidades do rio. Nas planícies secas e na própria montanha não há registo deles. Ele acha que o cretinismo tem causas estritamente locais, provocados por miasmas ou algo do género.*»[243] As observações de Virchow vêm expostas num trabalho intitulado *"Über den Kretinismus in Unterfranken"* (Sobre o cretinismo na Baixa Francónia). A título de curiosidade, neste trabalho, Virchow tece algumas considerações positivas sobre o papel da igreja católica, ao louvar o papel desta pela adopção de medidas preventivas (uma espécie de eugenia positiva): «*O meio curativo mais eficaz contra este mal* [o cretinismo] *foi sem dúvida decretado pela Igreja aquando do Concílio de Trento, em que obrigava cada padre, como sagrado dever, ao procedimento de um exame circunspecto sobre os noivos [...] antes de os consorciar.*»[244]

Será igualmente em Würzburg que Virchow cria e estabelece regras na arte de autopsiar, regras que passadas algumas décadas constituirão um paradigma e padrão em todos os institutos de medicina legal. Segundo nos informa Vasold: «*O procedimento a observar nas autópsias [...] ainda não se encontrava regulamentado no século passado. Virchow ocupou-se muito tempo desta matéria, tendo até escrito um livro sobre a técnica de autopsiar. Virchow aconselhou-se junto de pessoas que tinham muita experiência com cadáveres – nomeadamente junto de talhantes.*»[245] O importante seria não apenas a observância de uma certa ordem, mas sim, igualmente a realização de uma autópsia completa. Segundo nos refere Vasold: «*Naquele tempo, era o clínico quem determinava os órgãos a observar. Caso o clínico descurasse um órgão, este ficava por observar na autópsia. Portanto, enquanto o patologista continuasse a seguir esse procedimento, ele pouco poderia ajudar o clínico.*»[246] Virchow advoga o princípio de que a autópsia deveria ser tão completa quanto possível, pois só assim poderia existir uma autêntica entreajuda, entre

---

[242] Ernst Haeckel, que mais tarde se destacará igualmente no mundo científico, foi aluno de Virchow em Würzburg; no último ano de Virchow em Würzburg viria a ser o seu assistente. Uma nota curiosa sobre Haeckel, é o facto de escrever regularmente aos seus pais, relatando nas suas missivas ínfimos pormenores sobre Virchow.

[243] Extraído e traduzido do file://A:\Haeckel%über%20Virchows%Vortrag%zum% 20Kretinismus. htm

[244] Manfred Vasold, citando Virchow, ob. cit., pág. 136.

[245] Idem, ob. cit., pág. 141.

[246] Idem, *Ibidem*, pág. 142.

o clínico e o patologista. O caminho para a afirmação das ideias de Virchow, bem como da sua técnica, só viria a ser consagrado em 1875, na Prússia, mediante uma regulamentação minuciosa de aplicação geral e obrigatória, pela mão do *Kultusminister* Falk, que determinava que os cadáveres *«fossem minuciosamente autopsiados, tal como Virchow o vem exigindo há anos».*[247]

Outras áreas de eleição do seu estudo em Würzburg são constituídas pela embolia, hematoidina, amilóide, mielina, inflamação, tuberculose, tumores, tecido conjuntivo, crescimento do crânio, raquitismo e osteomalácia, osteologia e cartilagem.

Em 1854, Virchow dá início à obra intitulada *"Handbuch der speciellen Pathologie und Therapie"* (Manual de Patologia Especial e Terapia), que se estenderá por seis volumes, ficando concluída em 1867.

Por último, é durante a sua estadia em Würzburg que Virchow tem (mais) uma *querela científica* com outro reputado colega médico: Ignaz Semmelweis, médico húngaro, apelidado de *"o salvador das mães"*. Até meados do séc. XIX a taxa de mortalidade nas parturientes permanecia uma incógnita. Como se viria a descobrir, na altura não se fazia a mínima ideia do que era um ambiente *asséptico*. É que era um dado de facto que a taxa de mortalidade subia em flecha quando as parturientes eram assistidas por médicos e/ou estudantes de medicina em maternidades ligadas às faculdades de medicina. O panorama não era diferente em Viena, Würzburg, Berlim ou Paris. Porquê? Na verdade, era uma crua ironia que falecessem precisamente em maior número aquelas parturientes que eram assistidas por pessoas tecnicamente preparadas para a assistência médica. O que acontecia frequentemente era que os médicos e os estudantes iam assistir a partos, quando haviam acabado de autopsiar cadáveres; na altura, trabalhava-se sem luvas de borracha, limitando-se depois a passar as mãos por água; sem desconfiarem, entre as suas unhas encontravam-se restos de matéria morta, a qual iria fatalmente infectar as parturientes.

Esta correlação entre *autópsias/partos* foi acidentalmente descoberta por Semmelweis. Semmelweis era um jovem médico que trabalhava na maternidade de Viena. Esta maternidade encontrava-se dividida em duas secções: uma estava a cargo essencialmente de estudantes de medicina (1.ª secção); a outra estava a cargo de simples parteiras (2.ª secção). Sucede que a taxa de mortalidade na 1.ª secção era o dobro da taxa de mortalidade da 2.ª secção, dados que intrigavam Semmelweis. Até que, num belo dia, durante uma autópsia, um estudante fez acidentalmente um corte com o seu bisturi na mão do professor de medicina legal, o qual viria a falecer poucos dias depois, com os mesmos sintomas com que faleciam as parturientes. Semmelweis chegou à conclusão óbvia de que eram os próprios médicos e estudantes de medicina a causa de morte das parturientes. Havia que solucionar o problema. Semmelweis impôs a obrigação de que todos aqueles que fossem assistir a partos se submetessem a uma desinfecção, lavando as mãos numa solução de cloro. O resultado prático consistiu numa redução abismal da taxa de mortalidade.

E onde está a *querela* com Virchow? Os factos relatados no parágrafo anterior ocorreram em 1847. O problema é que, nas palavras de Vasold, *«a Semmelweis faltou o dom de vir a público e de expor a sua descoberta».*[248] A aplicação do método de Semmelweis

---

[247] Idem, *Ibidem.*
[248] Manfred Vasold, ob. cit., pág. 145.

era meramente *empírica*, não se tendo dado ao cuidado de preceder a uma investigação científica. É certo que publicou alguns escritos sobre a sua descoberta, sem grande rigor científico, concluindo que «*a morte das parturientes se devia em todos os casos à contaminação com tecidos provenientes de cadáveres*».[249] Mais: sem peias, escrevia trechos em que, segundo Vasold, «*acusava os seus colegas, no sentido de que eles próprios, médicos, terem assassinado as parturientes – claro que ninguém o levava a sério*».[250] Ora, o mundo científico não dava grande credo à alegada descoberta de Semmelweis. Para maior drama, segundo Vasold, Semmelweis era uma pessoa pouco diplomática, antes facilmente irritável e rancorosa. Em 1850 retorna a Budapeste; e em 1860, a *sua* maternidade de Viena deixou de observar o ritual da desinfecção com cloro, e a taxa de mortalidade voltou a subir em flecha. É claro que Virchow tem conhecimento do *milagre* de Viena, mas a sua visão é algo diferente: «*Nos tempos mais recentes, a escola de Viena afirma que a morte das parturientes se deve a uma infecção por parte de tecidos cadavéricos, ao afirmar que os estudantes de medicina, ao realizarem autópsias, trazem consigo esse mal, directamente da mesa das autópsias para o instituto maternal [...] infectando as parturientes. Mesmo que por esta experiência se pareça poder explicar que a causa de muitas das mortes das parturientes se deva a uma infecção de origem cadavérica, isso não significa necessariamente que todas elas resultem desse facto. A morte das parturientes deve-se igualmente, sem margem para dúvidas, a influências epidémicas, cuja forma de actuação exacta não conhecemos.*»[251]

Semmelweis, revoltado e amargurado com a falta de reconhecimento por parte do mundo científico, desdobra-se em cartas abertas, atacando tudo e todos. Particularmente no que se refere a Virchow, escreverá: «*Com que direito é que Virchow empresta a autoridade do seu nome, aquele Virchow que, se bem que ainda não haja atacado a minha tese, por a ignorar por detrás da sua soberba, e deste modo, pela sua ignorância sobre a causa da morte das parturientes e do conceito apto a evitá-la [...]* [provocando a continuidade das mortes]». Segundo nos informa Vasold, escritos deste tipo (este é posterior a 1858) eram já reflexos de uma mente afectada pela sífilis. Semmelweis morreria em 1865. Muito mais tarde, por volta de 1879, sobre esta matéria, Virchow escreverá: «*Hoje, mais do que dantes, a ideia de que a morte das parturientes tenha por detrás uma origem infecciosa ganhou amplo terreno, e tenho de confessar que o número dos casos confirmados aumentaram significativamente, mais do que seria de esperar*»[252], o que, de certo modo, constitui um reconhecimento das observações práticas levadas a cabo por Semmelweis.

Outra controvérsia científica ocorreu com a *cholera asiatica*. Cólera asiática, por ter surgido nos confins da Índia, nos anos de 1816/1817, passando a irradiar de forma circular, por sucessivas vagas. «*Em 1830 chegava a Odessa, em fins de Setembro de 1830 chegava a Moscovo [...] a partir de São Petersburgo estendia-se pelo mar Báltico, penetrando na Europa Central e Ocidental.*»[253] Este o percurso da 1.ª vaga. A 1.ª vaga de cólera surge

---

[249] Idem, *Ibidem*, pág. 146.

[250] Idem, *Ibidem*, pág. 149.

[251] Manfred Vasold, citando Virchow, com base no registo escrito de uma das suas prelecções, ob.cit., pág. 147.

[252] Manfred Vasold, citando Virchow, ob. cit., pág. 150.

[253] Idem, in *Pest, Not und schwere Plagen – Seuchen und Epidemien vom Mittelalter bis Heute*, Munique, Verlag C. H. Beck, 1991, pág. 227.

na Alemanha em 1831. Sucederiam-se outras vagas: 1836/1837; 1848/1849, 1854/1855 e 1866. Em termos gerais, a enfermidade reflectia-se em 1% de mortos sobre a população, cerca de metade dos infectados não sobrevivia. Ora, a cólera era uma doença nova, desconhecida, e em termos psicológicos, causava a mesma fobia colectiva que as pestes da idade média. Desconhecendo-se o *modus* como esta epidemia se propagava, desconheciam-se igualmente métodos eficazes para a combater. Não obstante a ineficácia da medicina, aquando da 1.ª vaga, não faltavam teorias explicativas para a sua propagação. Os campos científicos cindiam-se em dois: o dos *contagistas* (a epidemia passaria de pessoa para pessoa), e o dos *teluristas* (a epidemia andaria *no ar*), ou, nas palavras de Andreas Röschlaub, «*conhecido representante da medicina romântica,* [a cólera] *"provém de um ser estranhamente eficaz que de tempos em tempos se forma e desenvolve no ar de outras regiões"*».[254]

A segunda vaga tem lugar nos anos de 1836/1837, tendo sido particularmente violenta no norte e no sul da Alemanha; a título de exemplo, Munique perdeu cerca de 1% da sua população[255]. Entretanto, em termos terapêuticos, a medicina continuava às cegas; as *receitas* para combater e/ou prevenir a cólera eram imprecisas e vagas, lembrando as *receitas* em voga aquando das pestes medievais: a título de exemplo, a reputada enciclopédia *Brockhaus* aconselhava como terapia: «*As melhores e mais fiáveis* [terapias] *são a ausência de medo, uma forma de vida simples e pacata, evitar constipações, alimentação em excesso, costumes regrados e aumento dos exercícios mentais e físicos.*»[256]

A terceira grande vaga ocorre no ano revolucionário de 1848. Segundo se pode ler em Vasold, «*[...] no decurso desta epidemia [...] somente em Londres pereceu um por cento da população. A cidade de Paris perdeu mais de 15.000 pessoas, a Prússia, nos três anos entre 1848-1850, mais de 85.000 habitante, e a Rússia, alegadamente mais de um milhão de habitantes.*»[257]

Uma quarta vaga tem lugar no ano de 1854/1855, afectando particularmente o leste alemão e a Baviera. Uma das vítimas mais proeminentes foi a rainha-mãe Teresa, mulher de Luís I. Na Prússia, «*mais de 57.000 pessoas contraíram a cólera, e mais de 30.500 viriam a falecerem em 1855*».[258]

Ora, ao longo destas quatro grandes vagas, sobressai que as regiões não eram uniformemente afectadas. Como explicar isso? As explicações extremam-se em dois campos: o dos contagistas e o dos teluristas. A vitória final viria a pertencer aos contagistas. Contudo, durante perto de mais de uma década, a teoria explicativa mais em voga foi a dos teluristas, firmada por Max Pettenkofer, famoso higienista. O seu ponto de partida era a mortalidade ocorrida em Würzburg que registara apenas 3 vítimas. Levando a cabo um exaustivo estudo estatístico sobre a mortalidade e as localidades em que as mesmas ocorriam, Pettenkofer ia concluindo que «*até aqui não me deparei com nenhuma localidade que tivesse sido atacada de forma epidémica pela cólera, desde que esta se encontrasse assente sobre terreno rochoso, se bem que muitas vezes chegassem a estas localidades pessoas com a cólera e aí viessem a falecer. Segundo a minha opinião, Würzburg poderá*

---

[254] Manfred Vasold, *Pest, Not und [...]*, pág. 230.
[255] Informação extraída em Manfred Vasold, in *"Pest, Not und [...]"*, pág. 230.
[256] Citação colhida em Idem, *"Pest, Not und [...]"*, págs. 230 e 231.
[257] Manfred Vasold, *"Pest, Not und [...]"*, pág. 231.
[258] Idem, *Ibidem*, pág. 232.

tranquilamente abrir as suas portas aos fugitivos da cólera, sem ter de recear a eclosão de uma epidemia entre os seus habitantes»;[259] a sua conclusão final exprimia-se pela seguinte frase: «*Todas as localidades e parte de localidades afectadas pela cólera assentam em terrenos porosos, permeáveis à água e ao ar.*»[260] Pettenkofer publicou os seus estudos em livro, com o extenso título "*Untersuchungen und Beobachtungen über das Auftreten der Cholera nebst Betrachtungen über Massregelungen, derselben Einhalt zu thun*"[261] (Investigações e observações sobre o aparecimento da cólera e considerações sobre as medidas, destinadas a impedir a sua propagação).

De facto, Pettenkofer realizou um minucioso trabalho de campo: analisara e quantificara a constituição dos solos, bem como a idade, condição social e residência das vítimas da cólera. Infelizmente, Pettenkofer «*havia esquecido de incluir os poços e a água potável nas suas investigações*».[262] Virchow mostrou-se céptico quanto às conclusões de Pettenkofer; a experiência de Virchow em autopsiar vítimas da cólera (Berlim, 1848/ /1849), bem como a sua intuição, iam no sentido de advogar que existia um contágio, e uma das formas de contágio residia na qualidade da água. Robert Koch iria resolver de vez a questão, ao identificar o vírus da cólera, em 1883. Mas, até lá, Pettenkofer e Virchow iam-se digladiando em inflamados escritos científicos, «*parcialmente expostos em gazetas estrangeiras, como a Medical Times e a Gazette Hebdomadaire de Médecine et de Chirurgie, em Paris [...].*»[263] O surto de cólera de 1866, igualmente violento, encarregou-se de *enterrar*, na prática, a teoria de Pettenkofer: «*[...] no Verão de 1866 eclodiu em Agosto a cólera na Baixa Francónia; morreram cerca de 650 pessoas, mais de metade na cidade e círculo de Würzburg.*»[264] Pettenkofer iria persistir heroicamente no seu erro. O mesmo viria a acontecer com a questão da tuberculose, na qual se digladiaria directamente com Koch; este episódio será referido no cap. XII. Analisemos agora o regresso de Virchow a Berlim.

---

[259] Manfred Vasold, citando Pettenkofer, in *"Pest, Not und [...]"*, págs. 232 e 233.
[260] Idem, *Ibidem*, pág. 233.
[261] Título colhido em Manfred Vasold, in *"Pest, Not und [...]"*, pág. 233.
[262] Manfred Vasold, in *"Pest, Not und [...]"*, pág. 233.
[263] Vasold, *Pest, Not und [...]*, pág. 233.
[264] Idem, *Ibidem*.

CAPÍTULO VII

O Regresso a Berlim: a Patologia Celular

Não parece aqui descabido, de todo, indagar das razões que levaram Virchow a regressar a Berlim. As razões apontadas são três. Em primeiro lugar, a sua concepção da patologia celular era o coroar do seu trabalho de investigação na área da patologia. Aquilo que lhe interessaria agora, era o de poder dispor de um grande palco, no qual pudesse propagandear os seus resultados; a cidade de Berlim estava-se a guindar rapidamente para uma metrópole de dimensões mundiais, pelo que era a cidade perfeita. A segunda razão prender-se-ia a questões de ordem religiosa. Virchow, se bem que fosse nominalmente de confissão protestante, era basicamente ateísta, e via com algum receio que os seus filhos, que se aproximavam da idade da escolaridade obrigatória, fossem educados segundo o credo católico[265]. Em terceiro lugar, Virchow nunca deixara de amar Berlim, tendo confessado a um dos seus assistentes de que em Würzburg se sentia *"formalmente no exílio"*[266]. A estas três razões poderá, em minha opinião, acrescer ainda uma quarta: a mulher de Virchow era berlinense.

Com efeito, a notoriedade de Virchow não parava de crescer. Entretanto, na *Charité* de Berlim, em 1856, vagava o lugar de professor para patologia, pela morte do professor Meckel. Há lugar a um concurso público de candidatura. Virchow concorre juntamente com outros dois candidatos; um deles é Theodor Billroth, que será mais tarde não só um famoso cirurgião, mas também um crítico de Virchow, quanto à aplicação prática da patologia celular. Virchow ganha o concurso, graças às suas capacidades reveladas em Würzburg. Por inerência, Virchow passa igualmente a director do recém-criado Instituto Patológico de Berlim, agregado à Universidade, mantendo-se à cabeça daquele Instituto até à sua morte, 46 anos depois; em breve conferiria àquele Instituto uma reputação além-fronteiras. Como nota curiosa, cabe aqui salientar o facto de o governo da Prússia não ter boicotado a candidatura de Virchow (pelo seu passado político)[267], concentrando-se apenas na sua capacidade científica.

---

[265] A Baviera era, e ainda é, profundamente católica; com base no princípio herdado da guerra dos trinta anos (*'cujus regio, eius religio'*), o Reino da Baviera impunha o credo católico nos estabelecimentos de ensino.

[266] Estas três "razões" foram colhidas em file://A\Rückkehr%20nach%20Berlin.htm

[267] Uma das notas marcantes da Prússia, ao longo dos sécs. XVII, XVIII e quase todo o séc. XIX, era a sua tolerância; a bem do Estado, não se atendia tanto àquilo que as pessoas eram, mas sim, às suas capacidades, e aquilo que o Estado/colectividade poderiam beneficiar delas.

Virchow muda-se definitivamente para Berlim, a 6 de Outubro de 1856, não obstante os esforços, sem sucesso, dos seus colegas em o manterem em Würzburg; Virchow passa a usufruir de um vencimento anual de 2.000 Taler, cabendo-lhe ainda a supervisão de uma secção na *Charité*[268].

Parece-me aqui interessante referir algumas palavras sobre a *secção* confiada a Virchow na *Charité*. Essa secção era uma secção especial, destinada a enfermos de delito comum. O propósito do seu internamento era o de se obter o seu restabelecimento, voltando de novo aos cárceres onde cumpriam as suas penas. Por outro lado, podemos aqui reencontrar Virchow como médico. O testemunho mais importante desta *fase* devemo-lo a Otto Braus, estudante de medicina em Berlim na década de 50 do séc. XIX. Segundo Vasold, que se apoia no testemunho de Braus, «*as visitas de Virchow duravam perto de uma hora [...] depois dava as suas prelecções sobre anatomia patológica, marcadas das 11h00 até às 12h00. Virchow diagnosticava os seus pacientes por batidelas e auscultação, como o fazem os outros médicos, mas o jovem médico julga observar que nessa matéria, Virchow não possuía a mesma segurança que os velhos práticos. "No seu diagnóstico podia muitas vezes perceber-se que pensava na mesa de autópsias, onde se descobriam aquelas coisas que não se conseguem descobrir em vida."*»[269] Ou seja, segundo este testemunho, Virchow não revelava aquela segurança própria dos médicos experientes. Vasold dá-nos conta ainda de um episódio em que se pode entrever o humanismo ético de Virchow: «*Um dia deu entrada na secção de Virchow um presidiário doente que deveria convalescer, a fim de ficar em "condições de ser executado".*[270] *Devido ao seu longo tempo de cárcere, o doente tinha "uma pele acinzentada, e um olhar sem brilho". Ele passou a receber quinino, melhor alimentação e vinho. "Esperemos", diz Virchow ao seu jovem colega* [Braus], *"que a sua doença tenha um progresso tão rápido, de modo a que ele possa encontrar aqui a sua paz derradeira." Os votos de Virchow viriam a realizar-se.*»[271] Não será por acaso que, mais tarde, como político, Virchow defenda a abolição da pena capital; essa sua luta só viria a vingar em 1949, na RFA (na RDA, a pena de morte só viria a ser abolida em 1987). Em termos práticos de *regimento* (ordem interna), Virchow esforçou-se em suavizar as condições humanas dos enfermos que se encontravam ao seu cuidado na *Charité*.

Enquanto professor para a cadeira de anatomia patológica, ouçamos o seguinte testemunho: «*O pequeno homem, que quase passava despercebido, com o seu cabelo louro colado à cabeça, com uma testa bem desenvolvida, com um olhar tenaz e penetrante por detrás dos seus óculos, não causava grande impressão com o seu aspecto exterior sobre os ouvintes; pelo contrário, o seu ser sóbrio e frio causava antes uma antipatia do que interesse. A isso acrescia a sua voz monótona, uma exposição sem floreados oratórios, uma apresentação sem vida e desprovida de cor. Tanto mais poderoso era o conteúdo desse discurso, que revelava uma sapiência e arte imensa, que sabia, sem sombra para dúvidas, simplificar à sua base os achados mais complicados obtidos na mesa de autópsias bem como as suas interligações.*»[272] As

---

[268] Christian Andree, ob. cit., pág. 66.

[269] Manfred Vasold, ob. cit., págs. 175 e 176.

[270] A título de curiosidade mórbida, a pena de morte, na Prússia bem como em outros Estados alemães, era ainda, maioritariamente, a decapitação, pelo machado ou pela espada.

[271] Manfred Vasold, ob. cit., pág. 176.

[272] Manfred Vasold, citando uma fonte referida por Albrecht, Editor, ob. cit., págs. 177 e 178.

prelecções de Virchow atrairiam em breve estudantes de medicina de todos os cantos do mundo. Segundo Braus: «*No auditório de Virchow viam-se representados todos os países [...] e na companhia deste ou daquele podia ouvir-se a língua francesa, inglesa ou até italiana.*»[273] Segundo Vasold: «*Virchow costumava chegar muito atrasado às suas prelecções, de modo que muitas vezes era recebido pelos ouvintes com pateadas. Em todas as suas tarefas, Virchow nunca olhava para o relógio, pelo que se atrasava. Como examinador era muito exigente; havia duas coisas que não podia suportar: que um examinando não conseguisse observar e que alguém não se encontrasse em condições de tirar as suas conclusões com base nas observações realizadas.*»[274]

Em termos académicos, será em Berlim que Virchow cogitará e dará à estampa toda a sua vasta e profícua obra científica, abraçando temáticas tão diversas como a antropologia, arqueologia, história, sem nunca esquecer as ciências naturais. Será também em Berlim que Virchow se destacará como político, quer na assembleia municipal de Berlim, quer no *Landtag* (Parlamento do Estado da Prússia), quer no *Reichstag* (Parlamento do *Reich*).

Em termos de publicações académicas, a sua estreia, no regresso a Berlim, será, curiosamente, uma obra de cariz antropológico: "*Untersuchungen über die Entwicklung des Schädelgrundes im gesunden und krankhaften Zustande und über den Einfluss derselben auf Schädelform, Gesichtsbildung und Gehirnbau*" (Estudos sobre o desenvolvimento da base do crânio no estado saudável e no estado enfermo e sobre a influência dos mesmos sobre a forma do crânio, da face e da construção do cérebro)[275], obra que «*ainda hoje constitui um trabalho fundamental para a Antropologia*», na opinião de Andree[276].

a) A Patologia Celular; alterações dogmáticas (materialismo *versus* vitalismo)

Os verdadeiros pais da teoria celular foram Schwann e Schleiden, os quais, colhendo e desenvolvendo as descobertas de outros cientistas anteriores (como Carl Ernst von Baer, William Harvey e Robert Brown), concluem que do ponto de vista celular «*o reino animal, em princípio, não tem uma constituição diversa da que se verifica no reino vegetal*».[277] Segundo Vasold, «*abria-se agora o caminho para o reconhecimento de que a célula era a pedra angular geral da vida*»[278]. Daí que a «*Patologia Celular*» de Virchow seja o resultado da nascente teoria celular de Schleiden e de Schwann[279].

No ano de 1858, Virchow publica a sua obra "*Die Cellularpathologie in ihrer Begründung auf physiologische und pathologische Gewebelehre*" (A patologia celular baseada na histologia fisiológica e patológica dos tecidos). A consequência revolucionária que a partir daí se verifica na medicina radica «*no entendimento de que todas as situações de doença do organismo resultam de uma alteração maligna dos corpos das células*»[280].

---

[273] Manfred Vasold, citando Braus, ob. cit., pág. 178.
[274] Vasold, ob. cit., pág. 178.
[275] Christian Andree, ob. cit., pág. 67.
[276] Idem, *Ibidem*.
[277] Manfred Vasold, ob. cit., pág. 169.
[278] Idem, *Ibidem*.
[279] Juan Riera, *Historia, Medicina y Sociedad*, Madrid, Ediciones Pirámide SA, 1985, pág. 206.
[280] Citação extraída do site www.dhm.de/lemo/html/biografien/virchow/Rudolf/, pág. 3.

A consequência é a quase-erradicação da *"patologia humoral"*[281], a qual entendia a doença como sendo o resultado de uma perturbação do sistema dos fluidos, como o sangue, o muco, a bílis e a bílis negra. Com efeito, a própria localização da doença ganha contornos mais próprios: «*Morgani havia colocado a doença no órgão, e o patologista parisiense Bicht havia colocado a doença no tecido; Virchow passava a procurá-la agora na parte mais pequena do tecido, portanto, na célula. A célula passava a ser a portadora da vida e da doença.*»[282]

A sua obra de vanguarda é o produto «*das suas vinte prelecções – realizadas no Instituto de Patologia, em Berlim, no ano de 1858 [...]. Era na célula que Virchow julgava ter encontrado a matriz de todas as formas de vida.*»[283] De facto, para Virchow, a célula era a «*última e verdadeira forma-elemento de todas as formas de vida*»[284]. Nas palavras de Schipperges, «*a célula era assim não apenas a unidade vital, mas também a fonte alimentadora do território celular; ela é a portadora da vida, como é igualmente o foco das perturbações. Ela torna-se a ideia central da vida.*»[285] Segundo ainda Schipperges, «*já no "Manual da Patologia Especial e Terapia" (1854) encontrámos formulado esse pensamento fundamental de uma forma mais vincada: "O corpo humano compõe-se, tal como todos os corpos orgânicos, por elementos delicados, em que cada um deles se pode reconduzir, em última instância, a uma única célula e raio de actuação desta."*»[286] A máxima da obra fala por si: *Omnis cellula a cellula.*

Como consequência directa, altera-se igualmente o conceito de doença. Em vez de procurá-la num qualquer distúrbio humoral, passa a procurar-se a origem da doença na alteração da célula. No parágrafo antecedente utilizámos a expressão «quase-erradicação da patologia humoral», o que carece aqui de uma breve explicação. É que à patologia humoral contrapunha-se o conceito de «*Solidarpathologie*»[287] que procura a origem da doença no corpo humano, «*nomeadamente na sua componente mais pequena, a célula.*»[288] Ora, segundo Schipperges, Virchow procura diferenciar, e seguidamente, unificar estas duas concepções em algo maior: «*"As escolas humorais tiveram até aqui a maior sorte, pois que utilizavam a explicação mais cómoda e, de facto, a explicação mais plausível na evolução da doença." Contrariamente, "as perspectivas da patologia solidária" foram até aqui "uma paixão de investigadores especulativos" [...]. Segundo a perspectiva de Virchow, ambos os pontos de vista não estariam errados, mas sim, incompletos; ambas teriam de integrar-se num sistema de referência mais elevado. Afinal de contas, ele, que sempre respeitara as antigas orientações de escola, perspectivava uma síntese das duas orientações, "para unificar ambas, a patologia humoral e a patologia solidária, numa patologia celular de fundamentação empírica".*»[289] A prova (segundo Schipperges), desta ambiva-

---

[281] Idem, *Ibidem.*
[282] Manfred Vasold, ob. cit., pág. 170.
[283] Heinrich Schipperges, ob. cit., pág. 54.
[284] Idem, citando a *"Patologia Celular"*, pág. 3, ob. cit., pág. 54.
[285] Heinrich Schipperges, ob. cit., pág. 56.
[286] Idem, *Ibidem,* pág. 57.
[287] Expressão colhida em Heinrich Schipperges, ob. cit., pág. 62, difícil de traduzir em português correcto, mas que se pode equivaler à expressão "patologia solidária".
[288] Heinrich Schipperges, ob. cit., pág. 62.
[289] Idem, ob. cit., pág. 62, introduzindo citações de Virchow, extraídas do *"Handbuch der speciellen Pathologie und Therapie 1"* (1858, pág. 334).

lência (patologia humoral *versus* patologia solidária) é claramente assumida por Virchow numa intervenção proferida no 43.º Encontro dos Cientistas Naturais e Médicos (1869), em Innsbruck: tendo por objecto «*"a actual posição da patologia"[...]. Virchow afirma que o objecto da patologia é a doença: "A patologia é a doutrina da doença." Até aqui, o entendimento é ainda fácil; mas depois começa a dificuldade "com a segunda questão: O que é a doença? – Nesse momento cessa toda a possibilidade de consenso."*»[290] Essa impossibilidade de consenso pode e deve aplicar-se igualmente ao *duelo* patologia celular *versus* bacteriologia; porém, esse *conflito* será exposto com mais pormenor *infra*[291].

Interessante será referir que, logo aquando da sua publicação, a sua obra sobre a patologia celular foi igualmente alvo de críticas. Theodor Billroth, que viria a ser um famoso cirurgião, afirmava, logo em 1858, que «*a Patologia Celular, "nas suas consequências [...] é tão generalista, que a sua importância fica bastante mitigada".*»[292] Emil Behring, sorologista, por exemplo, afirma que a Patologia celular não passa de uma «*"momentânea confusão"*».[293] Sobre o conjunto das críticas bem como a refutação final, passemos a palavra a Vasold: «*Mais tarde ouvia-se com frequência que a Patologia celular destacava demasiadamente o elemento estatístico e a morfologia e se esquecia assim do aspecto dinâmico, a fisiologia; mas entretanto resulta clarividente de que a forma e a função se encontram em estreita conexão, e isso foi algo que Virchow nunca perdeu de vista: durante toda a sua vida, ele (Virchow) deu guarida à dinâmica dos processos fisiológicos nas suas considerações anatómico-morfológicas.*»[294]

Por fim, a sua obra sobre a Patologia Celular traça ainda a construção de uma ponte entre as ciências naturais e as ciências sociais. Na medida em que todo o princípio de toda e qualquer forma de vida passar a radicar exclusivamente na célula e em corpos mais complexos resultantes de combinações de células, Virchow conclui que estas se comportam como um *"dispositivo de tipo social"*, cada ser vivo seria um Estado celular, provido de *"checks and balances"*[295], um equilíbrio de poderes e funções, a bem do organismo que compõem. Deste modo se poderá compreender a ligação/passagem da ciência natural para a ciência social. Segundo Virchow, na opinião de Schipperges: «*Por esta via, a antropologia é o "ponto de encontro determinante entre as ciências naturais e a história". A história é a antropologia prática.*»[296]

Grosso modo, em termos de *mentalidade*, esta alteração radical marca igualmente a passagem da medicina romântica para a medicina verdadeiramente científica, bem como uma inflexão: a passagem do *idealismo*, em termos filosóficos, para o *materialismo*. O preço final não estaria integralmente à vista dos seus mentores: a eliminação científica de algo tão inatingível como o conceito de alma, acabaria por materializar o Homem como uma *coisa*, uma *res physica*; eliminando a denominada *centelha divina*, abria-se o campo para as maiores atrocidades testemunhadas pelo século seguinte.

---

[290] Idem, ob. cit., págs. 62 e 62, introduzindo citações de Virchow.
[291] *Vide*, cap. XII da presente tese.
[292] Heinrich Vasold, ob. cit., pág. 172.
[293] Idem, *Ibidem*.
[294] Manfred Vasold, ob. cit., pág. 172.
[295] Expressão extraída da terminologia constitucional, e que significa controlos e contra-balanços.
[296] Heinrich Schipperges, ob. cit., pág. 68.

Desdivinizar o Homem, passando-o da condição de *criatura* a *criador* iria revelar-se fatal. Mas isso são conclusões pessoais, que penso exprimir no final desta obra.

No Outono de 1859, Virchow realiza mais um *trabalho de campo*. Seguindo um convite formulado pelo governo sueco, Virchow desloca-se àquele país para estudar a lepra que grassava nas zonas costeiras da actual Noruega[297].

No mesmo ano (1859) publica outra obra: *"Über die mechanische Auffassung der Lebensvorgänge"* (Sobre a concepção mecânica dos processos de vida). Se tivermos presente que o termo *mecânica* constitui um sinónimo de *materialismo*, facilmente se intui que ambos se opõem ao conceito de *vitalismo*. Nesta sua obra, Virchow expõe uma concepção aparentemente materialista da vida: em termos simplistas, vida é matéria, e matéria é vida. Até 1850, a mundividência em torno da medicina era essencialmente romântica, impregnada de concepções da filosofia natural e do vitalismo. Com o triunfo do método empírico, o materialismo ganha e conquista terreno.

Usamos o advérbio *aparentemente*, pois neste duelo entre materialistas e vitalistas (ou espiritualistas), «*Virchow foi antes "o homem do centro moderado" (Klaus Panne).*»[298] Para compreendermos essa *moderação*, forçoso se torna expor algumas concepções dos materialistas mais radicais, como Carl Vogt ou Ludwig Büchner. O primeiro «*nega a existência da alma humana; o pensamento é apenas o produto do cérebro, tal como a bílis é o produto do fígado [...].*»[299] Ludwig Büchner, que se caracteriza por um discurso mais mordaz, nega o sobre-natural e o extra-sensorial: «*"O mundo, ou a matéria com as suas propriedades e movimentos, às quais chamamos de forças, só podem existir desde a eternidade e terão de existir eternamente – com uma palavra: o mundo não pôde ser criado."*»[300] Referindo-se particularmente aos idealistas, escreve que «*"esses senhores filósofos [...] são pessoas assaz estranhas [...] (pois) definem o absoluto, como se durante anos tivessem ceado com este à mesma mesa; eles falam sobre o Nada e sobre o Algo, sobre o Eu e o Não-eu, sobre o Por Si e o Em Si, sobre a Mutabilidade e a Simplicidade, sobre o Objecto e o Sujeito etc., etc., com tal confiança, como se algum código celeste lhes tivesse dado informações precisas sobre estas coisas e conceitos; [...]"*»[301]. Ora, no que respeita a Virchow, se é certo que este se encontra bem mais próximo do campo dos materialistas do que do campo dos vitalistas (segundo a opinião de Vasold), «*ele, relativamente a isso* (materialismo/ vitalismo), *sempre se exprimiu de forma vaga e tão ambígua, que se classificou Virchow como sendo as duas coisas: um materialista e um neovitalista.*»[302] Prosseguindo, Vasold esclarece que «*por materialismo, Virchow entendia um sistema, e ele era contra os sistemas, tal como havia sido contra os românticos da medicina e contra os racionalistas, que tentavam ainda construir a ciência com base na lógica em vez da observação. Mas ele era igualmente contrário a um "hiper-empirismo", o qual, nas suas observações, se esquecia de procurar um sentido às coisas.*»[303] Para sublinhar a ambiguidade, duas frases de Virchow: «*"O cientista*

---

[297] À primeira vista poderá parecer estranho que Virchow visitasse as costas da Noruega, seguindo uma solicitação do governo sueco (!) A razão radica no facto de a Noruega ter sido absorvida pela Suécia, na 2.ª década do séc. XIX, voltando a ser um país independente apenas em 1906.

[298] Manfred Vasold, ob. cit., pág. 161.

[299] Idem, *Ibidem*, pág. 157.

[300] Manfred Vasold, ob. cit., citando Büchner, págs. 159 e 160.

[301] Idem, ob. cit., citando Büchner, págs. 158 e 159.

[302] Idem, *Ibidem*, pág. 161.

[303] Idem, *Ibidem*, pág. 163.

só conhece o corpo e as propriedades dos corpos; o que se situa para além disso, ele deno-minano de transcendente, e a transcendência é por ele encarada como uma confusão do espí-rito humano.» (*Archiv*, 1849), e «"*O radicalismo, que procura a mecânica da vida apenas na interacção daquelas forças moleculares, que se encontram imanentes nas partículas cons-titutivas (moléculas) dos elementos orgânicos (células), não é empírico, e por isso, é ilógico.*" (*Handbuch der speciellen Pathologie und Therapie – 1854*)».[304]

Neste binómio entre materialismo e vitalismo cabe igualmente a concepção de Virchow sobre a temática Fé e Ciência. Passemos a palavra a Virchow: «"*Não é possível à ciência debruçar-se sobre a fé, pois a ciência e a fé excluem-se mutuamente. Não é que uma delas impossibilite a outra ou vice-versa, mas sim, no sentido de que até aonde chega a ciência, a fé não existe, e a fé apenas começa a existir onde termina a ciência*"».[305] Em jeito de prognose, relativamente ao eterno debate *ciência* e *fé*, Virchow afirma que «"*tal como nos tempos de Galileu, também no futuro nunca deixarão de existir conflitos, assim que a Ciência sinta a necessidade de alargar as suas fronteiras, na sequência dos seus inevitáveis progressos. É evidente que este avanço seja encarado pelos dogmáticos como um ataque, mesmo que se trate apenas de fazer valer direitos de soberania da ciência sobre um qualquer território; estes tentam com toda a violência manter o seu domínio e, graças à sua resistência injusta, fazem com que alguns dos seus oponentes se tornem realmente agressivos. Assim também sucedeu nos anos mais recentes, e o resultado final foi o de que, quer por parte dos representantes da Igreja, quer da parte dos representantes do Estado, se tenha multi-plicado uma desconfiança generalizada contra a direcção das ciências naturais, como sendo uma natureza destrutiva [...] e de que sob o nome comum Materialismo se tenha declarado como sendo suspeitas todas as investigações livres que tenham carácter empírico. Daí que talvez em nenhum tempo como o nosso tenha sido mais importante a preservação das fron-teiras das ciências naturais, rechaçando o ataque do dogmatismo sobre as mesmas [...].*"».[306]

Não obstante (segundo Vasold), Virchow não queria necessariamente passar por um materialista absoluto: «(Virchow) *tinha inimigos de sobra na área estatal e eclesiástica. Além do mais, os próprios dogmáticos eram-lhe suspeitos, logo que eles próprios actuassem como dogmáticos: "Existe um dogmatismo materialista, assim como existe um dogmatismo eclesiástico e um dogmatismo idealista, e permito-me concluir que, quer um, quer o outro, possam ter objectos reais. É certo que o materialista é o mais perigoso, uma vez que nega a sua natureza dogmática e se apresenta com as vestes da ciência, uma vez que se apresenta de forma empírica, onde só é especulativo, e uma vez que edifica as fronteiras da investi-gação da natureza igualmente em locais onde estes últimos não se apresentam ainda como competentes."*».[307]

No que respeita às exposições da sua obra de vanguarda, a Patologia Celular, reali-zadas perante o grande público, no início da década de 60, continuamos a vislumbrar uma certa ambiguidade (ou compromisso) entre materialismo e vitalismo. Segundo Vasold, «*[...] Virchow voltava constantemente a falar do materialismo, e aí empregava sempre o adjectivo mecânico, onde outros teriam falado do material e de matéria. Numa das ocasiões, ele rejeitava o materialismo, noutras voltava a dar-lhe guarida. Além disso, ele*

---

[304] Heinrich Schipperges, citando duas frases de Virchow, ob. cit., págs. 48 e 49.
[305] Manfred Vasold, ob. cit., págs. 163 e 164.
[306] Manfred Vasold, ob. cit., pág. 164.
[307] Idem, citando Virchow, ob. cit., pág. 164.

utilizava por vezes o conceito de força vital; mas empregava-o de forma diversa do que o faziam os vitalistas: com este conceito, ele referia "uma força mecânica, derivada e composta [...] que aparentemente são condicionadas pelas muito peculiares afinidades dos elementos químico-orgânicos".»[308] Seguindo ainda Vasold, «*Virchow presumia que por detrás de todos os processos de vida se encontrariam processos químicos ou físicos que assentavam sobre a actividade das células*».[309]

Em jeito de síntese final, no que respeita à questão de Virchow ser, ou não, materialista, vale a pena transcrever duas frases de Schleiden, antigo mestre de Virchow em Berlim, que critica a imprecisão linguística de Virchow: «"*É certo que alguns usam sem rodeios frases materialistas, mas depois protestam contra a repreensão de serem materialistas, afirmando que as suas palavras querem significar outra coisa (só que não se sabe, o quê), como, por exemplo, Virchow. [...] Virchow, por exemplo, não quer de forma alguma deixar transparecer que é um materialista, mas é-o de forma bem determinante.*"»[310]

Por fim, transcreve-se agora uma carta do jovem Haeckel, dos tempos de Würzburg, na qual este aborda a questão materialista de Virchow: «"*Virchow é todo ele um homem do entendimento, um racionalista e materialista; a vida é por ele encarada como a soma das funções dos órgãos individualizados, material, química e anatomicamente diferenciados [...].*"»[311]

b) Triquinose: uma questão de saúde pública

É sabido que, com a evolução histórica, algumas doenças ficam erradicadas, mas é igualmente verdade que o dito *progresso* traz consigo novas doenças, ou potencia outras que antes passavam despercebidas. O caso da triquinose constitui um exemplo de doença despercebida, mas potenciada pelo progresso ou pela aceleração do modo de vida.

Com efeito, a partir dos anos 30 do séc. XIX, e com uma incidência crescente, de década para década, ia-se assistindo a uma mortalidade galopante, devido ao consumo de carne de porco, fenómeno quase desconhecido nos tempos anteriores. A mortalidade devia-se à existência de triquinose em alguns suínos, substância que se propagava rapidamente no corpo dos que consumiam a carne contaminada, podendo levar a uma morte dolorosa.

Qual a explicação para tal fenómeno? A explicação radicava em duas premissas: 1.º o aumento gradual da importância da carne na dieta das populações; 2.º a alteração nos hábitos alimentares/culinários. Com efeito, a gradual industrialização e uma melhoria relativa no poder de compra, aliada a alguns progressos no sector agrícola, potenciaram um aumento no consumo da carne, com destaque para a carne de suíno. Por outro lado, sinal desses tempos *modernos*, as pessoas passavam a ter menos tempo disponível (tenha-se em atenção a carga de trabalho horária, vigente nos primeiros tempos da revolução industrial), e essa falta de tempo reflectia-se igualmente na falta de tempo no que respeita à confecção dos alimentos. No que se refere particularmente à carne de suíno, Vasold, parafraseando Virchow, refere que «*nos tempos antigos, quando*

---

[308] Idem, ob. cit., págs. 172 e 173.
[309] Idem, *Ibidem*, pág. 173.
[310] Idem, ob. cit., pág. 173.
[311] Idem, citando Haeckel, ob. cit., pág. 173.

se procedia ao abate, por alturas do São Martinho, a carne era submetida a uma salga profunda ou fumada, de forma que a triquina ficava eliminada. Mas a sociedade industrial alterou igualmente os hábitos de consumo e com a subida dos rendimentos subia o consumo da carne [...]»;[312] quanto à nova forma culinária de consumo bem como às condicionantes derivadas da emergente revolução industrial, *«"[...] precisamente da Saxónia chegam-me notícias de que apenas nos últimos 10-15 anos é que se generalizou o costume de comer carne fresca, picada, em cima do pão, e é sabido que quase todas as grandes e mortais epidemias eclodiram no solo saxónico [...] talvez não se deva pôr de parte a crescente existência de populações fabris, aos quais falta o tempo e a arte de confeccionarem os alimentos de forma correcta"».*[313]

Que soluções propunha Virchow para esta nova epidemia, se é que se tratava mesmo de uma nova epidemia, pois Virchow julgava que a mesma já havia afligido a humanidade num passado distante, pois porque razão proibía a *Bíblia* o consumo da carne de suíno aos judeus? As soluções, segundo Virchow, radicariam na abertura, manutenção e fiscalização de matadouros públicos, providos de pessoal especializado, munidos de microscópios, só podendo sair dos matadouros carcaças acompanhadas do necessário visto de sanidade. Os perigos da triquinose, bem como as soluções práticas para a eliminar, eram propagandeados por Virchow num livro destinado ao grande público, intitulado *"Darstellung der Lehre von den Trichinen, mit Rücksicht auf die dadurch gebotenen Vorsichtsmaßregeln, für Laien und Ärzte"*[314], de 1863. Virchow, ele próprio neto de um talhante, esperava que a implementação dessas medidas, mediante o auxílio e a cooperação do Estado, seriam simples. Mas não o seriam, principalmente pela oposição da classe dos talhantes, para espanto de Virchow.

Em termos gerais: a obrigatoriedade do exame oficial à carne de abate viria a ser instaurada no Estado da Prússia em 1875; para todo o *Reich* alemão, isso só viria a acontecer em 1900. Para se ter uma dimensão real do problema, em termos de saúde pública, Vasold refere que *«ainda em 1923, 1,25% da carne de suíno abatida era imprópria para o consumo».*[315]

---

[312] Idem, ob. cit., pág. 181.
[313] Manfred Vasold, citando Virchow, ob. cit., pág. 181.
[314] "Sobre a triquinose, tendo em especial atenção as medidas preventivas, destinado a leigos e a médicos", título referenciado por Manfred Vasold, ob. cit., pág. 180.
[315] Idem, ob. cit., pág. 185.

CAPÍTULO VIII

Virchow e a Sua Estreia na Política

Para Virchow, a saúde e a educação eram em si incindíveis. Desde cedo que se nota em Virchow a preocupação de partilhar as suas descobertas e ensinamentos, não só com os seus colegas cientistas, mas também com as massas. Ora, para Virchow, a política podia ser igualmente um veículo para chegar às massas, transmitir pontos de vista, implementá-los, sempre embuídos de um sentimento filantrópico. Vimos já que o ano de 1848 marca o "baptismo de fogo" para Virchow. Desde muito jovem que Virchow se demonstrava descontente com a situação política vigente; por outro lado sonhava em dar o seu contributo para transformar o mundo num lugar melhor. É assinalável que tenha permanecido fiel a esse objectivo, até ao fim dos seus dias. Como se verá, Virchow utilizou a política para o bem geral, e nunca como forma de se servir a si mesmo; em última análise, e isto vale para todos os tempos, tudo depende do carácter dos que fazem a política, nada mais.

A carreira política *civilizada* de Virchow (não esqueçamos que Virchow foi um interveniente revolucionário nas barricadas de 1848) inicia-se em 1859, no município de Berlim, passando depois pelo *Preussischer Landtag* (Parlamento do Estado da Prússia), vindo numa fase posterior a ser deputado no *Reichstag* (Parlamento do *Reich*).

De facto, a 18 de Novembro de 1859, Virchow é eleito como membro da assembleia municipal de Berlim, aí exercendo funções até à sua morte. A título de curiosidade, houve certamente momentos em que Virchow teve o seu papel facilitado: um dos seus cunhados, Seydel, foi Burgomestre de Berlim, entre 1863 a 1872, e um seu velho amigo, Paul Langerhans sen. foi durante muitos anos presidente da Assembleia Municipal.[316] Ao longo dos 4 decénios seguintes, Virchow destaca-se como mentor da medicina social, encabeçando projectos tão diversos como a edificação da gigantesca rede de saneamento (de que se falará *infra*, págs. 89 a 94), a criação e o estabelecimento de hospitais, a incrementação de reformas no funcionamento das escolas públicas, entre outras coisas. Também neste ponto, Virchow tinha uma vantagem: com efeito, desde 1860 que fazia igualmente parte da "*Wissenschaftlichen*

---

[316] Informação colhida em Erwin Ackerknecht, ob cit., pág. 20.

Deputation" (Comissão Científica), um órgão consultivo ligado ao Estado da Prússia, em matéria de assuntos sociais e científicos.

Não é demais frisar que para Virchow, a política era um meio para alcançar um nobre fim: o bem-estar dos seus concidadãos. Como já afirmava num dos fascículos da sua *Medizinische Reform*, a política é a medicina em grande. Obviamente que a sua entrada na política comunal foi mal-entendida por muitos. Nesse aspecto, vale a pena expor a opinião crítica de Engels, contida numa das suas cartas, em que versava sobre o espírito da pequena burguesia: «"[...] *e depois, o professor constitui o cúmulo da pequena burguesia e das pequenas cidades, até mesmo em Berlim. Em que outra cidade é que um homem de grandeza científica como, por exemplo, Virchow, poderia ter a ambição suprema de se tornar vereador?"*»[317]

Em 1861, Virchow propõe numa reunião do conselho municipal a criação de um gabinete de estatística, vocacionado exclusivamente aos assuntos da capital da Prússia[318]. A sua proposta obteve vencimento. Um dos seus estudos, com base na estatística, foi, por exemplo, o de estabelecer uma relação entre o abaixamento do nível freático e o aumento dos casos de febre tifóide[319]. Entre 1861 a 1881, Virchow passou igualmente a integrar a comissão de estatística.

A 9 de Junho de 1861, Virchow, juntamente com o famoso Theodor Mommsen[320] e alguns outros homens de espírito emancipado (por exemplo, Werner Siemens), fundam a *Deutsche Fortschrittspartei* (Partido alemão do Progresso), de feição liberal. Não obstante o seu lema *"Fidelidade para com o rei e manutenção da constituição"*[321], o governo prussiano entendia-o como um movimento de tendências republicanas[322]. O partido em questão conhecerá alguns sucessos, nos anos sessenta; porém, a partir dos anos setenta, bem como nas décadas seguintes, começará o seu gradual esvaziamento de espaço político, na medida em que o recém-criado partido socialista (o SPD) se torna o partido por excelência das classes desfavorecidas (nomeadamente, dos trabalhadores).

No início de 1862, Virchow passa a desempenhar as funções de deputado no *Landtag* (Parlamento do Estado da Prússia), e durante a década de sessenta, o partido de Virchow chegou a ser o maior partido com assento no *Landtag*. Enquanto deputado, Virchow ocupar-se-ia diversas vezes com a fiscalização do orçamento; os choques com o *Ministerpräsident* (primeiro-ministro) Bismarck seriam inevitáveis.

O mais grave ocorreu a 2 de Junho de 1865. Na sequência de debates cada vez mais acalorados, em torno, precisamente, do orçamento, na rúbrica das despesas militares,

---

[317] Christian Andree, citando uma carta de Friedrich Engels, ob. cit., pág. 68.

[318] Idem, ob. cit., pág. 92.

[319] Referido em Christian Andree, ob. cit., pág. 93.

[320] Mommsen, 1817-1903. Destacou-se como historiador, arqueólogo e professor de direito; foi igualmente deputado da ala liberal no *Landtag* e no *Reichstag*. Na áera do direito, destacou-se no renascimento do *ius romanum*, tendo escrito obras sobre o direito público, penal e civil romano; neste último campo, acabaria por ter uma influência determinante na feição romanista do Código Civil alemão (o famoso BGB), de 1900.

[321] Citação extraída em Christian Andree, ob. cit., pág. 96.

[322] Informação recolhida em Christian Andree, ob. cit., pág. 96.

e no qual vinha à baila a recente crise do Schleswig-Holstein[323]: Virchow comparava a política de Bismarck com um navio que andava ao sabor das ondas e dos ventos, ou seja, de aventurismo político; por outro lado, acusava-o de usar da dissimulação, e de faltar à verdade[324]. A reacção de Bismarck é pronta: na desmontagem, ponto por ponto, das acusações que lhe eram feitas, chega a referir, no final, que *o Sr. Deputado já viveu no mundo o tempo suficiente para saber que [...] lançou um ataque contra a minha esfera estritamente pessoal, [...] pelo que assiste àquele, sobre quem se lançaram dúvidas sobre o seu amor à verdade, de exigir uma satisfação pessoal*[325]. No dia seguinte, através de um capitão do exército, Bismarck desafia Virchow para um duelo, à pistola; refira-se que Bismarck era um exímio esgrimista e atirador, desde os seus tempos de estudante universitário. Curiosamente, no que respeita a conceitos como verdade/mentira, o próprio Bismarck, *em círculos privados não se inibia de gozar com aquelas pessoas que não sabiam que a mentira fazia parte das ferramentas do político – [...]*.[326]

Importa aqui fazer um pequeno parêntesis e tecer algumas considerações sobre os duelos na Prússia e o meio político. Com é comum suceder em várias situações da vida, havia o *direito escrito* e o *direito consuetudinário*: o direito escrito (a lei) proibia, mediante a aplicação de severas penalidades, a realização de duelos, e isto já no reinado de Frederico II, o grande (1740-1786); o direito consuetudinário tolerava-os em certos *círculos* sociais, é o que se pode concluir da afirmação de Vasold, quando escreve que *os duelos, na sequência de diferendos políticos menores, não eram nenhuma raridade na segunda metade do século XIX*[327], dando notícia, a título de exemplo, do seguinte: *Em 1856, um certo von Rochow matou em duelo o presidente da polícia de Berlim, von Hinckeldey; Hinckeldey havia dado demasiada atenção aos deboches secretos de alguns senhores da nobreza, pelo que passou a ser um espinho no pé. Em Agosto de 1864, o líder dos trabalhadores, Ferdinand Lassalle[328], foi morto em duelo. Werner Siemens, que uma vez passou pelo cárcere por causa de um duelo, escreveu nas suas "Memórias" que, apesar das penas severas em que incorriam os duelistas, a hipótese de perdão era muito forte.*[329]

Voltando ao duelo em questão, Virchow, inteligentemente, não fez qualquer caso, defendendo que o duelo era de todo injustificado, já que a alegada ofensa ocorrera no parlamento, e o objecto das alegadas ofensas não eram a pessoa de Bismarck, mas sim, a política preconizada pelo governo. Ou seja, seria ridículo travar um duelo por questões estritamente políticas. A haver um duelo, esse deveria ser de palavras, e a arena ideal seria o parlamento. Esses argumentos eram partilhados igualmente pelo vice--primeiro ministro, von Unruh. Mas não por outras personalidades, ligadas ao governo, que procuravam por todos os meios que o duelo tivesse lugar, com o fim previsto,

---

[323] A partir de 1860, o Holstein corria o perigo de ser anexado pela Dinamarca. Bismarck, político e diplomata hábil, acabará por criar uma situação de *guerra justa*, e, em 1864, de Fevereiro a Agosto, tropas prussianas e austríacas, bem como de alguns outros Estados alemães derrotam a Dinamarca. O resultado prático será a passagem do Schleswig-Holstein para o espaço alemão bem como a criação da Federação dos Estados do Norte, que marcará o prelúdio da unificação alemã de 1871.

[324] Factos colhidos em Christian Andree, ob. cit., págs. 97 a 101.

[325] Citação extraída em Andree, ob. cit., pág. 102.

[326] Manfred Vasold, ob. cit., pág. 214.

[327] Idem, *Ibidem*, pág. 213.

[328] Ferdinand Lassalle foi um dos fundadores do SPD.

[329] Vasold, ob. cit., pág. 213.

silenciando uma voz incómoda que não poderiam silenciar de outro modo. Uma delas foi o ministro da Guerra, von Roon, o qual, recebendo uma missiva de Virchow, dirigida a Bismarck, na qual Virchow declarava que não se iria bater sobre quaisquer circunstâncias, anotou à margem da referida carta a expressão *«isto é o suficiente para qualificar Virchow como um rapazola de rua»*[330]. Contudo, também havia quem duvidasse do resultado previsto, caso o duelo se viesse mesmo a realizar; exemplo disso é uma missiva endereçada a Bismarck, a 7 de Junho, por um amigo de juventude, von Natzmer, *«que lhe pedia a autorização para prosseguir a sua obra* [a de Bismarck], *caso "uma bala judaica"*[331] *o viesse a atingir».*[332]

À medida que a questão ganhava notoriedade nos jornais, a opinião pública ia cada vez mais torcendo por Virchow; as repetidas insistências para a realização do duelo, por parte de Bismarck, por intermédio do ministro de guerra, von Roon, acabavam por ter um efeito oposto: prejudicavam, quer Bismarck, quer o governo. Tudo isto foi um maná para a imprensa alemã do tempo. Por exemplo, uma publicação científica, a *"Wiener Medizinische Wochenschrift"* escrevia que *«"Enquanto médicos, não podemos expressar sequer de forma aproximada o quanto nos é mais valiosa a vida de um Virchow do que a vida de cem Bismarcks."»*[333] Nem os jornais humorísticos se privaram de aproveitar o caso. Assim, um deles, jogando com o facto de Virchow ser já um médico e cientista de renome, e lançando mão da questão da fiscalização da carne e da triquinose, elaborou um artigo, no qual se defendia que o duelo em causa deveria ser disputado mediante a ingestão de salsichas suspeitas, tipo roleta russa; a suprema justiça divina resolveria a questão[334].

Como já se referiu, Virchow sempre conferiu uma especial atenção ao orçamento do Estado e à sua fiscalização, o que desde cedo ditou a incompatibilidade mútua, entre ele e Bismarck. Penso que é útil transcrever algumas citações de Virchow, as quais permitem traçar o seu esboço, enquanto político. Por exemplo, numa sessão parlamentar, ocorrida em 11 de Setembro de 1862, Virchow coloca a questão de saber *«se as despesas que suportamos com os militares serão, a longo prazo, harmonizáveis com os objectivos do Estado»*[335]. Em outro momento da sua presença parlamentar, ao expressar as suas preocupações com as lacunas existentes no sistema de transportes, na construção de canais e das escolas superiores, justifica a existência das referidas lacunas *«por as despesas com o orçamento militar serem tão elevadas»*[336].

Mas Virchow destacou-se igualmente em questões aparentemente *menores*, como, por exemplo, a questão da prática e divulgação da ginástica, reconhecendo a sua importância para o desenvolvimento dos jovens e a manutenção da saúde dos adultos. Em termos gerais, defendia a introdução da ginástica como disciplina na escola, sendo que essa nova disciplina deveria assentar no divertimento em si e não numa filosofia bélica, exclusivamente ligada a necessidades militares. Num dos seus discursos perante

---

[330] Informação recolhida em Vasold, ob. cit., pág. 214.

[331] Temos aqui um exemplo *precoce*, num duplo sentido: 1.º um sinal de anti-semitismo, e, 2.º a ideia (falsa) de Virchow ser judeu.

[332] Informação extraída em Manfred Vasold, ob. cit., pág. 214.

[333] Citação recolhida em Idem, ob. cit., pág. 214.

[334] Informação extraída em Christian Andree, ob. cit., pág. 106 e 107.

[335] Citação extraída em Heinrich Schipperges, ob. cit., pág. 27.

[336] Idem, *Ibidem*.

o *Landtag*, datado de 4 de Outubro de 1862, declarava que «*o desporto escolar não pode ser aproveitado para preparativos militares, mas sim, deve ter uma filosofia própria, se bem que não totalmente oposta às necessidades do exército*»[337]. Em 1864, Virchow fazia parte da Comissão das Associações de Ginástica Alemãs. Nessa função, afirma que «*"nada seria mais perigoso para o povo alemão, se, paralelamente ao ensino escolar, acrescesse uma ginástica que fosse ministrada de forma pedante, alcançando-se precisamente o contrário do que pretende a ginástica em si. Esta, o que quer, são seres humanos livres e de boa índole."*»[338]

Em conexão com as crescentes despesas no âmbito militar, Virchow destacou-se no *Landtag*, em 1869, ao propor um «*desarmamento generalizado europeu, em vez dos sucessivos rearmamentos*»[339]. Escusado será dizer que a sua proposta esteve votada ao fracasso.

Seria exaustivo referir ou sequer enumerar a presença/influência de Virchow noutras matérias do Parlamento prussiano. Registe-se apenas o facto de, entre 1872 e 1902, Virchow ter sido o presidente da comissão de contas do Parlamento prussiano[340], o que atesta bem a sua vitalidade.

---

[337] Christian Andree, parafraseando Virchow, ob. cit., pág. 72.

[338] Idem, *Ibidem*.

[339] Heinrich Schipperges, ob. cit., pág. 27.

[340] Heinrich Schipperges, ob. cit., pág. 27.

CAPÍTULO IX

A Unificação Alemã ou o II Reich; Virchow na Década de 70

A 27 de Janeiro de 1871, em Versailles, nasce, formalmente, o II Reich, o qual subsistirá até Janeiro de 1933[341]. Esse dia marca a consagração de um velho sonho, um sonho sonhado por várias gerações. Na verdade, essa consagração do sonho traz em si duas marcas distintas mas que se entrelaçam profundamente uma na outra. Uma delas é o lastro enfatizado do passado, embuído pela historiografia romântica; a outra marca é a marca das potencialidades direccionadas para o futuro: revolução industrial em curso (na Alemanha), aliada a uma política alemã comum, às quais só o céu seria o limite.

De facto, do passado herdava-se uma visão romântica, o mundo medieval dos bons imperadores, os paradigmas de Carlos Magno, Frederico Barbarossa e Frederico II. Para os alemães de 1870, o termo *Reich* simbolizava uma época de ouro, perdida desde os finais do séc. XIII. A historiografia do séc. XIX encarava os séculos XIV a XVIII como séculos de declínio dos povos alemães, já que a gradual multiplicação de poderes internos (principados, ducados, baronados, cidades-livres) haviam exposto a nação alemã à rapinagem dos povos vizinhos (a França, por exemplo), incapacitando igualmente a Nação sem Estado, ou os Estados fracos (os vários reinos e ducados alemães), de ter qualquer afirmação no mundo, como acontecera com outros Estado europeus, por exemplo, Grã-Bretanha, França, Espanha ou Portugal, nomeadamente em termos de expansão ultramarina (e assim também se compreende o *desejo* pela obtenção de colónias, *desejo* que viria a ser concretizado entre 1884/1886, na sequência da Conferência de Berlim, com o estabelecimento das colónias *Deutsch-Südwest-Afrika* [actual Namíbia], *Deutsch-Ostafrika* [actual Tanzânia], Camarões e Tugo por exemplo).

Sentia-se, pois, a necessidade de recuperar o tempo perdido, bem como o desejo de afirmação no mundo. O campeão da unificação seria o Estado da Prússia, algo que pareceria impossível nos inícios do séc. XVIII. Porém, uma sucessão de reinados felizes, aliada a circunstâncias externas e internas, acabariam por aplanar o caminho à Prússia.

---

[341] Em termos históricos, temos três *Impérios*: o I Reich (936-1806), o II Reich (1871-1933) e o desvirtuado III Reich (1933-1945).

Nos meados do séc. XIX perfilam-se dois candidatos para alcançar a unificação: o Estado da Prússia e a velha monarquia do Danúbio. Esta última detinha os pergaminhos (bem como as insígnias imperiais, as quais, ainda hoje, se encontram depositadas em Viena), mas o primeiro perfilava-se como um Estado mais moderno e tinha a vantagem de ter um homem como Bismarck ao leme. Num espaço de 10 anos, este consegue derribar os últimos obstáculos internos (a Áustria) e externos (a França de Napoleão III) à unificação, dando à luz o II Reich.

Em termos políticos, o II Reich, se bem que se apresentasse para o exterior como um todo, coeso, assumia, contudo, a nível interno, uma estrutura *federalista*, reflexo da tradição histórica, pois existia uma certa autonomia política, em maior ou menor grau, para os diversos *reinos* (por exemplo, a Baviera, o Baden-Württemberg, a Saxónia, a Prússia). O *Kaiser* (imperador) era, simultaneamente, o imperador do *Reich* e o rei da Prússia. Dando um salto para a actualidade, esclareça-se que a actual República Federal da Alemanha segue na sua estrutura político-democrática a longa tradição histórica do federalismo. As únicas excepções históricas, no sentido de um Estado centralizado, ocorreram com o III Reich e com a extinta República Democrática Alemã.

As críticas que se podem fazer ao II Reich, em termos políticos, residem naquilo a que hoje em dia costumamos chamar de *défice democrático*, pois em termos estruturais, o figurino político não andava a par das evoluções científicas e tecnológicas, e não é por acaso que os pais espirituais do socialismo são os alemães Karl Marx e Friedrich Engels, sem esquecer Ferdinand Lassalle. A verdadeira democracia só viria a surgir com a República de Weimar (1919-1932). E é na consciência de existir um *défice democrático* que se insere o partido político de que Virchow fazia parte: o objectivo era a gradual evolução, sem sobressaltos, para uma democracia plena; por experiência histórica, não causa escândalo afirmar que as verdadeiras conquistas da humanidade se deram mais por meio de passos graduais e firmes do que por revoluções apressadas e atoladas em sangue.

No que respeita a Virchow, ele próprio sempre sonhou com a existência de um Estado alemão, uno; a unificação favoreceria igualmente a implementação uniforme das reformas na medicina e saúde pública. Há que ter em mente que um dos objectivos das várias revoluções de 1848 (Viena, Berlim, Munique) era igualmente a unificação do espaço alemão. Só que o caminho da unificação não gravitaria em torno de deliberações democráticas, mas sim, pela astúcia política e pela força; recordemos aqui as palavras de Bismarck: «*Não é através de discursos e de deliberações de maiorias parlamentares que se decidem as grandes questões do tempo – esse foi o grande erro de 1848 e de 1849 –, mas sim, pelo ferro e pelo sangue.*»[342] Portanto, a unificação tinha aquilo a que em alemão se costuma chamar de *Schönheitsfehler* (termo quase intraduzível mas que se pode transpor para o termo português *mácula*); o tempo poderia (ou não) corrigir essa *mácula*. Sabemos hoje que essa *mácula* só seria corrigida com a República de Weimar, na sequência da derrota de 1918; a infelicidade foi que a correcção teve lugar em paralelo com as exigências plasmadas no Tratado de Versailles que viriam a condicionar o futuro mais imediato, acabando por abrir caminho para a tragédia de 1933--1945, mas isso é algo que já extravasa o âmbito da presente obra.

---

[342] Heinrich Schipperges, citando um excerto dum discurso de Bismarck, proferido a 24/09/1862, ob. cit., pág. 25.

a) A guerra franco-prussiana de 1870/1871

Voltando a Virchow, em termos práticos e filantrópicos, também ele deu o seu contributo para que a unificação alemã (que passava pela solução militar de neutralizar a França de Napoleão III) viesse a ser possível. Com efeito, em 1870/1871, durante a guerra franco-prussiana, Virchow destaca-se por organizar o transporte de soldados feridos ou doentes, da linha da frente para hospitais de campanha ou hospitais especialmente criados para o efeito, em Berlim. Nessa sua actividade, passa inclusive algum tempo na linha da frente, em França. Como se não bastasse, teve ainda tempo de redigir uma brochura com conselhos práticos, de natureza médico-sanitária, que ascendeu a 120.000 exemplares, destinada aos soldados da frente. Aspecto curioso: as despesas com esta actividade foram integralmente suportadas por donativos particulares[343].

A intervenção *científica* de Virchow nos sucessos bélicos denota-se fundamentalmente na brochura, intitulada *"Gesundheitsregeln"* (Regras de saúde). Logo na introdução, pode ler-se que a experiência (tendo por base, principalmente, a guerra da secessão dos E.U.A.) ensinou que «*os exércitos sofrem significativamente mais perdas por doenças do que por ferimentos ou morte nos campos de batalha*»[344]. Estas baixas, alheias a qualquer combate com o inimigo, poderiam ser evitadas, caso se «*observasse todo um catálogo de regras de conduta [...] por exemplo, só beber água pura e fria em descanso e sem estar a transpirar, beber cerveja bem fermentada e pouco fria, de forma moderada [...] beber sobretudo chá*»[345]. Virchow dava igualmente conselhos em matéria de indumentária: «*Devem usar-se camisas de algodão ou de flanela, em vez de linho [...]. Deve evitar trocar-se de camisa quando se está a transpirar. Havendo tendência para diarreia ou dores de barriga é útil usar-se uma cinta. Durante as marchas sob o calor escaldante a cabeça deve ser coberta de forma leve, e também a nuca deve estar protegida por um lenço. Tapar os lábios com um pano fino afugenta a sede por mais tempo.*»[346]

Segundo nos refere Schipperges, esta brochura das *"Gesundheitsregeln"* foi bastas vezes devolvida ao remetente, «*provida muitas vezes com observações irónicas e muitas vezes sem razão*»[347]. A título de críticas, um soldado escrevia a Virchow as seguintes palavras: «*Exmo. Senhor: da sua sábia doutrina sobre regras de saúde nota-se que nunca participou em nenhuma campanha militar. Salta à vista que você, em Berlim e diante da sua lareira, possa ter acesso a todas essas comodidades, mas o mesmo não se passa com o soldado em campanha.*»[348] Segundo Schipperges, «*Virchow reconhecia que o momento da distribuição das "Gesundheitsregeln" fora "infeliz e demasiado tardio e, por isso, em parte, falhado". Em tempos de necessidade exigem-se "prestações de auxílio e não bons conselhos". Não obstante, "mesmo numa situação destas, nada se consegue sem auto-ajuda."*»[349]

Simultaneamente, a meio do conflito, Virchow publica no N.º 51 do seu *Archiv* um artigo intitulado *"Der Krieg und die Wissenschaft"* ("A guerra e a ciência"), onde se debruça sobre considerações de índole filosófica, quer sobre o conflito em curso, quer

---

[343] Informações recolhidas em Heinrich Schipperges, ob. cit., págs. 70 e 71.
[344] Idem, citando as *"Gesundheitsregeln"* de Virchow, ob. cit., pág. 69.
[345] Manfred Vasold, ob. cit., pág. 231.
[346] Manfred Vasold, citando Virchow, ob. cit., pág. 231.
[347] Heinrich Schipperges, ob. cit., pág. 71.
[348] Vasold Vasold, ob. cit., pág. 231.
[349] Heinrich Schipperges, citando Virchow, ob. cit., pág. 71.

em termos de futuro. Passemos a palavra a Schipperges, citando extractos de Virchow: «*O adversário é novamente o "romanismo" (isto é, a Igreja Católica), contra o qual o nosso combate humano "movido pela mais alta alegria do auto-sacrifício, irá levar as coisas a um final feliz". Pois "o verdadeiro saber é o saber humano: sendo ele o mais elevado e belo fruto do desenvolvimento humano, ele irá ao mesmo tempo realizar na plenitude todos os nobres sentimentos". Daí que a medicina deva estar igualmente presente nos campos de batalha, "como representante da humanidade, como representante da paz humana".[350] Daí o apelo final: "Sejamos os sumo-sacerdotes da humanidade na guerra, distribuindo bênçãos por todos. Mas tenhamos igualmente presente que o objectivo último não pode ser solucionado pelo recurso à guerra."*»[351] Noutra passagem pode ler-se que «*a guerra acabará por vir a abrir os olhos dos povos, "por forma a que estes possam continuar a procurar a realização das obras da paz, sem inveja e sem ódio, em profícua competição"*»[352]. Não obstante propugnar o entendimento e a reconciliação dos beligerantes, Virchow conclui com um «*novo ataque à Igreja Católica que só pode ser levado a efeito por parte da ciência. "Esperemos que caiba à ciência a garantia e a realização daquela bela frase: Paz na Terra!"*»[353]

No final da guerra com a França, o recém-criado império regista perto de 50.000 mortos; a França conta 140.000 baixas mortais![354] A explicação para a abismal diferença não reside apenas no facto de a sorte das armas ter sido favorável às forças alemãs, mas também no facto de apenas «*um quarto das baixas alemãs se ter devido a epidemias ou a doenças, o que era "certamente uma relação muito positiva", escrevia Virchow, apondo como explicação que "nós tivemos a experiência de duas curtas guerras anteriores a nosso favor, as quais haviam sido minuciosamente estudadas, em termos científicos e administrativos; tínhamos igualmente a inestimável experiência dos americanos, e, finalmente – tivemos a ciência alemã".*»[355]

b) Virchow e o SPD

Antes de mais, importa fazer uma breve introdução histórica. Com efeito, a partir da década de 70 assiste-se ao gradual crescimento de uma nova formação partidária: o SPD (Partido Socialista Alemão), actualmente o partido mais antigo da Alemanha. O SPD nasce directamente do esforço de dar voz à massa dos trabalhadores. A história da sua formação é atribulada. A sua fundação teve lugar na cidade de Eisenach, em 1869, tendo por fundadores Wilhelm Liebknecht[356] e August Bebel; o partido dava

---

[350] Denota-se aqui uma certa afinidade com o pensamento de Henri Duant, o fundador da Cruz Vermelha.

[351] Heinrich Schipperges, ob. cit., pág. 70.

[352] Idem, *Ibidem*, pág. 71.

[353] Heinrich Schipperges, citando Virchow, ob. cit., pág. 70.

[354] Números extraídos em Manfred Vasold, ob. cit., pág. 240.

[355] Manfred Vasold, ob. cit., pág. 240.

[356] A título de curiosidade, Wilhem Liebknecht é o pai de Karl Liebknecht que, na sequência da derrocada de Novembro de 1918, autonomiza a ala esquerdista do SPD, fundando o KPD (Partido Comunista Alemão); no rescaldo do fracassado levantamento espartaquista, será assassinado, juntamente com Rosa Luxemburg, pelas forças leais ao governo (o qual, curiosamente, era constituído pelo SPD).

então pelo nome de *Sozialdemokratische Arbeiterpartei* (Partido Social-Democrata dos Trabalhadores), filiando-se ideologicamente nos ensinamentos de Marx. Contudo, existia já uma outra organização: a *Allgemeiner Deutscher Arbeiterverein* (Associação Geral dos Trabalhadores Alemães), co-fundada em 1863, por Ferdinand Lassalle, de cunho mais moderado. Em 1875, e desaparecido Lassalle, ao abrigo do «Programa de Gotha», ambos os partidos fundem-se no *Sozialistische Partei Deutschlands* (Partido Socialista da Alemanha). Em 1890, passará a denominar-se *Sozialdemokratische Partei Deutschlands* (Partido Social-Democrata da Alemanha), passando a ostentar a sigla que ainda hoje mantém: SPD.

Ora, o SPD, na sua fase inicial, era fortemente tributário da ideologia marxista; a herança de Lassalle encontrava-se em minoria no SPD. O crescimento eleitoral do SPD, em escurtinios para o *Reichstag,* será impressionante: em 1871 obtém 102.000 votos, em 1874, 352.000, em 1877, 493.000 e em 1878, 437.000 votos, que se traduzem, respectivamente, em 2, 9, 12 e 9 assentos parlamentares[357]. Perante o assustador crescimento do SPD, Bismarck parte para a contra-ofensiva: a criação das leis anti--socialistas, na década de oitenta. O resultado será contraprocedente: o SPD continuou a crescer (em 1884, 550.000 votos, em 1887, 763.000 votos, em 1890, 1.427.000 votos e, em 1894, 1.786.000 votos)[358].

Como é fácil de compreender, a sua íntima ligação ao elemento operário bem como o seu programa político, tornavam-no num *inimigo natural* ao sistema político vigente. Por outro lado, tomava a ousadia de seguir uma linha pouco *patriótica*, nomeadamente em termos de política externa. Exemplo disso são as opiniões abertamente propugnadas pelo SPD acerca do tratado de paz entre o Reich e a recém-nascida República francesa. É que para além do pagamento de pesadas indemnizações de guerra, o Reich anexava duas províncias *francesas*[359]: a Alsácia e a Lorena.

Ora, é um facto público e notório que uma má paz acaba por ditar a eclosão da guerra seguinte; o tratado de Versailles, de 1919, constitui um bom paradigma. Mas, o que aqui nos interessa frisar é que vários elementos do SPD tinham a consciência de que a anexação das duas províncias iria inevitavelmente envenenar as relações entre a França e a Alemanha no futuro. Sabemos hoje que o espírito de *revanche* foi uma constante na política externa francesa, até 1914. Interessante é, pois, verificar que o periódico oficial do SPD, o *"Der Sozialdemokrat"*, a 31 de Agosto de 1871, qualifica a anexação como um roubo, algo que seria contrário aos interesses do povo alemão. E August Bebel expressava a ideia de que «*"As vitórias fazem com que um governo se torne arrogante e exigente para com o povo; as derrotas, pelo contrário, obrigam o governo a aproximar-se do povo e ganhar a simpatia deste."*»[360] A reacção do governo (agora, do

---

357 Dados extraídos do artigo *"Socialdemokratie", Brockhaus 'konversations-Lexikon,* 14te Vollständige neubearbeitete Auflage, in XVI Bände, Vol. 15, Leipzig, Berlim e Viena, F. A.Brockhaus, 1895, pág. 2.

358 Idem, *Ibidem.*

359 Não cabe no âmbito da presente tese desenterrar questiúnculas históricas, mas facto é que estas duas províncias haviam sido retiradas ao *Reich* na 2.ª metade do séc. XVII por Luís XIV; aliás, a própria toponomia de algumas cidades ainda hoje revela a origem alemã, em cidades como Metz, Mühlhaus e Strassburg, por exemplo.

360 Manfred Vasold, citando August Bebel, ob. cit., págs. 241 e 242.

Reich) não tardou em se manifestar. Quem ousasse proclamar tais ideias em público *«corria o perigo de ir para o cárcere, sob ferros»*[361].

E que tem o nosso Virchow a ver com tudo isto? Muito, não tanto por se identificar com o programa do SPD mas, mais profundamente, por ter demonstrado uma enorme coragem cívica, ao expor publicamente no *Landtag* as perseguições e sevícias a que o recém-criado Estado alemão sujeitava aqueles sociais-democratas que ousavam proclamar de viva voz ideias contrárias à política externa oficial. De facto, o governo da Prússia utilizava o estado de guerra para restringir as liberdades e garantias, constitucionalmente ancoradas. Escutemos a intervenção de Virchow, ocorrida a 14 de Fevereiro de 1871, perante o *Landtag* da Prússia: *«"Se alguém, com base numa examinação e convicção consciente, chegar à conclusão de que teria sido melhor não anexar a Alsácia e a Lorena, de que a paz entre as duas nações e o desenvolvimento interno da Alemanha teria sido mais feliz e eficaz, se se tivesse deixado a Alsácia e a Lorena com a França – pois então, meus senhores, podem combater-se ou contestar tais opiniões, podem refutar-se os seus fundamentos, pode nem sequer fazer-se caso e prosseguir o caminho traçado, mas, segundo a minha opinião, não assiste o mínimo direito para que se acuse aquelas pessoas de falta de patriotismo, e muito menos se tem o direito de os encarcerar e submetê-las a maus tratos [...]"*, concluindo que *"[...] seria, na verdade, uma curiosa ilustração da vida constitucional prussiana se as liberdades, que surgiram na França como possíveis e admissíveis, em plena guerra, deixassem de ser possíveis e admissíveis entre nós, em plena paz, se se utilizasse como mero pretexto a guerra, a fim de, durante um certo lapso de tempo, ou roubar determinados direitos aos cidadãos da Prússia ou, no mínimo, ameaçá-los, de forma a que se sentissem intimidados."»*[362]

Pelo que ficou exposto, também na política, Virchow foi um homem recto, um defensor inquebrantável da justiça contra a iniquidade. Fiel ao seu ideário de cientista--humanista, via a injustiça como uma doença cuja proliferação urgia ser combatida, antes que este mal acabasse por corromper e subverter o corpo social da Nação.

c) A grande obra de saneamento: o saneamento básico de Berlim

A *obra prima* de Virchow (e que ainda hoje subsiste) reside na criação, de raiz, de um moderno sistema de saneamento básico (incluindo estações de tratamento) bem como na implementação de uma rede de água canalizada para a cidade de Berlim. Com efeito, Berlim havia conhecido um autêntico *boom* de crescimento demográfico: *«Já no ano de 1800, Berlim era uma grande cidade, com 172.000 habitantes [...]. Em 1856, a cidade contava 442.000 habitantes, e nos trinta anos seguintes esse número triplicou para 1.363.000 habitantes.»*[363] Tornava-se, assim, urgente criar um sistema que eliminasse os dejectos do aglomerado populacional em constante crescimento, o que era um verdadeiro caso de saúde pública, pois seria um campo fértil para a proliferação de epidemias, como, por exemplo, a cólera. O tradicional sistema de recolha estava condenado. Cônscio de que sem a presença de modernas infra-estruturas, a futura capital

---

[361] Manfred Vasold, ob. cit., pág. 241.
[362] Manfred Vasold, ob. cit., págs. 242 e 243.
[363] Idem, *Ibidem*, págs. 244 e 245.

do *Reich*, em ritmo de crescimento acelerado, ficaria cada vez mais exposta a futuras epidemias, Virchow concentrou toda a sua energia no estudo dos projectos e na sua apresentação, quer ao município, quer ao público. O projecto final consistia na construção de um labiríntico sistema de escoamento subterrâneo e de estações de tratamento, situadas fora do aglomerado urbano. A despesa seria astronómica.

Pode parecer estranho, mas nos finais dos anos sessenta, discutiam-se duas alternativas: a melhoria do sistema de recolha, ou uma alteração radical, com a construção de gigantescas canalizações subterrâneas. O problema da eliminação dos dejectos era tão velho como a própria cidade. A consciencialização, em termos de saúde pública, era mais recente. De facto, *«em 1792, o médico pessoal de Guilherme II, L. Formey queixava-se do facto de os recipientes nocturnos serem despejados no Spree; segundo os seus cálculos, Berlim contaria com menos 200 mortos/ano, se se parasse simplesmente de despejar os dejectos no rio. O Ober-Collegii Sanitatis[364] recomendava que se passasse a despejar os recipientes nocturnos sobre os campos agrícolas, o que teria um efeito benéfico sobre a agricultura.»*[365] Portanto, começou a criar-se um sistema de recolha nos moldes preconizados. Contudo, esse sistema era imperfeito, pouco prático, dispendioso, e estava em vias de ruptura com o sucessivo crescimento populacional. Vasold dá-nos uma imagem bastante *viva* desse sistema: *«Os dejectos permaneciam primeiro dentro das habitações, antes de serem recolhidos, geralmente à noite. Eram carroças mal cheirosas; cada uma levava cerca de 100 baldes, acompanhados por 10 ou 12 mulheres velhas, com lanternas. As mulheres entravam nas casas, traziam os baldes e trocavam-nos por baldes vazios. Quem chegasse a casa àquela hora, esperava um pouco, a não ser que preferisse subir as escadas até à sua habitação, premindo um lenço à volta do nariz e da boca.»*[366]

Nas cidades da Europa *civilizada*, como Londres, Praga e Paris, já existiam canalizações subterrâneas, destinadas à eliminação dos dejectos dos seus habitantes, escoando-os directamente para os cursos de água que as serviam. No Verão de 1867, Virchow, recentemente nomeado presidente da comissão destinada a solucionar o problema dos dejectos de Berlim, desloca-se a Paris, *«onde excepcionalmente o imperador Napoleão lhe concede uma autorização para que pudesse examinar os canais subterrâneos da sua cidade»*[367].

De regresso a Berlim e, analisando as várias opções (canalização, recolha ou um sistema misto), Virchow defende a construção de canais subterrâneos, sem curar dos interesses da agricultura (que beneficiavam pelo sistema de recolha), pois o interesse primordial seria a evacuação, o mais rapidamente possível, dos dejectos da cidade. No seu parecer escreve que *«"somos da opinião que a consideração do interesse da saúde pública, como já é amplamente reconhecida na Inglaterra, deverá ser absolutamente decisiva e que nesse aspecto não interessa que se gaste mais, ou menos, pois a poupança em vidas humanas é a melhor medida financeira para o Estado e para o município"»*[368].

Em 1868 tem lugar a Assembleia Anual de Cientistas e Médicos alemães, em Dersden. Da ordem de trabalhos consta igualmente a questão higiénica da melhor

---

[364] Entidade que supervisionava a saúde pública.
[365] Manfred Vasold, ob. cit., pág. 254.
[366] Idem, *Ibidem*, págs. 254 e 255.
[367] Idem, *Ibidem*, pág. 261.
[368] Manfred Vasold, ob. cit., pág. 261.

forma de eliminar os dejectos humanos das cidades. Tendo em vista a saúde pública dos seus concidadãos, Virchow proclama um discurso inflamado, valendo a pena destacar algumas passagens, pois permitem-nos aprofundar igualmente a visão humanista de Virchow. «*A cidade e o Estado apenas mantêm o seu valor pelo homem e o seu trabalho [...]. Poderá haver maior perda do que a perda de uma vida humana? A morte de um ser humano, em condições de trabalhar, não representa uma perda financeira? [...] Infelizmente, este modo de ver as coisas é-nos ainda novo [...]. Cada pensamento novo carece de um certo tempo, antes de se impor. Também na administração militar houve tempos em que a perda de um cavalo era mais elevada do que a de um homem, uma vez que os cavalos tinham de ser comprados, os homens eram à borla [...]. Será que se pode esquecer o que custa a educação de um homem [...]? Quase que se poderia acreditar que os seres humanos só têm valor quando sejam servos ou escravos, mas não quando sejam cidadãos livres ou súbditos. Estranha confusão, estes conceitos! [...] O Estado, que aspira à educação generalizada [...] deveria igualmente aspirar à saúde generalizada. Primeiro a saúde, depois a educação! Nenhum dinheiro é aplicado de forma mais rentável que na saúde.*»[369] Por fim, referindo-se ao sistema de canalização de dejectos que vira em Paris, Virchow opina que «*a tentativa de combinar a recolha com a canalização [...] foi realizada em Paris, com proporções colossais. Segundo a minha opinião, é uma realização falhada! O imperador, predisposto aos interesses da agricultura, tudo fez para satisfazer a última [...]. De facto, a "caixa central da cidade" tem um rendimento anual de 300.000 Francos, mas esta não é paga pela agricultura mas pelos senhorios de Paris [...]. A forma francesa de experimentação é provavelmente a mais dispendiosa que possa ser inventada, e advirto severamente para que não se repita entre nós. Quanto mais tempo e com mais cuidado estudo esta questão, mais se criou em mim a convicção de que só agiremos bem, em termos financeiros e de saúde, se prosseguirmos com uma canalização sistemática.*»[370]

As discussões na comissão presidida por Virchow foram-se arrastando. Entretanto, começa a ter a certeza de que «*a cólera é propagada por contacto de pessoa para pessoa ou por meio de água contaminada. Precisamente por esse motivo é que conclui que as águas de uma cidade não devam ser conduzidas simplesmente para um rio.*»[371] Seguidamente, verificam-se os acontecimentos de 1870/1871 (a guerra franco-prussiana) bem como uma gigantesca epidemia de tifo, em 1872/1873 «*que custaria à Prússia – em cada um desses anos – mais vidas humanas do que a guerra contra a França: 60.000 no ano de 1872 e 65.000 no ano seguinte*»[372], pelo que urgia encontrar uma solução. Finalmente, em 1873, Virchow conceptualiza, definitivamente, a sua posição: a solução não residiria numa opção entre canalização *ou* recolha, mas sim, canalização *e* recolha. Nesse ano de 1873, perante a assembleia municipal, Virchow dá a conhecer o seu relatório final, afirmando que a opção canalização *ou* recolha não passava de uma ilusão. A solução residia num sistema de canais, destinado à condução dos resíduos sólidos, projectado como um gigantesco sistema radial; as águas residuais fluiriam até ao centro da cidade, de onde seriam depois bombeadas para a periferia e daí conduzidas para aterros sanitários. Em Agosto de 1873 iniciava-se a obra.

---

[369] Idem, *Ibidem*, pág. 263.
[370] Manfred Vasold, ob. cit., págs. 263 e 264.
[371] Idem, *Ibidem*, pág. 266.
[372] Idem, *Ibidem*.

Quais eram as condições reais da cidade de Berlim, quando arrancam as obras? Lapidarmente, «*as condições sanitárias de Berlim eram, por volta de 1870, mais que miseráveis*»[373]. Apenas $1/4$ das habitações dispunha de casa de banho; a regra eram as fossas colectivas bem como a "*casinha*" de uso colectivo, nos pátios interiores ou nos quintais. De facto, a capital do *Reich*, em ritmo de crescimento acelerado, encontrava-se cada vez mais exposta a futuras epidemias. Daí que Virchow tenha concentrado toda a sua energia no estudo dos projectos e na sua apresentação, ao município e ao público. O projecto final, como se deixou exposto, consistia na construção de um labiríntico sistema de escoamento subterrâneo e de estações de tratamento, situadas fora do aglomerado urbano. A despesa seria astronómica: «*Em 1874, a cidade contraía um empréstimo acima de 6 milhões de marcos, dois anos depois, um segundo empréstimo de 36 milhões de marcos, dos quais 12 milhões se destinaram ao fornecimento de água, os restantes 24 milhões à canalização [...].*»[374] Em 1874 entrava em funcionamento o primeiro troço; a obra, na sua totalidade, só viria a ficar concluída em 1907. Em matéria de custos finais, Virchow publicaria na "*Berliner Klinische Wochenschrift*" que «"*a canalização custou 42 milhões e meio de marcos, a aquisição das quintas 12 milhões e meio, as despesas com a construção dos canais e dos aterros sanitários até aos finais de Março de 1889 perto dos 79 milhões de marcos*"»[375]. Como se pode ver, os custos foram enormes mas, os resultados em matéria de saúde pública foram quase imediatos: nos anos anteriores, 4% da taxa de mortalidade anual devia-se ao tifo, e, a partir de 1878, as mortes por tifo eram na ordem dos 1%[376].

Um episódio caricato: como tudo o que é inovador e caro, não tardaram a surgir as primeiras críticas. A mais ridícula, como refere Andree[377], provinha dos "*anjos da noite*"; os "*anjos da noite*" eram mulheres cujo ganha-pão adicional consistia em, durante a noite, percorrer a cidade, de ponta a ponta, recolhendo os dejectos, de porta em porta, em enormes baldes que depois eram despejados nos canais da cidade ou no rio Spree. Ora, a implantação de uma rede de saneamento básico acabaria com o seu magro sustento (!). Virchow moveu vales e montanhas.

Sobre este *mover vales e montanhas* será interessante fazer uma breve incursão no pensamento político da altura, a fim de se desmistificarem algumas ideias pré-concebidas. Sabemos que a 2.ª parte do séc. XIX é a época do liberalismo por excelência. Sabemos igualmente que, segundo os ensinamentos da doutrina constitucionalista, o liberalismo significa um *non facere*, isto é, a figura de um Estado não interventor, tipo polícia sinaleiro que se limita a regular o trânsito (a observância dos tradicionais *Direitos, Liberdades e Garantias*) e que só intervém quando há algum choque. Uma espécie de *mão invisível* regularia tudo e todos. Ora, como se vê por este exemplo da implementação do saneamento básico (e à semelhança do que sucederá com a implementação dos matadouros públicos), se bem que Virchow fosse liberal, ele não era um liberal absoluto: pelo contrário, o Estado tinha a obrigação de ser interventor nos problemas sociais, e a saúde pública era um desses problemas. Para

---

373 Heinrich Schipperges, ob. cit., pág. 29.
374 Manfred Vasold, ob. cit., pág. 268.
375 Manfred Vasold, ob. cit., pág. 269.
376 Dados extraídos em Vasold, ob. cit., pág. 269.
377 Christian Andree, ob. cit., pág. 68.

cimentar o que se expôs neste parágrafo, cite-se a seguinte frase de Vasold: «*O libera-lismo alemão, pelo menos o liberalismo da ala esquerda, propugnava ao máximo a liberdade individual mas exigia a intervenção do Estado, quando se tratasse de obter melhorias sociais.*»[378]

Voltando à implementação da gigantesca rede de saneamento básico, Virchow instituiu ainda um rigoroso sistema de controlo, destinado a fiscalizar o funcionamento do sistema, realizando-se igualmente análises periódicas da qualidade das águas, nos seus diversos pontos. Face às despesas astronómicas, Virchow, na comissão de imple-mentação e acompanhamento, objectava num parecer, de 1879: «"*Nós somos da opinião de que a valoração da saúde pública [...] terá de ser absolutamente predominante, sendo irrelevante o amontoar das despesas, pois o ganho em vidas humanas, para o Estado e para a comunidade, deverá ser a melhor das premissas financeiras.*"»[379] No final da sua vida, em 1902, lançando um olhar retrospectivo, Virchow dirá o seguinte: «"*Isto* (a obra) *custou centenas de milhões, mas os meus concidadãos tomaram sobre os seus ombros esse fardo, na justa confiança de que cada montante pecuniário seria recompensado por um equivalente em saúde e aumento da esperança de vida [...]. Nem sequer me quero aqui referir à cólera, varíola e outras epidemias perniciosas que nos foram trazidas pelo aumento do tráfego ou pelas consequências das guerras. O meu objectivo é aqui apenas o de voltar a lembrar a inexorável ligação entre a medicina prática e o poder legislativo político.*"»[380]

Acontecimentos posteriores, como a epidemia de cólera em Hamburgo, em 1892 (cidade que se limitava a canalizar os dejectos directamente para o rio Elba), vieram a confirmar os efeitos práticos da obra. O sistema criado por Virchow deu a sua prova mais cabal durante a II Guerra Mundial bem como nos primeiros anos que se lhe seguiram: o sistema de saneamento cumpriu a tarefa para a qual havia sido tão ardua-mente concebido.

Em conclusão: «*Berlim foi a primeira grande cidade alemã que tratava do abasteci-mento da água e da canalização segundo um princípio misto, tendo simultaneamente reestruturado de raiz a recolha do lixo.*»[381]

d) *Kulturkampf*

Virchow virá a ficar igualmente conhecido para a posteridade pelo conceito «*Kultur-kampf*» (luta ou guerra da cultura), tendo sido uma das figuras de proa desse movimento.

O que é o *Kulturkampf*? O *Kulturkampf* marca a luta entre o Estado da Prússia e o *Reich* alemão, contra as *liberdades* das igrejas, principalmente da católica, nomeada-mente, do papado. Esta luta *cultural* tem o seu lugar central entre 1871 e 1878, e o seu ponto de arranque foi o estabelecimento do Dogma da infalibilidade papal, no Concílio Vaticano I, que causou reacções negativas, não só nas regiões protestantes, mas também nas católicas (por exemplo, católicos mais esclarecidos converteram-se ao protestantismo). Simultaneamente, há um partido político que chega a ameaçar a

---

[378] Manfred Vasold, ob. cit., pág. 246.
[379] Heinrich Schipperges, ob. cit., pág. 29.
[380] Idem, *Ibidem*, pág. 31.
[381] Manfred Vasold, ob. cit., págs. 269 e 279.

recente unificação alemã: a *Zentrumspartei* (partido do centro), conservador e católico, que segue a via de Roma. Com efeito, assistia-se a uma espécie de *reconquista pontifícia*, do papado de Roma, sobre o mundo *mundano* do séc. XIX. Por detrás dessa luta podem ser perspectivados ainda choques mais profundos: a ruralidade *versus* industrialização, crença *versus* ciência, ou mesmo catolicismo *versus* protestantismo.

A 1.ª ofensiva pontifícia acontece uns anos antes e encarna-se com a Encíclica *Quanta Cura*, que continha ainda um *Syllabus errorum*, onde se «*apontam os "erros capitais" da época contemporânea, a saber, o naturalismo, o racionalismo e o panteísmo. Todos os senhores mundanos teriam de se submeter à jurisdição da Igreja; a liberdade religiosa e de expressão não poderiam ser toleradas.*»[382] De igual modo, afirmava que «*a separação entre a Igreja e o Estado seria inadmissível; [...] numa das suas teses dirigia-se decisivamente contra o progresso, contra o liberalismo, contra a civilização moderna*»[383]. Segundo Vasold, esta Encíclica, com o seu *Syllabus errorum*, dirigia-se apenas aos bispos católicos mas, obviamente, que as suas considerações importavam igualmente aos fiéis, «*tocando as suas relações com o seu príncipe, com a autoridade [...]. Numa das cartas do Papa, endereçadas a Guilherme I, rei da Prússia, este exigia para si a lealdade de todo o prussiano que fosse católico, algo que feria profundamente o rei*»[384]. Como corolário desta linha surge, alguns anos depois, com o concílio Vaticano I, o dogma da infalibilidade papal. É curioso verificar que nem todos os bispos concordavam com este dogma: «*Na Alemanha, três quartos dos bispos eram contra o dogma da infalibilidade [...] na Áustria, a correlação era idêntica.*»[385]

Como bem se compreende, em plena época de nacionalismos e da concepção de um Estado livre, tributário, em maior ou menor medida, dos ideários da revolução francesa, a reacção, em prol da defesa de um Estado que tem ou aspira a ter a primazia em áreas como a educação e o sistema escolar, ou do estado civil das pessoas (por exemplo, as implicações decorrentes do divórcio), já sem falar da separação Estado/ /Igreja, não se faria esperar. E é nesta reacção, enquanto homem racional da ciência e, simultaneamente, filantropo, que surge igualmente o vulto de Virchow que num dos seus discursos emprega a expressão *Kulturkampf*, se bem que essa expressão não seja da sua autoria, mas sim, «*de Ferdinand Lassalle, que a trouxe da Suíça, em 1858*»[386].

O período do *Kulturkampf* foi um dos raros momentos em que Virchow militou do mesmo lado da barricada que Bismarck, agora chanceler do *Reich*. Mas mesmo aí, se bem que se encontrassem do mesmo lado, ambos visavam objectivos diferentes. Para Bismarck, importava afirmar e vincar a autoridade do Estado, *hoc senso*. Para Virchow, as razões eram mais profundas: a liberdade, quer da consciência, quer da ciência. Como correctamente sintetiza Vasold, «*para Virchow [...] tratava-se de um desafio espiritual, uma luta da ciência contra as forças das trevas, [...] pois estavam em causa direitos fundamentais elementares, como a liberdade de religião e de opinião, algo que o Papa não queria reconhecer [...]. Eles [os liberais e Virchow] lutavam contra a tutela da Igreja, do mesmo modo como haviam lutado contra a tutela do Estado.*»[387]

---

[382] Heinrich Schipperges, ob. cit., pág. 38.
[383] Manfred Vasold, ob. cit., pág. 275.
[384] Idem, *Ibidem*.
[385] Idem, *Ibidem*, pág. 276.
[386] Idem, *Ibidem*, pág. 272.
[387] Manfred Vasold, ob. cit., pág. 277.

Nunca é demais frisar que Virchow sempre se preocupou com a liberdade e a independência da ciência, a qual só deveria estar submetida à sua própria *auctoritas*. Reflexo dessa forma de pensar encontrámo-la numa intervenção pública, datada de 1862, mas cuja filosofia se encaixa perfeitamente no *Kulturkampf*: «"*Os resultados [...] que nos são fornecidos pela investigação natural, não podem ser destruídos por nenhum dogma [...]. Ou eles estão errados, e então será a própria ciência que fornece as melhores armas para os refutar; ou eles estão certos e então não haverá outro caminho que não seja [...] o de os reconhecer e executar.*"»[388] Na mesma intervenção pode ainda destacar-se a seguinte passagem: «"*A igreja católica elabora novos dogmas, ela constrói novos princípios religiosos [...]. Cada progresso que uma igreja faz com a edificação dos seus dogmas, conduz a um progressivo manietamento do espírito livre; cada novo dogma que é acrescentado às leis existentes da igreja, aperta o círculo do pensamento livre. Torna-se evidente que em última análise, este desenvolvimento oprime qualquer manifestação do espírito livre.*"»[389] Por fim, segue-se uma interessante consideração entre *credo* (ou fé) e *ciência*: «"*Também nós temos uma fé: nós acreditamos no progresso como reconhecimento da verdade [...]. E também temos um sinal, perante o qual podemos e devemos reconhecer o verdadeiro cientista, que é aquele que nunca se cansa pela busca da verdade e que nunca é cobarde na afirmação da verdade. Sejamos sempre fiéis, e então mereceremos o Nome que o velho Linné deu ao Homem: Homo sapiens. Caso contrário, deveríamos apelidá-lo de Homo credulus.*"»[390]

Noutra ocasião, perante a Assembleia de Cientistas e Médicos alemães, realizada em Hannover, em 1865, e tendo novamente como denominador a liberdade e o desenvolvimento das ciências, Virchow justifica porque razão é que a universidade de Viena (tenha-se presente que a Áustria é esmagadoramente católica), durante muito tempo, dera pouquíssimos frutos, na área das ciências: «"*Enquanto o povo alemão, através da Reforma, se erguia contra Roma, enquanto um espírito independente na forma de pensar germinava no coração de todos, enquanto todo o sacerdócio*[391] *punha igualmente a sua mão sobre a natureza e enquanto cada um se libertava cada vez mais das amarras escolásticas dos ensinamentos adquiridos e, mediante uma rigorosa examinação do próprio espírito, dotava esta de uma capacidade de análise e de observação [...] durante todo este percurso de tempo, ficou-se atrás em todas as regiões em que foi possível manter de pé as formas do saber eclesiástico, mantendo-se o desenvolvimento das escolas nas mãos da igreja.*"»[392]

A mesma linha de raciocínio (dogma *versus* ciência) transparece num discurso proferido perante o *Landtag*: «*O progresso que uma igreja realiza, ao construir e desenvolver os seus dogmas, é o de conduzir a uma [...] restrição do espírito livre; cada novo dogma [...] restringe o círculo do pensamento livre [...]. Pelo contrário, a ciência natural liberta a cada passo o seu desenvolvimento [...] ela permite [...] que cada um possa ser individualmente fiel à verdade.*"»[393]

Um eco deste *Kulturkampf* pode ainda ser perspectivado num discurso, proferido mais tarde, a 30 de Novembro de 1881, perante o *Reichstag*, tendo por objecto o

---

[388] Idem, citando Virchow, ob. cit., págs. 277 e 278.
[389] Idem, *Ibidem*, pág. 279.
[390] Idem, *Ibidem*, pág. 281.
[391] Virchow refere-se aos pastores protestantes.
[392] Manfred Vasold, citando Virchow, ob. cit., pág. 278.
[393] Excerto colhido em http://home.tiscalinet.ch/biografien/virchow.htm, pág. 3.

conceito da tolerância bem como os limites entre a ciência e a religião. «*"Eu sempre disse que nesta matéria chegámos a um ponto em que a sabedoria chega ao seu termo e sempre tentei expressar esta minha concepção, mesmo àqueles meus colegas que são, no fundo, uns materialistas convictos. Sempre reconheci que aqui havia uma certa fronteira; para além daquela fronteira, onde acaba a ciência, concedo a qualquer orientação a faculdade de se desenvolver a seu bel-prazer. Meus senhores, a isso eu chamo de tolerância [...]* (mas) *espero igualmente que a religião aceite as fronteiras estabelecidas pela ciência* (e que se abstenha de intervir nessas áreas) *[...]* (por outro lado) *[...] também a religião pode exigir a sua intocabilidade nos seus domínios."*»[394]

O *Kulturkampf*, em termos estritamente políticos, começa a atenuar-se, quase que esbatendo-se, com a morte de Pio IX em Fevereiro de 1878. Quanto a Virchow, como se viu, a luta prossegue para além daquela data. Sem escândalo, pode afirmar-se que ao longo de toda a vida e obra de Virchow transparece a ideia de que todo o tipo de obscurantismo, nomeadamente o clerical-católico, de índole conservadora, era um alvo a abater.

---

[394] Christian Andree, citando Virchow, ob. cit., pág. 172.

CAPÍTULO X

A REVOLUÇÃO DE DARWIN; DARWIN, HAECKEL E VIRCHOW

É chegado agora o momento de analisar o papel de Virchow na conturbada questão darwiniana. Com efeito, ao longo dos sécs. XVII e XVIII, a ciência começa, aos poucos, a emancipar a matéria, o mundo *palpável,* o mundo dos fenómenos, do mundo espiritual, dos *nomos,* enfim, de *Deus.* Com os progressos das várias ciências (por exemplo, a botânica, a zoologia, as suas classificações e ramificações), seria apenas uma questão de *tempo,* até que surgisse alguém que ousasse equacionar a *filiação* do género humano na natureza. Esta *honra* e coragem coube a Darwin; o ano de 1859, e o seu livro "A Origem das Espécies", marcam o início da emancipação do *Homo* da criação divina, em termos bíblicos, para uma *modesta* origem natural, cientificamente comprovada e comprovável, para quem quisesse empregar os correctos métodos científicos. Todos nós compreendemos bem o *drama,* se alguém nos disser "o teu pai não é este, é aquele"; se transpormos esta *sentença* para toda a espécie humana e alterarmos a redacção para um "o teu criador não é Deus", pondo em cheque toda a tradição criacionista legada pela civilização judaico-cristã, podemos compreender a questão em toda a sua magnitude. Numa visão/perspectiva mais imediata, bania-se toda e qualquer *centelha divina.* Sem querer entrar em questões teológico-filosóficas, a teologia viria a reajustar--se perante o darwinismo: se o Homem é, então, criação da natureza, quem criou a natureza? Mas passemos então ao ponto que nos interessa.

O pensamento audacioso de Darwin encontra rapidamente vários apoiantes, dentro e fora do Reino Unido. O seu defensor mais acérrimo, na Alemanha, será o ainda jovem Ernst Haeckel; a conversão de Haeckel tem lugar em meados de 1860, ao ter acesso à tradução alemã do livro de Darwin que o marcará profundamente, a ponto de abraçar imediatamente as teorias de Darwin, colocando de parte os ensinamentos de Cuvier que postulavam a imodificabilidade das espécies, explicando a existência de fósseis de espécies extintas como consequências de cataclismos naturais (a teoria do catastrofismo).

A grande viragem *pública* tem lugar em 1863: perante o 38.º Congressso dos Cientistas e Médicos alemães, a 19 de Setembro, Haeckel pronuncia um discurso que ficará conhecido por "discurso de Stettin", no qual defende abertamente as teorias lançadas por Darwin no seu livro "Sobre a origem das espécies através da selecção natural ou a preservação de raças favorecidas na luta pela vida": «*Todos os diferentes animais e plantas que ainda hoje existem, bem como todos os organismos que alguma vez viveram na terra não foram [...] criados cada um por si, de forma autónoma, mas sim [...] no decurso de vários milhões de anos [...] se desenvolveram lentamente a partir de um organismo ancestral*»[395]; no final passa para a figura do Homem, ultrapassando nesse momento o próprio Darwin: «*No que respeita a nós, seres humanos, na qualidade de seres vertebrados altamente organizados, teríamos, consequentemente, de procurar os nossos primordiais antepassados em mamíferos semelhantes aos macacos.*»[396] Ou seja: nesse seu famoso e polémico discurso, Haeckel contrapõe a evolução natural ao criacionismo teológico, identificando simultaneamente evolução com progresso. Paralelamente, aplica a teoria de Darwin à própria origem e evolução do Homem, defendendo, para escândalo de muitos, que a história do Homem passaria do foro sagrado para o campo da zoologia. A partir deste momento, Haeckel será o campeão alemão de Darwin na Alemanha, convertendo-se, simultaneamente, num alvo a abater, por parte da intelectualidade *cristã*, nomeadamente católica.

Em 1866, Haeckel lança ao público uma das suas obras-primas, a "Morfologia Geral dos Organismos" ("*Generelle Morphologie der Organismen*"), com o sub-título "Princípios Gerais da forma científica dos organismos, mecanicamente fundamentada pela teoria da descendência reformada por Charles Darwin" ("*Allgemeine Grundzüge der organischen Formen-Wissenschaft, mechanisch begründet durch die von Charles Darwin reformierte Descendenz-Theorie*"). Haeckel dá assim forma às premissas enunciadas perante o Congresso dos Cientistas e Médicos alemães de 1863, em Stettin. Em termos gerais, enterrar a ideia da criação divina, passando esta a edificar-se em causas estritamente naturais.

Em 1868, Haeckel publica outra das suas obras fundamentais: a «História da Criação Natural» ("*Natürliche Schöpfungsgeschichte*"), obra que conhecerá grande divulgação por todo o mundo, justamente por explicar, numa linguagem acessível ao grande público, os princípios enunciados na sua obra *Morfologia Geral dos Organismos*. *Grosso modo*, esta obra divide-se numa parte histórica, passando em revista uma série de personagens (desde Aristóteles a Darwin, passando por Linné, Lamarck e Goethe, entre outros) que deram o seu contributo à teoria da evolução, e uma parte *naturalista*, analisando a evolução do reino vegetal e animal, com esquemas de *filiação genealógicos* (as famosas árvores genealógicas – *Stammbäume*), dando igualmente destaque à origem e evolução do Homem, lançando ainda um atento olhar sobre as várias raças humanas, cindindo--as em inferiores e superiores; no topo da superioridade coloca o grupo anglo-saxão e o alemão. Nesta obra surgem igualmente conceitos novos, como filogenia e ontogenia. Sobre a '*História da Criação Natural*', Darwin formulará o seguinte elogio: «*Caso a História da Criação Natural tivesse surgido antes de eu ter acabado de redigir o meu trabalho, provavelmente nunca o teria concluído. Quase todas as conclusões a que eu*

---

[395] No original, o termo é *Urorganismus*.

[396] Ambas as citações foram extraídas do site www.gkpn.de/hofmann.htm, pág. 3, intitulado "*Der Naturforscher, Philosoph und Aufklärer Ernst Haeckel*", da autoria do Dr. Klaus Hofmann. A versão "oficial" em português encontra-se plasmada a págs. 3 e 4 *in História da Criação Natural*, Porto, Lello & Irmão – Editores, 1961.

cheguei vejo-as agora confirmadas por este naturalista, cujos conhecimentos em muitos pontos são bem mais perfeitos do que os meus.»[397]

As reacções à assumpção das teorias evolucionistas de Darwin não se fariam esperar. No conjunto destas merece particular destaque a ruptura com o seu antigo professor de Würzburg, Rudolf Virchow. Recorde-se que Haeckel havia sido, não só aluno de Virchow, mas também seu assistente, nos tempos de Würzburg. Virchow, por seu turno, era já um cientista amplamente consagrado, quer na Alemanha, quer no mundo. Paralelamente, brilhava ainda no campo da política, quer a nível comunal, quer a nível parlamentar (no *Landtag* da Prússia). Enquanto cientista, Virchow era um pesquisador incansável, mas, simultaneamente, cauteloso, defendendo que a investigação científica consistia na recolha exaustiva de factos, antes de se chegar a uma conclusão. Essa conclusão teria de ser sempre independente de questões filosóficas e/ou religiosas. Por aqui pode adivinhar-se a rota de colisão entre Virchow e Haeckel.

Em 1877 tem lugar o primeiro conflito sério com a oposição científica *conservadora*, aquando da realização do 50.º Congresso dos Naturalistas e Médicos alemães, em Munique; nesse congresso verifica-se igualmente a ruptura oficial entre Haeckel e Virchow que passarão a militar em campos opostos. Assim, e a fazer fé no breve relato fornecido por K. Hofmann, Haeckel, expondo as teorias de Darwin (e, combinando--as com contributos seus, aflorando igualmente a sua mundividência em construção), é alvo de um discurso muito crítico por parte de Virchow, o qual chega a afirmar que vê na teoria da evolução uma *«tendência perigosa para o Estado»*[398].

Ora, na minha opinião, Virchow não ataca tanto a teoria da evolução em si, nem o próprio Darwin, mas sim, a mundividência que Haeckel lhe estava a conferir. Para comprovar a sua *simpatia* em prol de um evolucionismo, transcreve-se aqui um excerto de um discurso de Virchow, proferido perante o Congresso Anual dos Médicos e Cientistas alemães, de 1858, em Karlsruhe: *«"Sim, as nossas experiências não nos legitimam sequer a perspectivar a imutabilidade das espécies, que no presente momento parece ser algo de muito seguro, como uma regra imutável. Pois a geologia dá-nos a conhecer uma certa sequência de degraus, nas quais as espécies se sucedem entre si, das mais elevadas às mais baixas, e, não obstante a experiência do nosso tempo ser contrária a isso, sou forçado a reconhecer como algo de imperativo para a ciência, retornar a uma capacidade de passagem, de espécie para espécie. Somente nessa direcção é que a teoria mecânica da vida ganharia uma certeza segura."»*[399] Agora, atenda-se ao que escreve Schipperges: *«Já nos seus anos mais recentes (1858) ele [Virchow] havia chegado à convicção de que a sua "teoria mecânica da vida" poderia ganhar uma certeza real com o recurso à ideia de existir uma determinada evolução gradual e uma capacidade de transição de espécie para espécie. Mais tarde continuou a considerar a "teoria da descendência", designação que na época se dava à teoria da evolução de Darwin, como uma ideia extraordinariamente frutuosa. Pelo contrário, e com todas as suas energias, Virchow opunha-se a toda e qualquer tentativa que visasse converter as hipóteses do darwinismo numa mundividência, como foi especialmente o caso do seu antigo aluno, Ernst Haeckel, nos anos setenta. No seu discurso no Congresso de Munique sobre "A liberdade da Ciência" (1877), Virchow declarou publica-*

---

[397] Citação extraída do site referenciado na nota anterior.
[398] Idem, *Ibidem*.
[399] Erwin Ackerknecht, ob. cit., pág. 166.

mente considerar-se um amigo do "imortal Darwin", mas recusava ser um dos seus adeptos, enquanto faltassem provas suficientes para cimentar a teoria da evolução.»[400]

Quanto ao que foi dito por Virchow no famoso congresso de 1877 ("Sobre a liberdade das ciências na vida do Estado moderno") e pegando no que fora dito por Haeckel (que via na evolução «*a base para uma mundividência unitária*» que possibilitaria no futuro «*erigir a existência humana em princípios gerais humanistas*»[401]), defendendo a separação das áreas especulativas inerentes às ciências tradicionais, contrapondo-as às áreas das ciências exactas, e alertando para o carácter prematuro da teoria da evolução, «*Virchow adverte do perigo de "se colocar em destaque um edifício meramente teórico e especulativo, querendo, a partir daí, construir toda uma mundividência*"»[402]. Mais adiante, Virchow, partindo da ideia de que «*cada cientista se encontra perante as maiores dificuldades quando se intromete apressadamente no espaço político ou eclesiástico*», afirma que «*a tentativa dos darwinistas de substituir o dogma da igreja "por uma religião da descendência" se encontraria condenada à partida*"»[403]. Mais tarde, no 59.º Congresso dos Naturalistas e Médicos alemães, realizado em Berlim, em 1886, referindo-se novamente a Darwin e à teoria da descendência, Virchow afirma que ele (Darwin) «"*analisou esta questão não no sentido da filosofia natural, mas sim, no sentido da ciência natural; ele não discutia as possibilidades gerais, mas sim, singulares casos práticos, ele não procurava especiais forças orgânicas, mas sim, investigava o efeito mecânico das causas naturais*"»[404].

Andree, por sua vez, salienta que «*Virchow, num famoso discurso perante o Congresso dos naturalistas alemães, em 1858, tendo por objecto a sua obra "Sobre a concepção mecânica dos processos naturais", afirma que a teoria mecânica da vida só ganhará uma certa certeza quando se provar a capacidade de transmutação de espécie para espécie. Um ano mais tarde surge o livro de Darwin. As teorias expostas nessa obra referentes à evolução natural das formas dos organismos bem como à mútua dependência de todos os seres vivos deveriam parecer a Virchow como sendo a realização da sua própria necessidade científica. [Contudo] após cuidadosa análise dos factos expostos [...] [Virchow] opina no sentido de a teoria de Darwin não se encontrar ainda devidamente comprovada, carecendo de alterações, mas tendo simultaneamente a vitalidade para as receber[...].*»[405] Nesse sentido, também Ackerknecht, ao referir que, para Virchow, «*em 1870, a denominada "teoria da descendência" era excelente, do ponto de vista lógico e especulativo, conclui igualmente que a teoria da evolução é um postulado ético. Não como dogma, mas como "farol da ciência" é que o darwinismo poderia produzir uma farta colheita.*»[406]

Pelo longamente exposto, penso ser evidente que Virchow não era um adversário de Darwin; o que o espírito científico de Virchow não admitia eram extrapolações especulativas, baseadas numa teoria que, honestamente, ainda não via comprovada de forma absoluta.

Enquanto deputado no parlamento do Estado da Prússia (o *Preussischer Landtag*), Virchow e o seu partido, segundo a exposição feita por K. Hofmann no seu *site* já

---

[400] Heinrich Schipperges, ob. cit., págs. 32 e 33.
[401] Idem, *Ibidem*, pág. 109.
[402] Idem, *Ibidem*.
[403] Heinrich Schipperges, ob. cit., pág. 109.
[404] Idem, *Ibidem*.
[405] Christian Andree, ob. cit., pág. 109.
[406] Erwin Ackerknecht, ob. cit., pág. 166.

profusamente citado, combatem a divulgação da teoria da descendência e as ideias de Haeckel. Exemplo disso é um discurso proferido no parlamento da Prússia por Virchow: «*Espero bem que a teoria da descendência não venha a acarretar consigo todos os horrores que teorias parecidas têm tido no país vizinho*[407]. *Em todo o caso, esta teoria, se for aplicada até às últimas consequências, terá aspectos extraordinariamente graves, e o facto de o socialismo ter entrado em contacto com ela, é algo que espero não ter escapado à atenção dos presentes.*»[408] Curiosa é também a reacção do próprio Darwin ao discurso de Virchow, que transparece numa carta do primeiro dirigida a Haeckel: «*O comportamento de Virchow é vergonhoso, e espero que um dia ele venha a ter pejo sobre o mesmo.*»[409]

Vimos já que Virchow, pelo que dele aqui se expôs *supra*, não negava a existência de transições evolutivas nas espécies, simplesmente achava que essa ideia precisaria de mais estudos e provas; e, para rematar, penso ser elucidativo o discurso de Virchow perante o *Reichstag*, em que o objecto do debate tinha por assunto a utilização de animais em experiências científicas, e que penso ilustrar suficientemente a opinião de Virchow sobre Darwin: «*Meus senhores, nós ouvimos [...] aqui [...] dúvidas, sobre se é lícito à ciência estabelecer limites à fé. Meus senhores, eu, que sou um representante da ciência, lanço aqui publicamente essa pretensão. Vossas Excelências terão de se submeter, e eu digo, Vossas Excelências hão-de submeter-se. Até o Papa terá de se submeter, e a Igreja terá de se submeter, tal como se tiveram de submeter perante Magalhães e perante Galileu. É esta a situação, meus senhores, e, se um dia se comprovar positivamente que a teoria da descendência* [a teoria da origem do Homem] *[...] teve mesmo lugar, então nem todas as concepções que Vossas Excelências tenham de Adão vos hão-de valer, Vossas Excelências terão de pô-las de lado. Vossas Excelências terão de chegar ao macaco!*»[410]

Em suma, e correndo o risco de me repetir: para Virchow, a teoria da evolução de Darwin e, mais concretamente, a origem do Homem, eram teorias interessantes, e até bastante plausíveis; só que, em termos científicos, manifestava-se reservado, cauteloso, como sempre o fora na ciência, pois entendia que ainda não existiam provas suficientes e absolutas que permitissem atribuir a chancela de verdade científica às ditas teorias. Em toda esta polémica, Virchow destaca-se por aquilo a que hoje chamaríamos de "avisos à navegação": nem tudo o que reluz, é ouro.

---

[407] Segundo K. Hofmann, o "país vizinho" seria a Rússia, www.gkpn.de/hofmann.htm.

[408] K. Hofmann, citando Virchow no seu site, www.gkpn.de/hofmann.htm.

[409] Idem, *Ibidem*.

[410] Citado por Andree, ob. cit., pág. 128.

CAPÍTULO XI

As Ciências Como Progresso e Civilização: Virchow Como Antropólogo e Arqueólogo

Virchow destacou-se igualmente na antropologia e na arqueologia. A devoção de Virchow por essas ciências nasce do seu amor pela medicina e dos objectivos político--sociais daquela. A finalidade última da medicina era o ser humano. Portanto, para compreender o ser humano, no sentido de optimizar a sua situação perante o mundo envolvente, necessário seria então igualmente compreender o Homem no seu passado, político e social. Ou seja, as outras ciências, como a antropologia, a pré-história e a arqueologia teriam um papel propedêutico que importava desenvolver e cultivar. Por fim, e segundo a opinião expressa por Andree, o culto dessas ciências por Virchow, nomeadamente a partir dos anos setenta, seria igualmente um reflexo de um certo desencantamento do mundo da política[411].

No percurso científico enveredado por Virchow nessas áreas torna-se, por vezes, difícil traçar linhas divisórias, já que ele não tinha uma ideia estanque entre essas várias ciências; pelo contrário, elas andariam sempre associadas umas às outras, influenciando--se mutuamente.

O papel relevante de Virchow radica na recolha sistemática de elementos do passado bem como na sua posterior ordenação e diferenciação sistemática, quer na arqueologia, quer na antropologia. Com efeito, até Virchow grassava numa confusão anarquizante. O mérito de Virchow é o de impor uma certa ordem científica. A título de exemplo, é Virchow quem, pela primeira vez, destrinça a cerâmica eslava da *germânica*, com base na sua diferente tipologia; actualmente, na arqueologia moderna, um dos elementos--padrão, quer na destrinça de culturas, quer na destrinça de cronologias, é constituída pela tipologia dos artefactos.

a) A Antropologia

À primeira vista, poderá parecer estranho que um cientista, formado na área da medicina, cultor e mestre das *ciências naturais* (que é o mesmo que dizer, *ciências*

---

[411] Christian Andree, ob. cit., pág. 110.

exactas), passasse a ser um cultor de *ciências humanas* (logo, *ciências não exactas*), como o são a história, arqueologia ou antropologia. O contraste é aparente; Virchow cultivou a medicina tendo em vista os benefícios gerais que a evolução/aperfeiçoamento desta poderiam dar ao Homem. Daí também o seu interesse pela política, e daí a sua frase/guia de referência: "*A política é a medicina em grande*". Como corolário lógico, todas as ciências lhe eram dignas, assim também as ciências ditas de *humanas*. Destas, a antropologia é a ciência por excelência, já que o seu objecto de estudo é o próprio homem. Citando Ackerknecht, «*para ele, a antropologia era o verdadeiro "ponto de encontro entre as ciências naturais e a história"*».[412]

Há várias subespécies de antropologia: a antropologia física, a antropologia dos povos ou etnologia, e mais modernamente, a denominada antropologia cultural. Virchow não ignora que esta última mereça igualmente créditos[413], mas ele destacou-se principalmente na antropologia física (nomeadamente, na antropometria) bem como na etnologia (por exemplo, no estudo/levantamento das várias tipologias de casas no espaço alemão). A título de curiosidade, dos seus estudos de antropometria (tendo por base o estudo das raças humana), Virchow legaria ao seu instituto o número astronómico de 4.000 (!) crânios[414], todos pessoalmente medidos por ele.

Em 17 de Novembro de 1869 constitui, juntamente com outras individualidades, a "*Berliner Gesellschaft für Anthropologie, Ethnologie und Urgeschichte*" (Sociedade Berlinense de Antropologia, Etnologia e Pré-história), conhecida pela sigla BAG, da qual assume de imediato a presidência e que manterá até à sua morte. No ano de 1870 participa na fundação da «*Deutsche Gesellschaft für Anthropologie, Ethnologie und Urgeschichte*» (Sociedade Alemã de Antropologia, Etnologia e Pré-história), conhecida pela sigla DAG.

Antes de se passar em análise alguns dos seus contributos científicos nesta nova ciência, importa referir que, segundo a opinião de Ackerknecht, o talento e contributo principal de Virchow se radicavam em primeira linha na organização e administração das referidas sociedades de antropologia: «*Poder-se-ia recuar ao ressurgimento da antropologia alemã para o encontro de von Baer, R. Wagner, Luca, Schaaffhausen e Vrolik, em 1861, em Göttingen; ou ao encontro dos fundadores do "Arquivo para Antropologia"[...] em Frankfurt, 1865. Contudo, até 1869, a evolução foi frouxa, até ao momento em que Virchow passou a participar na actividade organizatória da antropologia alemã.*»[415] Noutra passagem, Ackerknecht conclui que «*o bom nome de Virchow enquanto cientista da medicina, bem como a sua energia, fizeram com que esta nova ciência da pré-história e da etnologia, que até aí haviam sido perspectivadas com uma certa desconfiança, em parte pelos intrujões e aves raras que militavam nas suas fileiras, passasse a beneficiar de um certo respeito*».[416] Claro que para esse resultado foi igualmente decisiva a criação e manutenção de publicações periódicas sobre a antropologia. A revista com maior prestígio pertencia (como seria quase natural) à *Berliner Gesellschaft für Antropologie, Ethnologie*

---

[412] Erwin Ackerknecht, ob. cit., pág. 192.

[413] A título de exemplo, no Congresso dos médicos e naturalistas alemães, ocorrido em 1876, em Hamburgo, Virchow destaca a importância deste ramo da antropologia, uma vez que "*as tradições dos indígenas morrem mais rapidamente do que os seus cultores*" (Erwin Ackerknecht, parafraseando Virchow, *in* ob. cit., pág. 191).

[414] Número colhido em Erwin Ackerknecht, ob cit., pág. 27.

[415] Erwin Ackerknecht, ob. cit., pág. 194.

[416] Idem, *Ibidem*, pág. 195.

und Urgeschichte (BAG), intitulada *"Zeitschrift für Ethnologie"* (Revista de Etnologia), *«editado por ele* [Virchow]*, quase sem qualquer ajuda (incluindo os trabalhos de revisão de texto), até à sua morte»*[417].

Na área da antropologia física, Virchow levou a cabo diversos trabalhos, alguns dos quais bastante interessantes e dos quais resultam conclusões (como as que resultaram do levantamento *rácico* das crianças em idade escolar) que, muito mais tarde, viriam a contribuir para a erradicação, *a posteriori*, de Virchow e da sua obra[418].

Segundo Andree[419], desde a sua infância que Virchow se debatia com questões antropológicas. De facto, Virchow era de estatura baixa, moreno e tinha os olhos castanhos. O seu próprio nome ostentava vestígios eslavos. Como é que isso se articulava com a ideia, herdada de Tácito (o clássico «Da Germânia»), segundo a qual todos os germanos ou alemães teriam de ser altos, providos de cabelos loiros e olhos azuis? Para o cúmulo, em 1871, no rescaldo da guerra franco-prussiana, Quatrefages, antropólogo francês de vanguarda, publica um livro, intitulado *"La race prussienne"*[420], no qual defende a ideia de a recente unificação alemã ser um acidente antropológico, já que os prussianos nada teriam a haver com os restantes alemães, pois os prussianos eram morenos e de aspecto mongol, aparentados racicamente com os finlandeses.

Virchow acha que a tese apresentada não tem qualquer fundamento, e, como se estivesse a responder a um repto, decide demonstrar o erro de Quatrefages, lançando para o efeito mão de um vasto trabalho prático-científico.

Antes de se passar em relance a obra monumental levada a cabo por Virchow na área das "raças", importa referir que, por volta de 1870, predominava a ideia do "tipo" o qual caracterizaria os vários grupos de povos. Esta ideia do "tipo" foi introduzida por A. Rezius, o qual classificava os povos entre dolicocéfalos e braquicéfalos[421]. Por sua vez, persistia a ideia de uma certa continuidade rácica: «*Os actuais* (francos e alemanos) *terão de ser iguais aos antigos francos e alemanos. Somente o que for idêntico ao antigo poderá valer como germano.*»[422] Em ligação a esta ideia, Quatrefages opinava que indivíduos originários de povos diferentes não poderiam ostentar idêntica configuração do crânio. Como se não bastasse, campeava a ideia de que o tipo dolicocéfalo seria próprio de uma raça superior.

A tudo isto, Virchow mostra-se céptico. Como ponto de partida, exorta a que não se estabelecessem "tipos", sem antes se ter realizado medições exactas sobre os crânios, criticando ainda que o "tipo" não tinha em atenção as variações individuais. Em 1872, num congresso realizado em Estugarda, Virchow declara publicamente não estar convencido da superioridade racial dos dolicocéfalos, já que os braquicéfalos se encontravam igualmente amplamente difundidos pela Europa; além disso, havia encontrado dolicocéfalos em esquimós, aborígenes da Austrália e em africanos. Em 1873, em Wiesbaden, Virchow, tendo por base o estudo do crânio eslavo, faz a seguinte declaração,

---

[417] Idem, *Ibidem*, pág. 24.

[418] Este desenvolvimento posterior, do firmamento à poeira científica, seria até cómico, se não tivesse assumido contornos tão mórbidos e cruéis; os aspectos particulares serão aflorados no Cap. XV.

[419] Christian Andree, ob cit., pág. 122.

[420] Idem, *Ibidem*.

[421] Christian Andree, ob. cit., pág. 124.

[422] Christian Andree, citando Ludwig Lindenschmitt, ob. cit., pág. 124.

cheia de ironia: «*[...] os crânios dos polacos, rutenos, galécios*[423] *são tão diferentes* [entre si] *como os partidos com assento no Landtag.*»[424] Por outro lado, em 1874, num congresso em Dresden, Virchow afirma não estar convencido da inferioridade de determinadas raças. Em 1877, num congresso em Constança, apresenta «*um terceiro tipo germânico, exumado em túmulos da velha Turíngia, que o seu amigo, o anatomista Julius Kollmann, de Basileia, designará mais tarde como "mesocéfalo, tipicamente europeu."*»[425]

Porém, a "revolução antropológica", desencadeada por Virchow, teve por base uma gigantesca operação prática, lançada em 1876, para a qual colaboraram todos os Estados alemães e que consistia na determinação da cor da pele, dos olhos e do cabelo de todas as crianças em idade escolar. Os resultados só viriam a ser definitivamente valorados e, consequentemente, publicados (no *Arquivo de Antropologia*) em 1886, o que não é de estranhar pois a "amostra" teve por base cerca de 6.670.000 crianças[426].

Os resultados foram deveras curiosos. Assim, a conclusão primeira residia na evidência de os alemães não constituírem uma unidade rácica. A incidência de crianças brancas, loiras e de olhos azuis não passava dos 31,8%! E, quanto ao universo das crianças judias, a incidência do tipo moreno era de 42%, mais 10% que nas crianças alemãs, ao passo que quase 12% das crianças judias eram loiras[427].

As conclusões deste gigantesco trabalho viriam a reflectir-se negativamente sobre Virchow, nomeadamente a partir dos anos 30 do séc. XX, passando, *post mortem*, a ser acusado de *filosemitismo*[428].

No plano internacional, Virchow destacou-se pela sua assídua presença em vários congressos internacionais, igualmente ligados à antropologia. Assim, vemo-lo a participar em quase todos os congressos internacionais de antropologia (por exemplo, Virchow participou igualmente no Congresso Internacional de Arqueologia e Antropologia, realizado em 1880, em Lisboa), onde não só dá credibilidade à emergente antropologia alemã, como cria, mantém e fortalece relações internacionais com outros destacados membros da comunidade científica daquela área. Neste aspecto, vale a pena transcrever a seguinte passagem de Ackerknecht: «*De 1869 (Paris) até 1900 (novamente Paris) ele quase que não perdia nenhum desses congressos, [...] mas, a partir de 1880* [a presença de Virchow] *começa a rarear – segundo Virchow, por causa do posicionamento chauvinista de antropólogos franceses, como de Quatrefages e de Mortilet. Muitas vezes, Virchow visitava quatro a cinco congressos de antropologia por ano! Além disso, publicitava a antropologia noutros encontros (de medicina, congressos de ciências naturais, academias), quer ainda pela publicação de artigos.*»[429]

Em jeito de conclusão, pode afirmar-se que o interesse e o contributo de Virchow na antropologia chegou ao cúmulo de, por vezes, ter um efeito contra-procedente: «*Não é, portanto, de estranhar que sob essas circunstâncias, a autoridade de Virchow acabasse por ser maior que a sua autoridade na medicina alemã. Era algo que ele sabia e*

---

[423] Virchow refere-se à região da Galicia, europa central; actualmente encontra-se dividida entre a Polónia e a Ucrânia.

[424] Christian Andree, citando Virchow, ob. cit., pág. 126.

[425] Christian Andree, ob. cit., pág. 125.

[426] Heinrich Schipperges, ob. cit., pág. 140.

[427] As percentagens foram colhidas em Christian Andree, ob. cit., pág. 125.

[428] *Philosemitismus,* no original, Christian Andree, ob. cit., pág. 125.

[429] Erwin Ackerknecht, ob. cit., págs. 194 e 195.

algo que ele próprio não desejava: "Passaram já muitos anos sobre o tempo em que eu era aluno, e ainda mais alguns sobre o tempo em que comecei a desenvolver opiniões próprias: mas levou muito tempo, até que eu conseguisse encontrar credibilidade para essas opiniões. E agora, de um momento para o outro, as minhas opiniões são tão divulgadas, e são aceites de uma forma tão generalizada, que começo a assustar-me e me questiono: será mesmo verdade que já saibamos tanto sobre todas estas coisas que nos ocupam e tenhamos delas um conhecimento seguro?"»[430]

b) A Arqueologia

Como pré-historiador, já nos seus tempos de jovem estudante de liceu, Virchow manifestara um vivo interesse pelos vestígios antigos que existiam na sua região (os *Hunnengräber* ou *Gräberfelder* – monumentos megalíticos). Mais tarde terá igualmente alguma influência na terminologia cultural. Por exemplo, na sua região de origem acabará por individualizar toda uma cultura da 1.ª idade do ferro, que se diferenciava das demais, atribuindo-lhe o vocábulo de *"Lausitzer Kultur"*, termo que ainda hoje mantém a sua validade[431].

A partir de 1865, Virchow viaja pela Alemanha, de lés a lés, a fim de observar os vestígios do passado mais longínquo, tirando notas e descrevendo os mesmos em diários de viagem. É a Virchow que se deve a descoberta dos vestígios das aldeias lacustres, do neolítico, no espaço alemão, e as quais se inseriam numa cultura diferente das congéneres descobertas no espaço helvético[432]. Estas últimas haviam sido descobertas na década de 50; a primeira descoberta arqueológica de Virchow ocorre em 1865, pondo a nu vestígios de aldeias lacustres na Pomerânia.

A partir de 1870, Virchow dedica-se à investigação/escavação de *Burgwälle*[433], quer na Pomerânea, quer nas províncias mais orientais da Prússia. Ironicamente, será numa escavação de um *Burgwall* em Wollstein, província de Posen, Maio de 1875, que Virchow conhece um médico local que colabora na escavação e que mais tarde fará ecoar o seu nome por todo o mundo: nem mais, nem menos que Robert Koch. Longe de imaginarem que, volvidos alguns anos, seriam *rivais* (patologia celular *versus* bacteriologia)[434], chegando o jovem Koch a publicar um artigo sobre o *Burgwall* de Wollstein na revista de antropologia de Virchow[435].

Seguidamente, Virchow presta um contributo importante no estudo sobre os *Hunnengräber* ou *Gräberfelder* (monumentos megalíticos), destrinçando-os em pré-germânicos e germânicos. Segundo Ackerknecht, «*com a antecipada identificação e datação de três formas distintas de construção pré-histórica no nordeste da Alemanha, Virchow deu um contributo fundamental à pré-história alemã*»[436].

---

[430] Erwin Ackerknecht, citando depois Virchow, ob. cit., pág. 195.

[431] Christian Andree, ob. cit., pág. 110.

[432] Nesse sentido, Christian Andree, ob. cit., pág. 110.

[433] À letra, significa "recinto amuralhado"; em termos arqueológicos, corresponde ao tipo dos Castros, sendo do mesmo período temporal.

[434] A aparente rivalidade, bem como as suas consequências, serão analisadas *infra*, capítulo XII.

[435] Informação recolhida em Erwin Ackerknecht, ob. cit., pág. 184.

[436] Erwin Ackerknecht, ob. cit., pág. 185.

Um dos episódios mais conhecidos de Virchow, no que respeita à pré-história, é o célebre caso em que analisou os restos fósseis do *homo neandertalensis*, descoberto em 1856 por Johann Carl Fuhlrott. Segundo o veredicto de Virchow, com base na examinação das partes do esqueleto levada a cabo em casa do seu descobridor, e que viria a ser publicado em 1872, na Sociedade de Antropologia de Berlim, o crânio encontrado não pertenceria a qualquer espécie autónoma de hominídeo, em termos de "raça", mas sim, ao género humano actual, com a diferença de o mesmo apresentar variações, provocadas por alguma patologia[437]. Importa ter presente que o veredicto feito por Virchow se baseia, antes de mais, como perito em patologia, sem esquecer a antropologia. Virchow determinou a existência de atrofias na parte exterior dos ossos, donde concluía tratar-se dum indivíduo idoso; quanto ao estado geral dos ossos, Virchow concluía a existência de gota, bem como de raquitismo. Não obstante terem sido encontrados dois machados de pedra junto aos restos do hominídeo, Virchow afirmava que «*até à presente data, ninguém propugna a ideia de que machados polidos possam ter sido fabricados numa época tão recuada*», concluindo com as palavras finais: «*Assim, como não me sinto legitimado, na presente data, em determinar a existência de uma raça com base num único crânio, o qual apresenta claros indícios de enfermidades, enfermidades que ocorreram na juventude e que se continuaram a desenvolver até a uma idade muito tardia, sou da opinião que o crânio de Neandertal não deve ser considerado prova suficiente para a existência de uma raça [...].*»[438] Nas palavras finais, Virchow concluía que se tratava «*de uma aparição individual interessante*»[439].

A partir dos finais da década de 70, Virchow dedica a sua atenção arqueológica igualmente ao próximo oriente, mas sem nunca descorar a arqueologia pátria. Igualmente a partir de 1871, Schliemann, um *self-made man*, multimilionário, havia-se reformado da sua actividade comercial e decidido a concretizar o sonho da sua juventude: encontrar a cidade de Tróia, utilizando como fonte a Ilíada, de Homero. Aos poucos, Schliemann pôs a descoberto uma Tróia que conhecera sucessivas ocupações; a descoberta de um pequeno tesouro, em Tróia, e as suas descobertas em Micenas (por exemplo, a famosa máscara de ouro de Agamenon) acabariam por lançar o seu nome para a ribalta. Contudo, sem grau académico, nem conhecimentos científicos, a esmagadora parte do dito mundo científico pouco mais viam nele do que um charlatão; a maior parte das críticas vinham da sua terra natal, a Alemanha, ao ponto de Schliemann chegar a romper ostensivamente com a terra que lhe servira de berço.

Um dos poucos que se apercebe do valor de Schliemann, é Virchow que o passa a acompanhar, em termos científicos, colaborando na valoração dos achados de Schliemann, em parte também por solicitação deste último[440]. Entre Virchow e Schliemann

---

[437] Informação recolhida em Christian Andree, ob. cit., pág. 127.
[438] Manfred Vasold, ob. cit., pág. 310.
[439] Idem, *Ibidem*.
[440] Segundo Andree, o interesse de Schliemann não terá sido, de todo, inocente. É que Schliemann era um autodidacta, pelo que recorria com frequência ao parecer de individualidades científicas, para que estes corobassem o valor e a autenticidade dos seus achados. Neste ponto, numa das suas cartas a Schliemann, Virchow exorta-o a ter cuidado sobre a interpretação dos seus achados troianos, nomeadamente no que se refere às extrapolações da Ilíada de Homero. Mais uma vez, tal como sucedera na valoração do *homo neandertalensis*, transparece a cautela de Virchow que era alérgico a especulações que não se encontrassem cientificamente fundamentadas. Christian Andree, ob. cit., pág. 113.

nasceu uma profícua e curiosa amizade, entre um cientista e um diletante (Schliemann não tinha, recorde-se, qualquer formação académica); os ecos dessa profunda amizade vislumbram-se na correspondência trocada entre ambos. A existência de uma amizade entre dois seres tão diferentes explica-se, em parte, por vários pontos em comum: ambos nasceram quase no mesmo ano (1821 e 1822, respectivamente) e na mesma província (Pomerânia), ambos tinham origens sociais modestas, e ambos acabariam por se guindar ao topo da sociedade.

Em 1879 e em 1890, Virchow chega a participar durante uns meses nas escavações de Tróia. Dois anos antes, em 1877, Virchow consegue que Schliemann seja acolhido como membro honorário da Sociedade Alemã de Antropologia, o primeiro passo para a reconciliação de Schliemann com o seu país natal. Será graças aos bons ofícios de Virchow que os achados de Schliemann (nomeadamente o famoso "*Tesouro de Príamo*") encontrarão a sua guarida nos museus de Berlim, em 1880, quando, até aí, pela acção de Lord Gladstone (igualmente um admirador e *mentor* de Schliemann), as referidas peças estiveram quase a *perder-se* para o Museu Britânico[441]. Em sinal de agradecimento, «*a cidade de Berlim atribui a Schliemann o título de cidadão honorário, uma honra que, até aí, só havia sido concedida a Bismarck e a Moltke*[442]»[443].

Retornemos a Virchow: em 1881, Virchow efectua uma grande viagem pela Rússia, Ucrânia e pelo Cáucaso, onde faz alguns estudos antropológicos e realiza algumas escavações. O Cáucaso era, nesse tempo, uma das zonas de eleição para trabalhos arqueológicos e antropológicos (antropométricos), já que desde os estudos de Blumenbach[444] se pensava que o Cáucaso «*era o berço da raça branca (daí o termo "caucasiano")*»[445]. As pesquisas de Virchow viriam a revelar que o caucasiano primitivo não era «*nem de perto, nem de longe, loiro e dolicocéfalo*»[446].

Em 1888, Virchow, Schliemann e Schweinfurth[447] empreendem uma longa viagem ao Egipto. Um dos objectivos era o de comprovar a existência de uma idade da pedra egípcia, pré-dinástica. Em Cairo, Virchow realiza estudos antropométricos nas múmias; comparando-as com a população egípcia actual, conclui que «*a constituição física dos egípcios se havia mantido praticamente inalterada durante o passar dos milénios*»[448]. Ainda durante esta sua estadia no Egipto, Virchow estuda a composição química do *make up* egípcio bem como «*a natureza osteológica dos gatos que viviam nos templos da terceira dinastia*»[449]. Segundo a opinião de Ackerknecht, aqueles dois trabalhos são «*extremamente marcantes para caracterizar a acção de Virchow na arqueologia: "a inclusão de toda*

---

[441] Ironicamente, grande parte das peças viriam a ser saqueada pelo Exército Vermelho, após a conquista de Berlim, em 1945.

[442] Helmuth von Moltke, o estratega militar das campanhas vitoriosas contra os dinamarqueses, austríacos e franceses, nas guerras de 1864, 1866 e 1870/1871, respectivamente.

[443] Erwin Ackerknecht, ob. cit., pág. 189.

[444] Johann Friedrich Blummenbach (1752-1840), foi professor de medicina em Göttingen; destacou-se na zoologia e, mais ainda, na antropologia.

[445] Erwin Ackerknecht, ob. cit., pág. 189.

[446] Idem, *Ibidem*.

[447] Georg August Schweinfurth (1836-1925) foi um famoso viajante alemão, que se destacou pelas suas inúmeras viagens à África Central e Oriental.

[448] Erwin Ackerknecht, ob. cit., pág. 190.

[449] Idem, *Ibidem*.

e qualquer ciência conhecida e disponível bem como a técnica científica, com o objectivo de solucionar os problemas arqueológicos"»[450]. Em termos *modernos*, Virchow propunha e empregava o conceito da transdisciplinariedade, mostrando-se sempre aberto às potencialidades oferecidas por novas técnicas. Exemplo disso é o facto de «*aos 74 anos de idade se mostrar ainda suficientemente elástico para reconhecer de imediato o valor dos raios-x na arqueologia, propugnando a sua utilização*»[451].

---

[450] Idem, citando Virchow, sem referir a fonte, ob. cit., pág. 190.
[451] Idem, ob. cit., pág. 191.

CAPÍTULO XII

VIRCHOW E ROBERT KOCH; PATOLOGIA CELULAR *VERSUS* BACTERIOLOGIA

À primeira vista, poder-se-ia ser levado a pensar que Virchow e a sua patologia celular fossem inimigos de Robert Koch e da bacteriologia em geral. Segundo as obras que compulsei (Schipperges e Andree), tal não corresponde inteiramente à verdade, pelas considerações que se seguem. Mas, antes de tudo, torna-se necessário introduzir algumas considerações de *ordem epistemológica*. Segundo Ackerknecht, Virchow havia sido formado «*à sombra de um "anti-contágio" [...]. Este movimento não negava o contágio de todas as doenças, mas negava o contágio em doenças tão significativas como a febre amarela, a peste, a cólera, a lepra ou a influenza e negava automaticamente o pensamento de um "contagium vivum"[...].*»[452]

Vasold sintetiza em poucas linhas o estado da medicina nos primeiros 50 anos do século XIX, mormente no que se refere aos contagionistas/anticontagionistas: «*Nos inícios do século XIX acreditava-se que grandes esforços, frio e outros condicionalismos do género fossem suficientes para desencadear doenças febris contagiosas. Aquilo que grandes espíritos haviam intuído nos tempos da antiguidade e do renascimento: que minúsculos organismos vivos pudessem causar doenças [...] era visto nos inícios do século XIX como algo de antiquado, sem fundamento e não provado. A química encontrava-se a festejar os seus maiores progressos, e muitos julgavam que seria esta a descobrir a origem dessas doenças. Quando Jacob Henle, em 1840, afirmou que na base de algumas doenças poderia existir um contagium animatum, ninguém o levou a sério. Entre contagionistas e anticontagionistas agitava-se, há muito, uma acesa discussão que ultrapassou a metade do século: esta incendiou-se precisamente com a questão da cólera [...]. Ora, é precisamente por essa altura que se faz uma série de pequenas descobertas que davam como provado que algumas doenças poderiam ser causadas por pequenos microorganismos animados.*»[453]

Relativamente à bacteriologia, é certo que Virchow se tenha «*demonstrado demasiado céptico e hesitante*»[454]. Na minha opinião, essa atitude deve-se antes ao espírito cauteloso

---

[452] Erwin Ackerknecht, ob. cit., pág. 90.
[453] Manfred Vasold, *Pest, Not und ... [...]*, pág. 258.
[454] Heinrich Schipperges, ob. cit., pág. 64.

de Virchow (como já deixou exemplificado noutras situações, referidas ao longo desta tese). Na verdade, Virchow teve bem a consciência da importância da bacteriologia bem como das portas que a mesma poderia ainda abrir no futuro da medicina. Não pode ser outra a conclusão a retirar da transcrição de alguns excertos do próprio Virchow sobre a matéria.

Antes de se proceder à análise de Virchow, mediante o auxílio de dois dos seus biógrafos mais recentes (Schipperges e Andree), talvez seja interessante reproduzir a reflexão de Ackerknecht, meio século antes (1952): «*No ano de 1848 ele era, como todos os médicos de vanguarda, um anticontagionista, no que respeitava ao caso da cólera.*[455] *[...] As suas próprias investigações aumentavam o seu cepticismo perante a existência de um agente patogénico da cólera [...]. Mais tarde viria a abandonar o seu anticontagionismo. Ele pôs de parte o seu anticontagionismo no caso da cólera, quando, em 1868, analisou os seus próprios erros e declarou (publicado no Arquivo, XLV [1868] 279) que tudo indiciava como causa da cólera um "fungus". Quando Koch descobriu esse "fungus", em 1885*[456], *ele [Virchow] defendeu-o contra os seus críticos. Ele estava tão entusiasmado com a descoberta de Koch que passou a designar o bacilo da cólera como sendo o "ens morbi" (o Ser) da cólera, uma opinião que não correspondia de modo algum à sua teoria geral das doenças infecciosas. E isto apesar do facto de as entidades do governo utilizarem constantemente o político conservador Koch contra o radical Virchow.*»[457]

No seu *Archiv*, de 1885, Virchow publicita um artigo que ostenta um título significativo: "A luta das células e das bactérias" (*"Der Kampf von Zellen und Bakterien"*), no qual Virchow reconhece o papel dos parasitas microorgânicos, mas afirma igualmente que daí não resulta a erradicação da patologia celular. Posteriormente, num congresso realizado em 1897, em Moscovo, Virchow refere que «*o reconhecimento das bactérias, quando comparado com o reconhecimento das células, "constitui um produto não de somenos importância, mas sim, talvez até algo de suprema importância, resultante dos esforços científicos do nosso tempo"*»[458] Nesse discurso, Virchow presta igualmente homenagem a Pasteur, enaltecendo os seus *"préstimos imortais"* bem como o seu *"assombroso sucesso"*, concluindo que a sua obra «*nos abriu vias completamente novas na medicina e na tecnologia*»[459]. Num dos seus últimos discursos, proferido no Congresso Internacional de Medicina, em 1900, em Paris, Virchow «*reconheceu plenamente a importância das bactérias como causadoras de doenças. Mas, simultaneamente, chamava a atenção para o facto de não se poder atribuir todas as doenças infecciosas apenas e somente às bactérias, o que se viria a comprovar pela evolução posterior*»[460].

---

[455] Para reforço deste argumento de Ackerknecht, temos que num dos fascículos da *"Medicinische Reform"*, que tem por objecto a cólera, Virchow critica a teimosia do governo da Prússia, o qual partia do princípio de a cólera ser uma doença contagiosa; Virchow apelidava essa opinião do governo como sendo um «Dogma de Estado»; informação extraída em Andree, ob. cit., pág. 234, que, contudo, não indica o número do fascículo em causa.

[456] Ackerknecht refere-se ao artigo *"Der Kampf von Zellen und Bakterien"*, publicado no *Archiv*, de 1885, que se analisará no parágrafo seguinte.

[457] Erwin Ackerknecht, ob. cit., págs. 90 e 91.

[458] Heinrich Schipperges, citando Virchow, ob. cit., págs. 65 e 66.

[459] Idem, pág. 66.

[460] Idem, pág. 66.

Quanto a elementos, referentes a esta questão, colhidos na obra compulsada de Andree, este refere que «*Virchow auxiliou Koch durante os anos que este passou em Wollstein e nos primeiros anos em Berlim*»[461]. Mais tarde houve lugar a alguns dissensos, não só em termos de escolas (*escola* de Virchow *versus escola* de Koch), mas também em termos políticos. Segundo Andree, politicamente, ambos estavam em campos opostos; Koch, contrariamente a Virchow, era apoiado pela casa imperial bem como pelos militares, o que o convertia numa pessoa suspeita e antipática, por parte dos apoiantes de Virchow[462].

Como ilustração final da *oposição* entre Virchow e Koch bem como dos seus seguidores, talvez seja interessante transcrever alguns excertos das memórias de Otto Lubarsch[463], depois parcialmente desmontados por Andree, principalmente no que respeita à última frase: «*Já na altura parecia evidente que esta luta não se limitava ao aspecto científico, antes [...] assumia contornos pessoais. Na sequência do enorme sucesso de Robert Koch e da sua escola, a rivalidade entre os representantes da anatomia patológica e da higiene bacteriológica agudizava-se, transparecendo o temor de uma destronização. A anatomia patológica havia exercido uma grande influência, em parte, dominadora, sobre a medicina clínica, desde Rokitansky, e mais ainda, desde Virchow. Esta influência passava agora, aos poucos [...] para a bacteriologia. Que admira, então, que isto causasse sentimentos de má vontade junto das personalidades até aí dominantes, que perturbavam um juízo sadio?*»[464]. Contudo, no meio destas trincas, Koch era bem mais radical que o democrático Virchow: "*[...] Uma das fraquezas de Koch era o facto de não poder tolerar junto de si cabeças que soubessem ser autónomas, ao ponto de alunos seus, que pretendiam seguir caminhos próprios, como Plagge e Hueppe, terem sido por ele afastados do seu instituto, tendo-lhes boicotado igualmente quaisquer apoios.*»[465] Pelo contrário, Virchow não se inibiu em prestar auxílio a elementos oriundos da escola de Koch. Num caso concreto, referido por Andree[466], Virchow tentou colocar bacteriologistas em alguns hospitais. Por fim, e seguindo ainda o testemunho (pouco isento, segundo Andree) de Lubarsch, pode ler-se ainda este espantoso trecho: «*Aquando do triunfo da bacteriologia nos anos oitenta, o comportamento teimoso e fixo de Virchow prejudicou significativamente não só a posição da patologia alemã, mas igualmente o seu desenvolvimento.*»[467]

De facto, quanto muito, existia uma *inimizade formal*. Guerra, quase no verdadeiro sentido do termo, isso sim, foi o estado a que chegaram as relações de Koch com o nosso já conhecido Pettenkofer que nos anos oitenta regia a cadeira de higiene na universidade de Munique. Essa guerra ultrapassava os próprios critérios científicos, personalizando-se nos *vultos* (Pettenkoffer e Koch) e nos seus *seguidores* (leia-se, escolas). Como ilustração, refira-se o seguinte episódio, quase anedótico, e que tem por base a intransigência surda de Pettenkofer relativamente à descoberta do bacilo da cólera, por

---

[461] Christian Andree, ob. cit., pág. 23.

[462] Idem, *Ibidem*, pág. 24.

[463] Otto Lubarsch (1860-1933), patologista, foi assistente de Virchow, e, após a morte deste, seu sucessor. Um aspecto curioso de Lubarsch reside no facto de, não obstante ser originário de uma família judaica berlinense, se ter destacado nos anos vinte pelos seus discursos, impregnados de antisemitismo.

[464] Citações extraídas em Christian Andree, ob. cit., pág. 23.

[465] Christian Andree, citando Lubarsch, ob. cit., pág. 24 e 25.

[466] Idem, ob. cit., pág. 94.

[467] Idem, citando Lubarsch, ob. cit., pág. 25.

Koch: «*Pettenkofer chegou ao ponto de querer refutar Koch com o seu próprio corpo: passados uns anos, e na sequência de várias insistências, Pettenkofer pediu ao assistente de Koch, Th. Gaffky, que este lhe enviasse aquilo que Koch julgava ser o agente patogénico da cólera, vindo depois a engoli-lo, juntamente com o seu aluno, Rudolf Emmerich. Pettenkofer escapou com uma diarreia; Emmerich quase que pagava a experiência com a própria vida.*»[468]

Um último aspecto: nos anos de 1890/1891, Koch começou a ensaiar em grande escala a vacinação contra a tuberculose. O resultado foi um fiasco. Como consequência, a opinião pública, que poucos meses antes venerava Koch, estava agora pronta a lapidá-lo na praça pública. Num dos seus discursos parlamentares perante o *Reichstag*, se bem que Virchow criticasse a metodologia seguida por Koch (nomeadamente o facto de não ter aprofundado as suas experiências, antes de avançar para a vacinação), Virchow critica igualmente os críticos excessivos, ao afirmar, em traços gerais, que a evolução e o progresso da medicina são feitos de avanços e recuos e que Koch era, apesar de tudo, um cientista no Verão da vida, com um futuro promissório[469].

Contudo, destas *trincas* entre a patologia celular e a bacteriologia, e, em última análise, entre Virchow e Koch, mormente as suas diferentes mundividências e posicionamento na política, virá a nascer um mito que se potenciou para além do criticamente admissível, no sentido de existir uma incompatibilidade absoluta entre ambos, chegando a perspectivá-los como inimigos declarados. O ponto mais alto desta travestização dos factos tem lugar no III Reich, com o filme de propaganda "*Robert Koch*", de 1939, da Tobis, em que Virchow surge como um vilão, adversário de Koch. Em suma, para o nacional-socialismo, Virchow não passava de uma eminência parda, um liberal, simpatizante de judeus, que perseguia as ideias expressas pelos outros, quando as mesmas não se integravam no seu sistema científico; a *vítima* mais proeminente teria sido o bacteriologista Robert Koch. Era o coroar da *teoria* da *tentativa de assassinato científico* de Koch por Virchow. Outros aspectos deste episódio serão mais detalhadamente expostos *infra*, no capítulo XVI.

---

[468] Manfred Vasold, ob. cit., pág. 348.
[469] Christian Andree, ob. cit., pág. 181 e 198.

CAPÍTULO XIII

VIRCHOW E A "REFORMA PRÁTICA" DA MEDICINA: PENSAMENTOS E CONCRETIZAÇÃO

Neste capítulo é nosso propósito focar as concepções de Virchow, quer sobre a medicina, quer sobre a classe médica, bem como as concretizações, na 2.ª metade do século XIX, referentes aos cuidados de saúde *para todos*, colocando em relevância a sua influência/comparticipação directa. Este capítulo será árduo, não só pelo hiato de tempo sob análise, mas também pela vastidão de ideias e concepções, algumas bem originais, de Virchow. Em compensação, maior justeza se fará ao nome de Virchow, quando se comprovar que muitas das suas ideias ficaram por concretizar, mas que, por outro lado, volvidas 10 décadas sobre a sua morte, as mesmas são ainda hoje actuais, atestando não só a *grandeza viva de Virchow*, mas também, mais uma vez, a veracidade de um dos seus *leitmotivs*: *"A política é a medicina em grande"*.

Antes de esboçarmos as ideias e concepções de Virchow, torna-se imperioso traçar o estado da medicina, enquanto instituição, junto das populações, na 1.ª metade do século XIX. Com efeito, não só a medicina não era ainda uma *ciência*, mas antes, uma *arte* de curar, como a classe médica andava desorganizada; em contrapartida, encontrava ainda fortes obstáculos, quer institucionais (ausência de uma política de saúde digna desse nome, inexistência de legislação ou legislação entravante, ausência de um Estado unificado, na Alemanha), quer *populares*: a concorrência activa de curandeiros e de falsos doutores, a resistência da mentalidade popular aos *médicos letrados* e, finalmente, uma generalizada pobreza, em termos de rendimentos, que impediam à gente simples o recurso a um médico (o que, reflexivamente, empobrecia aquele).

a) O estado da medicina e da classe médica, até meados de 1840

Até aos meados do século XIX, a medicina não era ainda digna do seu nome (os progressos científicos estavam em curso), e os seus profissionais (leia-se, médicos formados nas universidades ou com alguma formação prática) encontravam-se divididos, muitos deles exercendo ainda uma outra profissão para poderem subsistir. Esse o quadro geral. As tonalidades da pintura variavam, depois, de Estado alemão para Estado alemão, consoante a sua política ou condicionalismos económicos existentes; mas pode afirmar-se que, no geral, as tonalidades eram muito negras. Traçando um irónico paradigma com o presente, naquele tempo (e pressupondo que se encontrasse em situação económica para se dar ao *luxo* de estudar) ia para a medicina quem sentisse vocação; a quem quisesse enriquecer, aconselhava-se o estudo do direito.

Em termos de classe, é certo que havia uma minoria que conseguia tirar bons rendimentos da medicina (os poucos que tivessem a sorte e o engenho para chegar a médicos de personalidades coroadas ou altos dignitários da nobreza e/ou clero); a grande maioria (sobre)vivia mal. Depois, o termo *classe* era antes um *sammelbegriff,* um aglomerado genérico. Por exemplo, vimos já[470] que, no Estado da Prússia, existiam as seguintes categorias de médicos: *promovierte Ärzte, Stadt- und Landwundärzte, Wundärzte 1. und 2. Klasse, Militärärzte* e *Hebärzte* (médicos "doutorados", médicos-cirurgiões citadinos e de província, cirurgiões de 1.ª e de 2.ª classe, médicos militares e médicos de parto). Nos restantes Estados alemães, a situação não era diferente, apenas variando a nomenclatura. Essa pluralidade de *profissionais* denunciava ainda a mentalidade medieval, em termos de *funções* e *prerrogativas.*

Em matéria de ensino, os cursos de medicina eram essencialmente livrescos; neste sentido, são elucidativas as palavras de Vasold: «*Até aos meados do século XIX, o estudo da medicina era um estudo de livros, com pouca actividade de laboratório e pouco material de exame – ainda nos anos 40 do século XIX, médicos como Hermann Helmholtz e Rudolf Virchow lamentavam-se do seu estudo* [da medicina] *ser alheio à praxis.*»[471] A título de exemplo, no que se refere a aspectos de formação prática, Vasold refere que «*em Tübingen, ainda nos inícios do século XIX, o estudante de medicina – naquele tempo, um curso de 3 anos – só chegava a assistir a duas autópsias [...]*»[472].

Em suma, grassava o individualismo, e muito havia a fazer em termos de *progresso.* Não obstante, desde a 2.ª parte do séc. XVIII que se vem assistindo a uma inflexão, a princípio modesta, mas que irá determinar a evolução futura, quer da medicina, quer da classe médica: refiro-me ao estabelecimento, um pouco por toda a Europa, de hospitais *modernos,* cuja filosofia já não residia em dar *hospedagem* a doentes terminais, mas sim, cuidar enfermos crónicos ou agudos, tendo em vista a sua cura ou restabelecimento.

Falou-se já *supra*[473] no Hospital de Viena, fundado por José II da Áustria; seria com base nesse hospital que nasceria, correlativamente, a "*1.ª Escola de Viena*". Este fenómeno verifica-se igualmente em outras regiões do espaço alemão (por exemplo, Bamberg, Würzburg). Ponto marcante, é aqui, não apenas uma preocupação, diríamos, *esclarecida,* pela saúde e bem estar dos súbditos (esse espírito sintetiza-se muito bem nas seguintes palavras, da autoria de um anónimo, de 1789: «*Agora quer-se toda a gente com saúde e boa formação, quer-se criar gente forte e sadia, para que resistam melhor às doenças e epidemias.*»)[474], mas igualmente, como reflexo, o nascimento de escolas médicas junto desses novos hospitais. Dava-se assim início a um progresso na medicina,

---

470 *Vide, supra,* pág. 12.
471 Manfred Vasold, *Pest, Not und ... [...],* ob. cit., pág. 216.
472 Idem, *Ibidem.*
473 Vide, pág. 13 da presente tese.
474 Manfred Vasold, *Pest, Not und ... [...],* ob. cit., pág. 218.

quer ao nível do aprofundamento dos conhecimentos, quer ao nível de novas metodologias de cura; com efeito, a *praxis* era tudo. Daí à passagem de uma observação científica das doenças, e sua consequente teorização, seria um passo. Contudo, o que aqui se quer salientar, é o gradual aperfeiçoamento do médico enquanto tal, agrupado em hospitais, e que assim passa a ter uma maior consciência da sua *classe*; até aí, apenas se viam a si mesmos como médicos *isolados*, quer fossem citadinos, quer fossem da província. A passagem do séc. XVIII para o XIX (revolução francesa, guerras napoleónicas, industrialização) faria o resto.

Com efeito, é a partir dos inícios do séc. XIX que, com o gradual arranque da industrialização, um pouco por todo o lado, ocorre igualmente um aumento da miséria social nas grandes cidades, o que, reflexivamente, vem também a afectar a classe médica. Um pouco por todo o lado começa a sentir-se a necessidade de associação entre os médicos mas, o espírito do individualismo era ainda igualmente marcante. Mas o tempo acelerava-se cada vez mais, e a necessidade de congregação começa a impor-se ao corpo médico. Em breve, a questão não era tanto a de se associarem, ou não, mas sim, em que moldes. Nessa matéria, Virchow, em várias intervenções e em alguns artigos, nomeadamente na *"Medicinische Reform"*, dá o seu contributo.

b) As reflexões de Virchow, em matéria de organização da classe médica

Virchow expõe num longo raciocínio as várias soluções possíveis, bem como as vantagens e desvantagens inerentes em cada um dos modelos. Para começar, distingue a natura, muito própria, da classe médica, relativamente às outras classes profissionais existentes. Em termos globais, Virchow *«defende o modelo de uma associação de classe livre e voluntária, com uma marca democrática e autónoma»*[475]. A liberdade do exercício da profissão médica consistia, segundo Andree, seguindo o pensamento de Virchow, *«na livre concorrência no seio de uma associação médica. Interessava evitar os extremos: quer perante uma concorrência livre, sem associação, quer perante uma associação sem liberdade de concorrência, os efeitos seriam nefastos [...]. Os interesses, a ambição e os objectivos materiais encontrariam a sua finalidade e satisfação, mas também os seus limites, na ligação concorrência livre/associação [...].»*[476]

Em termos muito claros, Virchow emprega o termo "associação", para o distinguir do conceito de "corporação", pois que estas últimas tinham um carácter fechado, ao passo que as associações deveriam ter um carácter aberto ao exterior. Por essa razão, Virchow também defende que o médico poderia entrar e sair dela, quando bem lhe aprouvesse. Em termos internos, *«"a associação terá de concentrar as forças, aumentando--as pela concentração. Ela acabará por fazer sobressair a actividade médica em termos científicos, a qual, nos nossos dias, tantas vezes decai. Ela há-de desenvolver os elementos deontológicos [...] e acabará por ancorar na consciência de cada médico a sua missão humanista. Finalmente [em termos externos] ela há-de entrar em contacto com outros círculos associativos da sociedade que até agora estavam dispersos[...] acabando por levar por diante as pretensões referentes a um aumento do bem-estar material, que é um direito natural de todo o cidadão."»*

---

[475] Christian Andree, ob. cit., pág. 185.
[476] Idem, *Ibidem*, pág. 186.

Por outro lado, à associação da classe médica assistia ainda um importante papel na luta contra o «"*Charlatanismo*"» (nas palavras de Virchow). De facto, «"*nada é mais prejudicial ao charlatanismo que a associação; sim, nós acreditamos que a associação é o único meio preventivo contra aquele. Neste ponto, a associação terá que se comportar como outras associações. A associação encerra em si um júri, um tribunal de honra [...] pois é no interesse da própria associação preservar e fortalecer a sua honra comum, através da* [sindicância da] *honradez e confiança de cada um dos seus membros.*"»[477]; é que a «"*liberdade desorganizada", de forma absoluta, não permite qualquer controlo e qualquer garantia referente à capacidade de trabalho de cada médico em singular, ao passo que numa associação de médicos, os vários membros se controlam uns aos outros [...]*».[478]

Os sucessos que ocorreram desde a revolução francesa fizeram com que «"*a dignidade da 'classe' se tenha perdido em grande parte, abalando a confiança, trazendo à superfície o oportunismo mais sujo. Após a eliminação do patriarcado do Estado, nenhuma classe sentiu talvez com maior necessidade o esforço de aglutinar em si os propósitos individuais numa actuação comum, destinada a dar bons frutos, do que a classe médica.*"»[479]

Nesse sentido (a parte final da afirmação anterior) se compreende que as associações de médicos não poderiam nem deveriam ser corpos fechados para o exterior, e daí não se confundirem com as velhas corporações da idade média. Na sua publicação semanal, a "*Medicinische Reform*", Virchow passa em análise os projectos de alguns Estados alemães em matéria de associações de médicos. O projecto que lhe parece ser o mais completo e acertado vem da Saxónia. O projecto prevê o estabelecimento de «*Medizinalbezirke*» (distritos médicos), compostos pelos médicos de um determinado distrito. A direcção de cada *Medizinalbezirk* seria composto por um «*Bezirksausschuss*» (comissão distrital), composta por «*dois médicos, um veterinário e um farmacêutico. Este grémio é o órgão científico, administrativo e arbitral do distrito médico.*»[480] Em matéria científica, cabe-lhe a tarefa «"*de emitir pareceres relativos à saúde pública e à medicina legal bem como sobre questões referentes a erros médicos*»[481], em matéria administrativa, atribui-se-lhe a «"*fiscalização das instalações e a administração dos hospitais públicos da sua área, o decretamento de medidas de polícia sanitária em caso de eclosão de epidemias e medidas do género bem como a distribuição de médicos suficientes pela área administrativa em causa.*"»[482] Finalmente, cabia-lhe igualmente a defesa dos interesses da comunidade, como a «"*implementação e o desenvolvimento do sentido científico e colegial entre os colegas de profissão*"»[483]. Em matéria arbitral, actuar como «"*júri nas candidaturas ou concursos nas colocações de médicos no distrito, [...]* [actuar como] *última entidade em matéria de determinação de erros médicos e desentendimentos em matéria de questões de honorários, como tribunal arbitral e de honra entre os colegas bem como juiz em todas as questões não atribuídas pela lei positiva a outras entidades*"»[484].

---

[477] Idem, *Ibidem*, pág. 185.

[478] Christian Andree, ob. cit., pág. 185.

[479] Christian Andree, reproduzindo parcialmente o N.º 39 da *Medicinische Reform*, de 30 de Março de 1849, ob. cit., pág. 187.

[480] Idem, *Ibidem*, pág. 188.

[481] Idem, *Ibidem*.

[482] Christian Andree, reproduzindo parcialmente o N.º 40 da *Medicinische Reform*, de 6 de Abril de 1849, ob. cit., pág. 188.

[483] Idem, *Ibidem*.

[484] Christian Andree, reproduzindo parcialmente o N.º 40 da *Medicinische Reform*, de 6 de Abril de 1849, ob. cit., pág. 188.

Paralelamente, o projecto saxónico previa o estabelecimento de uma *"ärztliche Kammer"* (câmara dos médicos), como «*"entidade suprema e especializada em questões médicas e órgão supremo da corporação médica"*»[485], um órgão colegial, composto por médicos, veterinários e farmacêuticos. A sua função seria a de se encontrar à disposição do «*"governo do Estado como órgão especializado em matéria de saúde pública e administração da medicina"*, na medida em que emite pareceres em todos os domínios da ciência médica e elaborando igualmente propostas de lei que incidam sobre a administração da medicina*»[486].

Virchow concorda com o que expôs do projecto em causa; apenas faz a observação de que «*"a câmara dos médicos conduza de forma independente a administração da saúde pública, em todos os aspectos essencialmente técnicos e científicos, tal como já sucede noutros domínios técnicos, como sejam no sector mineiro, das alfândegas, das florestas e correios [...]"*».[487]

Se é verdade que Virchow perspectiva com clareza a necessidade de os médicos se agruparam em associações, ele vê igualmente um duplo problema: «*"Como é que* [a associação] *se deve comportar perante os médicos em particular, e perante o Estado, como um todo?"*»[488] O primeiro problema tem a haver com a filiação: deveria esta ser obrigatória, ou voluntária? Os projectos oriundos da Silésia e do Anhalt estipulavam a aderência obrigatória; o de Berlim, a aderência voluntária. O projecto da Saxónia propõem uma filiação automática: o facto de um médico exercer a sua profissão num determinado distrito, torna-o, *ipso facto*, membro do *Medizinalbezirk*. Quanto ao segundo problema, ele prende-se com a independência da associação perante o Estado; a associação coopera com o Estado, e este último tem por dever auxiliar a associação em casos excepcionais, como, por exemplo, perante uma falta anormal de fundos para custear as suas despesas mais derimentes, como sejam o pagamento de pensões a médicos aposentados ou às suas viúvas.

As discussões em torno desta temática foram-se arrastando, infinitamente. Volvidos 35 anos, por volta de 1884, a questão continuava em aberto, pelo menos nos Estados da Prússia e do norte da Alemanha; os *avisos à navegação*, contudo, iam no sentido de se virem a estabelecer *Associações ex vi lege* (por força da lei), como sucedia já na zona sul da Alemanha.

Sintetizando: a 25 de Maio de 1887 estabelecia-se a *Ärztekammmer*[489] por força de Decreto, para os Estados da Prússia, Baviera, Baden, Saxónia, Württemberg, Hessen, Oldenburg, Hamburgo, Braunschweig, Alsácia-Lorena e Turíngia. Segundo o juízo final, emitido por Andree, «*a classe médica não se havia agrupado de motu próprio e por deliberações livres em associações, como Virchow o teria desejado. Antes pelo contrário, o Estado viu-se obrigado a intervir de forma ordenadora [...]. Nesta questão, portanto, a sua proposta* [principalmente a sua ideia/convicção, de que os médicos seriam suficientemente racionais para tomarem o seu destino e as suas responsabilidades perante a comunidade, em suas próprias mãos] *ficou, no final, votada ao fracasso.*»[490]

---

[485] Idem, *Ibidem*.
[486] Idem, *Ibidem*, págs. 188 e 189.
[487] Idem, *Ibidem*, pág. 188.
[488] Christian Andree, ob. cit., pág. 189.
[489] À letra, *Ärztekammer* significa *Câmara de médicos*; no sentido real, significa *Ordem dos Médicos*.
[490] Christian Andree, ob. cit., pág. 195.

c) A medicina e a curandice

Não obstante o progresso da ciência médica e da formação de médicos cada vez mais *actualizados*, a medicina sempre enfrentou, em todos os tempos, a concorrência de curandeiros e charlatães, alguns dos quais, oriundos do próprio corpo médico. Virchow opera uma distinção entre médicos aprovados pelo Estado, mas que, por alguma razão, cometem erros no exercício da sua profissão, e curandeiros/charlatães propriamente ditos. Passemos a palavra ao próprio Virchow: «*O que é a curandice? É o uso da medicina por um ignorante ou um incapaz. E quem é que é ignorante ou incapaz? Ao que parece, são conceitos relativos. Caso a medicina fosse uma ciência positiva, poder-se-ia afirmar com um grau de certeza aquilo que se deveria saber e fazer, para levar a bom termo a arte médica. Contudo, encontrámo-nos ainda bem distantes [...] pois o círculo da ciência* [conhecimento científico] *aumenta, de ano a ano, de forma que alguém que há 10 anos atrás se encontrava no auge do saber e fosse* [então] *considerado sábio, poderia hoje ser reputado como um ignorante e, consequentemente, curandeiro. Não basta que alguém se convença, uma só vez na vida, de que o médico domina o seu ofício; isso terá de ser feito de forma periódica, tal como ocorre com a vacinação.*»[491]

Ou seja, Virchow encaixa no conceito de curandice igualmente aqueles médicos que, por incapacidade (mormente, por desactualização dos conhecimentos e progressos da ciência), deixam de se encontrar em condições de exercerem uma medicina *actual*.

No restante, o conceito curandice engloba em si toda a massa de indivíduos que, desconhecendo as mais elementares regras e conhecimentos médicos, se dedicam à arte de curar o seu semelhante, com resultados por vezes catastróficos.

Numa primeira análise, a solução poderia residir na solução legal: o estabelecimento de legislação anti-curandice. Só que isso, segundo Virchow, é uma solução errónea; de facto, desde 1685 que existia na Prússia uma lei, o *Medicinaledikt* (Édito da medicina), o qual proibia o exercício da medicina a quem não fosse médico aprovado (pelo Estado, através da prestação de provas públicas). Só que, na prática, essa lei não era observada. Segundo Virchow, «*nada prejudica tanto a autoridade da lei do que a aplicação frouxa daquela, e esse facto, por si só, deveria ser suficiente para derrogar a lei anti-curandice, quando se verifica que ela não é eficaz.*»[492] Além do mais, a legislação anti-curandice não se enquadraria no espírito de um Estado moderno: «"*As leis anti-curandice deveriam proteger os interesses especiais dos médicos, o seu privilégio de poder curar; os enfermos encontravam-se submetidos à curatela do Estado, do Estado de polícia. Ao invés, o Estado moderno, que visa a equiparação dos cidadãos livres, terá ele mesmo de se opor à manutenção de legislação anti-curandice.*"»[493] Segundo a concepção de Virchow, a função de definir o que seria curandice, ou não, deveria ficar confiado à livre e auto-determinação dos cidadãos singulares. Esta concepção parece ser confusa, pois Virchow perfila, em termos ideais, uma *terceira via*.

---

[491] Idem, citando um artigo de Virchow, publicado no N.º 37 da *Medicinische Reform*, de 16 de Março de 1849, ob. cit., pág. 206 e 207.

[492] Christian Andree, citando um artigo de Virchow, publicado no N.º 37 da *Medicinische Reform*, de 16 de Março de 1849, ob. cit., pág. 206 e 207.

[493] Idem, *Ibidem*.

Com efeito, existiam (e existem) duas vias: o estabelecimento de leis anti-curandice, protegendo os interesses dos médicos *hoc senso*, ou a completa ausência de legislações desse tipo, advogando-se a «*"liberdade absoluta de curar"*»[494]. Virchow ilustra as duas vias com exemplos concretos: a *"liberdade absoluta de curar"* vigorou na França, após a Revolução francesa e «*predomina ainda hoje na América. Entretanto, na França, regressou--se às leis anti-curandice. Na América, a liberdade de curar "custa anualmente quase tantas vidas de cidadãos como a malária". Daí que, segundo os dados da experiência, nem as leis anti-curandice, nem a liberdade absoluta de curar são os caminhos correctos.*»[495] A terceira *via*, preconizada por Virchow, consistiria na «*organização da liberdade [...] a única garantia contra o anarquismo e o despotismo*»[496].

Um *sinal* dessa *terceira via* era perspectivada por Virchow no projecto de reforma da medicina de Anhalt, na qual se previa que «*qualquer pessoa pode prestar cuidados médicos, de forma não remunerada, respondendo, contudo, pelo danos que causasse. De forma remunerada apenas o podiam fazer aquelas pessoas que fossem admitidas pelo Estado* [como médicos]. *Em caso de violação destas disposições, os seus agentes seriam criminal-mente punidos – a par da sua responsabilidade para com os danos.*»[497] Contudo, como pressuposto fundamental, Virchow defende que o Estado assuma de forma competente a qualidade da examinação dos médicos: «*Mesmo os médicos reconhecidos perante a lei deverão ser responsabilizados pelos danos que causarem, mas a sua punição terá que ser menos severa do que a punição dos curandeiros e charlatães não reconhecidos* [como médicos]. *Caso cometam erros, resultando estes de uma formação deficiente, haverá que apurar se aqueles se imputam a uma formação tida por deficiente, à luz da evolução científica, ocorrida após a realização do seu exame, ou se a comissão de examinadores fez, na altura, uma exami-nação deficiente. Neste último caso, o procedimento criminal deveria dirigir-se contra os examinadores."*»[498]

No pensamento de Virchow transparece um certo optimismo: «*Segundo os prin-cípios de uma cidadania livre, não podemos procurar uma solução e meios preventivos, no sentido de excluir todos aqueles que não tenham prestado com sucesso o exame estipulado por lei, mas sim, teremos de procurar um dispositivo democrático que sirva de contra--balanço a um outro dispositivo democrático [...]. Quanto mais perfeitas forem as insti-tuições do Estado vocacionadas para o ensino da medicina, quanto mais científico e demons-trativo for o ensino da medicina, quanto mais exigentes e diligentes forem os exames de medicina, tanto mais credíveis serão aos leigos os médicos recomendados oficialmente ou aprovados pelo Estado, e maior será a confiança que aqueles encontrarão e que deles se espera.*»[499] Ou seja, a *terceira via* passa igualmente pelo juízo sadio dos leigos, do povo em geral. Nessa matéria seria por sua vez fundamental que a instrução pública fosse igualmente exemplar, no sentido de transmitir a todos conhecimentos mínimos em matéria de ciências naturais e de medicina, ministrando-os de uma forma prática e não

---

[494] Christian Andree, citando Virchow, ob. cit., pág. 208.

[495] Idem, *Ibidem*.

[496] Christian Andree, citando Virchow, ob. cit., pág. 208

[497] Idem, ob. cit., pág. 208.

[498] Idem, citando um artigo de Virchow, publicado no N.º 37 da *Medicinische Reform*, de 16 de Março de 1849, ob. cit., pág. 209.

[499] Idem, *Ibidem*, págs. 209 e 210.

esotérica. E assim, nesta matéria, chegamos novamente a um dos *chavões* de Virchow: a «*"educação, seguida das suas filhas liberdade e bem-estar"*» que seriam a chave para uma «*"democracia plena e ilimitada"*»[500].

Em suma: a postergação de legislação anti-curandice pressupõe «*como contra-balanço um elevado nível de formação, quer da parte dos médicos, quer da parte dos pacientes*»[501]. A própria questão da curandice intrincava-se num aspecto de dimensões culturais: «*"A evolução cultural da espécie humana é deveras curiosa, mas sempre igual. Partindo da natureza, afastamo-nos cada vez mais dela, até que, subitamente, reconhecemos a nossa desorientação e queremos voltar para trás. Contudo, as dificuldades, que se nos contrapõem, fruto de um conhecimento imperfeito da natureza, arrastam-nos cada vez mais por novos desvios e caminhos erróneos. Primeiramente, somente alguns se conseguem encontrar; aos poucos, seguem-se mais, e só mais tarde é que a nova conquista se torna um bem comum. Foi desta forma que o cristianismo emancipou a escravatura, a Reforma os cidadãos e a revolução os camponeses, e neste momento ocupamo-nos em inserir no movimento cultural os trabalhadores e os que nada possuem. Esta é a longa luta do humano contra o desumano, da natureza contra o anti-natural, do direito contra a injustiça."*»[502] Por sua vez (e concluindo o complicado raciocínio), a medicina iria percorrer um caminho inverso, o de regressar à natureza: «*"[...] Primeiramente, os médicos terão de voltar a ser sacerdotes, os sumo-sacerdotes da natureza na sociedade humana. Mas, com a generalização da formação, esta classe sacerdotal terá que se dissolver, por sua vez, no grupo dos leigos, e a medicina terá de deixar de ser uma ciência especial. A sua última missão, enquanto tal, será a constituição da sociedade em bases fisiológicas."*»[503] Sintetizando (e em termos utópicos), o problema da curandice e dos charlatães morreria por si, a partir do momento em que a medicina e seus conhecimentos se generalizassem pelo género humano.

Na prática, o que vira a suceder, do ponto de vista social e legal, foi a definição de que a medicina só poderia ser exercida por médicos, reconhecidos enquanto tais, pelo Estado. Contudo, as fronteiras tornavam-se cada vez mais fluidas, precisamente pelo progresso da medicina e da farmacologia. Em termos de medicina, cada vez mais esta se ia cindindo em mais especialidades; quanto à farmacologia, potenciava uma crença generalizada em remédios milagrosos. Aos poucos, iam igualmente surgir novas *classes* concorrentes: a dos naturalistas e a dos homeopatas.

No ano de 1891 assiste-se no *Reichstag* a uma série de debates, precisamente em torno da *ärztlichen Pflege* (cuidados médicos), em conexão com a legislação social de Bismarck, que na década de 80 do séc. XIX criou de raiz um sistema social de assistência médica e de reformas para os incapazes para o trabalho, por acidente ou limite de idade. A série de debates, nesse ano de 1891, gravita em torno da cobertura dos fundos públicos (caixa de previdência) com os actos ou cuidados médicos; actualmente parece não haver dúvidas de que *actos* ou *cuidados médicos* só possam ser exercidos por médicos. Na altura, as coisas não eram assim tão transparentes, precisamente pelo surgimento dos "*Naturärzte*" (médicos naturalistas), conceito que tanto englobava assistentes

---

[500] Manfred Vasold, citando as *"Mitteilungen [...]"* de Virchow, ob. cit., pág. 15.
[501] Christian Andree, ob. cit., pág. 212.
[502] Idem, citando um artigo de Virchow, publicado no N.º 37 da *Medicinische Reform*, de 23 de Março de 1849, ob. cit., págs. 212 e 213.
[503] Idem, *Idibem*, pág. 213.

termais, massagistas, como todo um aglomerado de sujeitos que hoje facilmente integraríamos no conceito de "medicinas alternativas" (por exemplo, acupunctura).

Virchow, num discurso proferido perante o *Reichstag*, a 20 de Novembro de 1891, traça uma linha firme entre o interesse individual e o interesse público: «*"Por mim, nada tenho a opor, no sentido de cada paciente poder escolher um médico da sua confiança [...]. Nesta luta concorrencial, em que aparece um "médico naturalista" que funda um consultório e que tem em mente toda uma série de coisas que são essencialmente de natureza financeira [...] este homem não tem a mínima intenção de realizar uma actividade de cariz científico [...]. Ele pretende constituir um consultório que seja rentável e que sirva os seus interesses materiais [...]. Quando aparece alguém e diz: eu não tenho confiança para com os vossos médicos, eu conheço um homem que é um excelente médico naturalista, é a esse que eu me vou dirigir, e ele deverá ser pago pelo erário público."*»[504], Virchow é da opinião que o homem individual deve ser livre de escolher o que se lhe afigurar ser melhor; contudo, a prestação de cuidados médicos por quem não é médico, não deverá ser suportada pela caixa de previdência: «*"Não quero proibir que ninguém se possa tratar a expensas suas, por um médico naturalista ou por quem quer que seja; ele que faça o que bem entender. Contudo, terei de afirmar que isso abre a porta não só à curandice, como lhe dá guarida. Pois isto é algo que é evidente: no preciso momento em que se declara, até às mais altas instâncias do Reich, que o médico pode também ser um não-médico, e que se possa admitir que naqueles pontos em que a lei exija um médico, se possa chamar um não-médico – vossas excelências introduzem uma protecção directa à curandice."*»[505]

Segundo Andree, nesta matéria «*Virchow não deixa de ser generoso ao delimitar as fronteiras dentro das quais as pessoas deveriam beneficiar da caixa de previdência. Desde que as pessoas que prestassem os cuidados [médicos] tivessem atrás de si alguma formação médica, os seus serviços deveriam ser pagos pela caixa de previdência. Neste ponto Virchow fala de "auxiliares médicos, barbeiros, cirurgiões e médicos mais novos, por exemplo, os que se encontram ligados à esfera militar, mas que ainda não prestaram os seus exames. É todo um conjunto de pessoas que têm um mínimo de experiência prática e que em parte beneficiaram do ensino da medicina. Reconheço que em certos casos eles sejam úteis e que possam ser utilizados."*»[506]

Já os denominados *"médicos naturalistas"*, estes não fariam parte desse grupo. Segundo Virchow, esses não passariam de «*"pessoas, que se limitam a dizer: eu quero ser médico; pessoas que nada fizeram para um verdadeiro desenvolvimento técnico, que nunca ganharam conhecimentos práticos em qualquer área, sob o supervisionamento de pessoas entendidas, e que apenas se limitam a afirmar um 'sic volo, sic jubeo'"*»[507].

Relativamente à homeopatia, Virchow mostra-se impiedoso. Andree, parafraseando Virchow, escreve que «*se alguém, após o seu exame de medicina, se converter num homeopata, isso não permite concluir por si de que a medicina ensinada nas universidades seja má*»[508]. Num discurso proferido a 21 de Novembro perante o *Reichstag*, Virchow afirma que «*"em todas as ciências há um grande número de pessoas que julgam conseguir ir mais*

---

[504] Christian Andree, citando um discurso de Virchow perante o *Reichstag*, ob. cit., págs. 216 e 217.
[505] Idem, *Ibidem*, págs. 217 e 218.
[506] Christian Andree, ob. cit., pág. 218.
[507] Andree, citando Virchow, ob. cit., pág. 218.
[508] Idem, ob. cit., pág. 219.

longe, trilhando um caminho que lhe pareçe especial, e, nesta matéria, só posso dizer o seguinte: A maioria dos homeopatas cuja vida me é conhecida, converteram-se à homeopatia como seu ideal, não por convicção, mas por motivos de ordem prática."»[509] Num outro discurso, tendo igualmente por alvo a homeopatia (em concreto, a ministração de tratamentos homeopáticos em hospitais públicos), proferido a 7 de Maio de 1897, perante o *Reichstag*, Virchow afirma que «*"[...] caso isso venha a suceder, a Prússia deixaria muito em breve de encabeçar as nações cultas; em breve se chegaria ao fim da decadência científica"*»[510].

Sintetizando: em termos de saúde pública, a medicina apenas poderia e deveria estar confiada a médicos, aprovados e reconhecidos pelo Estado como tais. A *bona fide* pública não podia nem deveria exigir outra coisa.

d) Os "médicos para indigentes"

Desde os tempos mais remotos (pelo menos, desde os primórdios do cristianismo) que se denota uma preocupação com a assistência médica aos indigentes. Sucede que ao longo dos séculos, a referida assistência aos pobres se encontrava, por via de regra, entregue a instituições eclesiásticas. O ditame provinha do *amor ao próximo* e da *misericórdia*; só que, a voragem da velocidade das alterações sociais bem como do *progresso* impunham por si novas regras; por outro lado, o fosso das desigualdades sociais era cada vez mais confrangedor. Pelo menos a partir da segunda parte do séc. XVIII passa a assistir-se a uma inflexão: a criação dos primeiros hospitais *modernos* (por exemplo, o hospital fundado por José II, em Viena, 1785), tendo em vista não o simples *depósito* de enfermos terminais, mas a cura e o restabelecimento; a *modernidade* assenta num ideário triplo: a assistência aos enfermos, a formação prática dos médicos e o progresso do conhecimento e da ciência médica. Paralelamente, assiste-se à criação, junto das comunidades populacionais, de médicos *semi-públicos*, pagos pela comunidade ou pela administração pública, para tratar dos indigentes. Ora, o *estatuto* dos médicos dos indigentes carecia de ser reformado, de raiz.

Virchow debruça-se sobre esta matéria na sua *Medicinische Reform*, ao longo de vários fascículos. A regra (e por base temos apenas o que sucedia no Estado da Prússia e na Província da Silésia), por volta de 1848/1849, era a existência de um determinado número de médicos, especialmente *vocacionados* para o tratamento dos indigentes, por via de um atestado administrativo, do Estado ou da comunidade. Virchow critica tal estado de coisas e propõe uma reforma radical.

Antes de entendermos cabalmente as propostas de Virchow nesta matéria da assistência médica aos indigentes, há que analisar a situação vigente no seu tempo. Com efeito, «*o médico dos pobres era um médico, empregado e pago pelo Estado, adstrito a uma comunidade ou Distrito, e que se encontrava obrigado a tratar de pessoas sem meios, na justa medida em que estes eram obrigados a deixar-se tratar por aquele – o que, segundo Virchow, era uma situação ingrata e injusta para ambas as partes: por parte do doente, pois caso não confiasse no médico, só lhe restava a alternativa de ficar sem assistência; por parte do médico, porque só uma "concorrência sem medidas" o poderia obrigar a aceitar*

---

[509] Idem, citando um discurso de Virchow, ob. cit., pág. 219.
[510] Idem, *Ibidem*.

um trabalho comparativamente tão mal remunerado. Por outro lado, ambas as partes poderiam ficar satisfeitas, "pois havia regiões em que os enfermos procuravam desesperadamente um médico, e numerosos médicos que se acabavam por conformar com esse cargo, após anos de concorrência feroz [...]"»[511]. Prosseguindo na análise da situação vigente, Virchow afirmava que «*"os doentes pobres colocavam exigências ao médico que oficialmente se lhes havia colocado à disposição, exigências como se fossem formuladas por um rico, que não se atreveria a formular estas sem a contra-partida de promessas de excelente remuneração; os pobres confrontavam o médico de forma desconfiada, sem cerimónias e com bruteza [...] exigindo dele todos os sacrifícios, de dia e de noite, exigindo a sua entrega, de corpo e alma. O médico, por sua vez, preocupado com os seus afazeres e sua subsistência, e sem os meios necessários para tratar dos doentes, e quase sem perspectiva de ver reconhecido em termos pessoais os seus esforços [...] facilmente negligenciava os seus doentes [...]"»*[512].

As soluções preconizadas por Virchow são radicais, já que propõem nos vários fascículos da sua *Medicinische Reform* uma reforma radical. Para começar, deveria deixar de haver *concurso público*, em matéria de nomeação, por parte do Estado ou da comunidade, de médicos para enfermos indigentes. O princípio deveria assentar no voluntarismo: aqueles médicos que estivessem dispostos a conferir a sua assistência aos doentes indigentes, deveriam agrupar-se «*"numa associação de médicos para indigentes"*»[513]. Seguidamente, esta associação apresentar-se-ia ao município ou distrito, oferecendo os seus préstimos em matéria de assistência médica aos indigentes, fixando igualmente os honorários, a cobrir pelo erário público. Conclui-se, assim, que estes médicos mantinham a sua independência, já que, oferecendo os seus préstimos, de forma voluntária, não entrariam em nenhuma dependência funcional.

A bondade da solução preconizada por Virchow assenta na sua fé no humanismo, por parte da classe médica. Nenhum médico poderia ser *obrigado*, contra a sua vontade, a prestar cuidados de saúde, de forma quase exclusiva, aos pobres.

Mas, a crítica mais mordaz de Virchow liga-se à própria pobreza, e ao compromisso social (*rectius*, à falta deste), por parte das entidades públicas, em irradicar aquela. Numa das suas primeiras críticas, Virchow afirma que o Estado se limitava a esperar que o cidadão X chegasse ao limite da pobreza, para, depois, com base num atestado, ter direito a um médico para indigentes; vale a pena ler as palavras de Virchow: «*"[o Estado] [...] limitava-se a esperar tranquilamente, até que o pobre ficasse absolutamente pobre. Todos os seus esforços para se proteger da pobreza total eram inúteis; primeiro teria de ser proletário, e só depois é que se lhe dava, pela via burocrática, uma série de papéis de legitimação que atestavam a sua pobreza para todo o sempre. O indigente não precisava apenas de sentir a sua miséria, não senhor: ele tinha que a trazer consigo, preto no branco, no seu bolso. Só assim é que lhe era garantida a assistência: a garantia de um médico especial para pobres ficava-lhe garantida de antemão."*»[514]

O que Virchow propõe são medidas preventivas para evitar que as pessoas chegassem sequer ao limiar da pobreza, combinando tais medidas com o princípio da saúde

---

[511] Christian Andree, citando excertos da *Medicinische Reform*, N.º 18, de 3 de Novembro de 1848, ob. cit., pág. 223.

[512] Christian Andree, ob. cit., citando excertos da *Medicinische Reform*, N.º 18, de 3 de Novembro de 1848, págs. 223 e 224.

[513] Idem, que extrai a expressão na *Medicinsche Reform*, de 9 de Fevereiro de 1849, ob. cit., pág. 231.

[514] Idem, *Ibidem*, ob. cit., pág. 225.

pública. Na opinião de Virchow, «"*se se quiser converter em verdade o princípio da prestação de saúde pública, decorrente do princípio da igualdade de todos [...] então, ter-se-á
de libertar igualmente os pobres da sua situação de exclusão, expurgando a sua falta de
liberdade, resultante do estado de carência em que se encontram.*"» Andree, parafraseando
Virchow, afirma que «*isso só seria possível, se se abrissem aos pobres as possibilidades de
adquirir formação e bem-estar, garantindo a sua autonomia individual, tanto quanto
possível [...] A solução, segundo Virchow, radica na "destruição da plebe", na medida em
que se integre esta na sociedade e "se permita que esta comparticipe nos direitos e benefícios
dos princípios fundamentais de cidadania [...]"»*[515]. Assim também se compreende a *solução
final*, repetidas vezes apontada por Virchow: «"*Por isso sempre apontámos a democracia
como sendo a primeira condição para a solução das questões sociais, da manutenção e garantia da existência do Estado, da sociedade e da família; acima de tudo, o mesmo direito
político, a destruição dos privilégios, a emancipação da pessoa.*"»[516]

Em jeito de conclusão, podemos afirmar que esta premissa política, apontada por
Virchow, só iria encontrar plena consagração com a constituição de Weimar, em 1919.

A título de apêndice, importa ainda focar o papel de Virchow na reforma e edificação de novos hospitais. Também nesta matéria, Virchow tinha alguns trunfos: para
além de ser um homem da ciência, Virchow exercia funções de relevo no município
de Berlim.

Em matéria de hospitais, Virchow pugnava por um sistema hospitalar de feição
descentralizante, de forma a acompanhar igualmente o crescimento, demográfico e
territorial, da urbe. O efeito prático foi o da gradual edificação de um hospital por cada
Bezirk (distrito/freguesia) de Berlim; simultaneamente, Virchow bateu-se igualmente por
instituições hospitalares de feição especializada. Nesta área merece destaque a criação,
nos anos setenta, do primeiro hospital pediátrico; até aí, as doenças do foro infantil não
haviam merecido especial atenção. Neste seu propósito, Virchow recebeu importantes
apoios por parte do futuro imperador Frederico III (pai de Guilherme II), se bem que
tivesse que enfrentar uma luta titânica na assembleia municipal para que a ideia passasse
do papel para a realidade. O hospital pediátrico de Berlim, bem no que respeita às suas
específicas atribuições, constituiu uma das grandes paixões de Virchow: «*Ele ordenou que
aí* [no hospital pediátrico] *se realizassem vacinações igualmente para as crianças oriundas
das classes mais desfavorecidas, de forma gratuita, organizando os necessários meios. Como
em todas as áreas, também aqui ele se mostrou aberto ao progresso da medicina. Assim, ele
utilizou a descoberta de Koch, sob a forma das vacinações contra a tuberculose e a difteria,
mesmo quando isso foi contrário à sua concepção teórica.*»[517]

Outra das suas pequenas, mas não menos significativas vitórias, foi a instituição
de centros hospitalares especializados na convalescença de vítimas de acidentes de
trabalho. Ao nível da enfermagem, conseguiu que o futuro corpo de enfermagem fosse
lentamente formado fora das confissões religiosas[518].

---

[515] Andree, com algumas citações de Virchow, ob. cit., pág. 226.
[516] Idem, citando Virchow, ob. cit., pág. 226.
[517] Christian Andree, ob. cit., pág. 95.
[518] A título de curiosidade, refira-se que ainda hoje se notam resquícios da origem religiosa da
enfermagem: o vocábulo alemão para "enfermeira" é "*Schwester*", que significa "*Irmã*".

CAPÍTULO XIV

OS ÚLTIMOS ANOS

Os últimos anos de Virchow não são diferentes dos anteriores. Virchow continua a dedicar-se à antropologia e à pré-história, lançando publicações e intervindo em vários congressos. Continua igualmente a sua actividade como vereador no município de Berlim, cumprindo também as suas funções no *Landtag*; já quanto ao *Reichstag*, Virchow deixa de fazer parte do hemiciclo em 1893, ao perder o seu lugar para um social-democrata. No mundo académico, Virchow mantém a sua actividade de docente. Aliás (e isto poderia servir como exemplo para muitos), Virchow conseguiu sempre desempenhar as suas várias funções, nunca as subalternizando. Ou seja, se bem que Virchow *acumulasse funções* (quer políticas, como a acumulação do cargo de deputado junto do *Landtag* com o de deputado ao *Reichstag*, e ainda a sua actividade na vereação de Berlim, quer científicas, como a acumulação das funções de docente e de examinador com o de director do Instituto de Patologia – sem contar com as várias direcções em outras áreas, como a antropologia e pré-história –, quer ainda as suas inúmeras viagens científicas), ele sempre se orgulhou de não ter deixado para trás nenhuma delas.

A nível académico, destaca-se a eleição de Virchow como reitor da Universidade de Berlim, em 1892; Virchow já havia concorrido nos anos de 1887 e 1888, mas perdera em ambos, pois, segundo Vasold *«aos olhos dos seus colegas professores junto da universidade de Berlim, ele era demasiado liberal [...]»*[519]. Um dos maiores escritores prussianos da época, amigo e admirador de Virchow, Theodor Fontane (como o nome indica, descendente de emigrantes huguenotes), a propósito das duas eleições falhadas, e na sequência da morte de Frederico III[520], escreveu numa carta pessoal o seguinte: *«"Estou contente pelo facto de Virchow não ter sido eleito reitor, não obstante a maior admiração que nutro por ele [...] Um reitor da universidade de Berlim, que, praticamente,*

---

[519] Manfred Vasold, ob. cit., pág. 377.

[520] Frederico III, filho de Guilherme I e pai de Guilherme II, era um claro defensor do sistema liberal e parlamentar segundo o figurino britânico; subindo ao poder, já minado pela doença, apenas reinou por 100 dias, tendo falecido de cancro. A sua morte foi traumática para homens da sua linha de pensamento político, como foi o caso de Virchow. Com Guilherme II continuava-se um regime político semi-democrático e semi-autocrático.

todas as manhãs olha para dentro da janela[521] *do rei da Prússia e imperador da Alemanha, tem de se relacionar bem com ele. Sob Frederico III, isso teria sido possível*[522]*; agora, já não.*"»[523]

Em termos de reconhecimento público, neste últimos anos, este cindia-se em duas vertentes: a vertente enquanto *homo politicus*, e a vertente enquanto *homo cientificus*. Na primeira vertente, o reconhecimento, como facilmente se intui do exposto ao longo da presente tese, foi ténue. Já quanto à segunda vertente, Virchow era festejado como um dos exponentes máximos, enquanto cientista, médico, pré-historiador e antropólogo, dentro e fora da Alemanha. Na última década da sua vida, Virchow continua a frequentar assiduamente vários congressos, mormente, internacionais. Em 1893 discursa em inglês perante a *Royal Society*, em Londres, tendo por tema *"The Position of Pathology in Biological Studies"*; em 1894 participa no Congresso Internacional de Medicina, em Roma, apresentando o tema *"Morgagni e o pensamento anatómico"*[524].

Enquanto docente, a sua presença na universidade de Berlim (e, tal como havia sucedido décadas antes, em Würzburg) funcionava como um íman. Estudantes e médicos de toda a orbe terrestre deslocavam-se a Berlim, para ouvir as suas prelecções; segundo nos informa Vasold: «*Muitos russos e alguns americanos frequentaram as suas prelecções em Berlim, alguns japoneses e alguns chineses. Moriharu Miura, um médico japonês, foi assistente de Virchow até 1887; depois regressou ao Japão e em pouco tempo estruturou a patologia nipónica ao nível das premissas de Virchow [...] Mas mais forte ainda foi a influência de Virchow na Rússia: inúmeros artigos do seu "Archiv" eram oriundos da pena de russos ou de alemães que trabalhavam na Rússia.*»[525]

Na sua vertente enquanto antropólogo e pré-historiador, Virchow redigiu ainda inúmeros artigos para a «*Zeitschrift für Ethnologie*» (Revista de Etnologia) e «*Nachrichten über deutsche Altertumsfunde*» (Notícias sobre achados da antiguidade alemã).

Contudo, Virchow era mortal, a sua vida aproximava-se do ocaso. Mas o destino ainda lhe reservou um tempo especial, um tempo que a poucos mortais é dado viver e sentir: o tempo de saborear os frutos da obra feita bem como a gratidão dos seus semelhantes (é significativo que, ainda em vida, várias cidades alemãs tenham atribuído o seu nome a ruas e praças). Com efeito, no ano de 1901 ocorreu um conjunto de festividades, destinadas a celebrar o seu 80.º aniversário. Em Outubro de 1901, dia 13, grande parte do mundo científico, nacional e internacional, deslocou-se em peso a Berlim, para lhe prestar a justa homenagem.

Em Dezembro desse ano, no dia 15, Virchow publica um artigo no seu *"Archiv für pathologische Anatomie und Physiologie und für klinische Medicin"* (Arquivo para patologia anatómica e fisiologia e para medicina clínica), intitulado *"Zur Erinnerung.*

---

[521] O palácio real ficava praticamente defronte da Universidade de Berlim, na *Unter den Linden*, a enorme via de acesso ao *Brandenburger Tor* (Porta de Brandemburgo), com a sua famosa quadriga.

[522] A ilustrar as boas relações pessoais entre Virchow e Fredrico III, Ackerknecht refere o facto de Virchow ter sido perspectivado como potencial candidato a um cargo governativo, a saber, ministro dos Negócios Estrangeiros, graças ao seu múltiplo saber, às suas viagens, ao seu domínio de várias línguas, bem como o seu constante interesse pela política internacional; o breve reinado de 100 dias não permitiu que isso acontecesse (informação recolhida em Ackerknecht, ob. cit., pág. 155).

[523] Manfred Vasold, citando uma carta de Theodor Fontane, ob. cit., pág. 378.

[524] Título das temáticas recolhido em Vasold, ob. cit., pág. 377.

[525] Manfred Vasold, ob. cit., pág. 379.

Blätter des Dankes für meine Freunde" (Para recordação. Páginas de agradecimento aos meus amigos)[526]. A justificação assentava na impossibilidade de agradecer de forma pessoal a todos, incluindo os quase 800 telegramas oriundos de todo o globo. Nesse artigo, Virchow traça em linhas gerais uma retrospectiva da sua vida. Segundo Virchow, toda a sua obra e suas actividades haviam despertado naqueles 16 dias que passara em 1848, na província da Alta Silésia. Seguem-se aqui alguns excertos desse artigo. Assim, referindo-se ao volume astronómico da correspondência recebida, quer das individualidades que em Outubro estiveram presentes *in persona* em Berlin, Virchow afirma que: «*Isso advém do facto de, ao longo da minha vida, me ter dedicado a diversas áreas da investigação e de actividades [...] e de ter percorrido toda a Europa bem como zonas importantes da África e da Ásia. Em todos esses locais estabeleci relações pessoais, em grande parte profícuas, encabeçadas por pessoas excepcionais [...] Assim, a direcção dos meus estudos [...] tiveram por objecto quer a medicina e as ciências, como igualmente a antropologia e a arqueologia, por vezes também a literatura, a filosofia, a política e as questões sociais [...]. Esta mistura não foi arbitrária nem tendenciosa [...] Mais uma vez aproveito a oportunidade de trazer à lembrança a inevitabilidade de estabelecer uma relação directa entre a medicina prática e o poder legislativo, o que tentei fazer já aquando da "Reforma da Medicina" [...] Desde que a higiene pública passou a fazer parte integrante da assistência pública, a objecção, segundo a qual, um médico não deveria ser igualmente político, perdeu todo o seu sentido.*»[527] No final, transparece igualmente a sua crença na democracia, bem como a fé que deposita no ser humano, pois, referindo-se às honras que lhe foram prestadas, Virchow afirma que estas «*são a gratidão do povo, e por isso posso aqui afirmar: Confiem no povo e trabalhem para o povo e pelo povo, e não vos faltará a justa recompensa [...] É este o meu credo, e espero poder viver com ele até ao fim dos meus dias.*»[528] Durante as festividades e honrarias de que foi alvo, Meyer fornece-nos um testemunho do próprio Virchow, tendo por base, precisamente, a especial gratidão de que era alvo, principalmente pela gente nova: «*"Quando, após uma das festividades, me dirigia a casa, a altas horas da noite, encontrei para surpresa minha, a minha pequena rua, a Schellingstrasse, toda iluminada. Eu não fazia a mínima ideia de que os meus vizinhos me queriam honrar desta forma. Mas a rua estava também cheia de crianças, algumas delas bem pequenas; tive de romper literalmente o meu caminho para casa por uma ala de crianças, e os "vivas" só pararam quando transpus a ombreira da casa. A partir desse dia, sempre que me encontro na rua, as crianças vêm ter comigo, estendem as suas mãos e dizem-me "Bom dia, Senhor Virchow!".*»[529]

Na noite do dia 4 de Janeiro de 1902, Virchow dirigia-se a uma reunião na sociedade de geografia. Ao saltar do eléctrico, escorregou no gelo e fracturou o colo do fémur. Virchow nunca mais viria a recuperar dessa queda, se bem que continuasse a dirigir várias das suas actividades, a partir do leito.

No dia 5 de Setembro de 1902, pelas duas horas da tarde, Virchow morre por insuficiência cardíaca. A 9 de Setembro tiveram lugar as exéquias; dezenas de milhares de berlinenses, bem como inúmeras individualidades científicas e políticas, assim como

---

[526] Referido em Christian Andree, ob. cit., pág. 274.
[527] Christian Andree, citando Virchow, ob. cit., págs. 274, 275 e 276.
[528] Idem, *Ibidem,* pág. 277.
[529] Ernst Meyer, ob. cit., págs. 106 e 107.

representantes de várias associações científicas e leigas, acompanharam o trajecto fúnebre, desde os paços do Concelho até ao cemitério com o nome Matthäi-Kirchhof. É de destacar que as exéquias, se bem que não assumissem as proporções de um *funeral de Estado* (por exemplo, o imperador Guilherme II não assistiu ao funeral [...] mas emprestou a sua carruagem pessoal para as cerimónias)[530], assumiram as proporções de um *funeral de município*: com efeito, pela primeira vez na história, era a própria edilidade de Berlim que, atestando a sua gratidão pelas obras e feitos de Virchow, tomava a seu cargo os custos das exéquias (aliás, já em 1891, a cidade de Berlim lhe concedera o privilégio de cidadão honorário). Nas palavras de Vasold: *«Não era apenas a Alemanha, era todo o mundo que exprimia o seu pesar.»*[531]

---

[530] Informação recolhida em Christian Andree, ob. cit., pág. 132.
[531] Manfred Vasold, ob. cit., pág. 132.

CAPÍTULO XV

VIRCHOW: ASPECTOS DA SUA VIDA PRIVADA

Não nos pareceria justo encerrar a presente tese, sem lançar alguma luz sobre Virchow, enquanto homem privado. Com efeito, a vida privada tem a sua importância, pois que os hábitos e vícios de qualquer figura *pública* não deixam de se repercutir sobre aquela (e daí se pode compreender a importância dos *Censores*, nos tempos da velha República romana). Para tranquilidade geral, podemos afirmar que Virchow era um homem sem mácula, modesto e exemplar.

Comecemos pelo Virchow enquanto filho. Virchow sempre cuidou com extrema dedicação e respeito os seus progenitores. Particularmente no que se refere ao seu pai. Vimos ao longo desta tese a existência de conflitos entre Virchow e o seu pai: ambos encontravam-se em mundos por vezes opostos. Não obstante, assim que Virchow assegurou a sua subsistência, e na justa medida em que se ia estribando no mundo científico, foi Virchow que passou a auxiliar o seu pai, incluindo a remessa de dinheiro para este manter o seu pecúlio; a gestão não era, com efeito, uma das qualidades do pai Virchow. Extremamente tocante é o episódio da morte do pai de Virchow, ocorrida nos finais de Dezembro de 1864, na sua terra natal, Schivelbein, relatado por Virchow na correspondência endereçada à sua mulher, Rose. «*Quando leres estas linhas, já terás sabido da notícia pelo telegrama que o coração irrequieto do meu pai deixou de bater. A primeira parte da noite foi má, ele queria levantar-se, via os seus animais, chamava os seus empregados; depois ficou mais calmo, a tosse ficou mais solta, mas muito sangue; depois adormeceu com interrupções, a respiração começou a ficar cada vez mais lenta, seguindo-se longas pausas, até que veio uma que se tornou eterna.*»[532] Noutra carta, escrita na primeira noite após a morte do pai, vemos um Virchow sentimental, melancólico: «*Meu querido tesouro, já é outra vez meia-noite, e eu encontro-me completamente sozinho, com o cão e os gatos, pela primeira vez nesta casa. À minha volta pairam milhares de recordações. A vida do meu pai, muito antes do meu nascimento, abre-se à minha frente em inúmeros documentos, e volto a viver a minha juventude, como que num sonho. E digo para mim mesmo que esta será a última vez que isto me sucede. Neste dia sinto-me velho e desco-*

---

[532] Manfred Vasold, ob. cit., pág. 193.

nhecido [...] Aí esta ele, no caixão que ele próprio encomendou, com as suas vestes festivas, na mão um ramo verde do seu jardim, e o seu rosto parece calmo, suave, se bem que pálido e com contornos [...]"»[533]. Já após o funeral, podem ler-se as seguintes palavras: «*É novamente noite, e ainda estou mais só do que ontem. Hoje à tarde, pelas 3 horas, levámos o pai a enterrar. A participação geral, quase que posso dizer, de toda a cidade, aliviou-me um pouco o penoso trajecto [...]"»[534]*.

Virchow casou com 29 anos com uma jovem de 18 anos, Ferdinande Amalie Rosalie Mayer (29/02/1832 – 21/02/1913), em Agosto de 1850, em Berlim; Virchow tratava a sua mulher pelo nome de Rose. Enquanto marido, Virchow foi certamente extremoso, embora nem sempre tenha dado a devida atenção à sua mulher, em virtude de andar sempre ocupado com mil e uma tarefas, fora as suas viagens pelo mundo fora. Segundo nos refere Vasold: «*Sobre o matrimónio de Virchow sabe-se muito pouco. [...] Como marido, Virchow parece ter sido um marido dedicado; mas, simultaneamente, era também um patriarca. A sua mulher não era uma companheira que o equivalesse; ela desempenhava quase o papel de uma criança. Rose Virchow andava constantemente adoentada; talvez tentasse por este meio chamar a atenção sobre si.*»[535] Em termos gerais, o matrimónio terá sido bom, pois Vasold refere que «*nas cerca de 1.000 páginas impressas*»[536], referentes à correspondência de Virchow com os seus pais, não se vê um único queixume relativamente à sua vida conjugal; o mesmo vale para a correspondência trocada com amigos e conhecidos. Rose Virchow virá a falecer em 1913, encontrando-se enterrada ao lado de Virchow.

Enquanto pai, Virchow teve seis filhos, tendo os três primeiros nascido em Würzburg. Karl Virchow (1/08/1851 – 21/09/1912), que virá a ser químico e doutorado em filosofia; Hans Virchow (10/09/1852 – 7/04/1940), que virá a ser doutorado em medicina, professor honorário e professor de anatomia na Academia Real das Belas Artes, em Berlim; Adele Virchow (1/10/1855 – 18/05/1941), que virá a casar com Rudolf Henning, eminente germanista; Ernst Virchow (24/01/1858 – 5/04/1942), que se destacará como jardineiro da corte; Marie Virchow (29/06/1866 – 23/10/1951), que se casará com Carl Rabl, professor de anatomia na universidade de Praga, e Hanna Elisabeth Maria Virchow (10/05/1873 – 28/11/1963), a qual prestará uma contribuição inestimável na decifração da correspondência de Virchow[537]. Virchow teve um papel relevante na orientação, diríamos hoje, *profissional* dos seus filhos, não só enquanto homem das ciências, mas fundamentalmente, como pai. Em suma, também em termos familiares, Virchow foi uma pessoa abençoada.

Enquanto pessoa em si, Virchow caracterizava-se por um estilo e vida quase espartanos, frugal, nunca se tendo dado a grandes luxos, embora a partir de um certo momento da sua vida não lhe faltassem os meios para isso. Esses aspectos espartanos davam azo a piadas, principalmente por parte dos estudantes. Como nos dá conta Ackerknecht, «*os estudantes berlinenses costumavam dizer que ele só utilizava charretes*

---

[533] Manfred Vasold, ob. cit., pág. 194.
[534] Idem, *Ibidem,* págs. 194 e 195.
[535] Idem, *Ibidem,* pág. 118.
[536] Christian Andree, ob. cit., pág. 79.
[537] As datas de nascimento/óbito, bem como as informações adicionais sobre os filhos de Virchow foram extraídas em Christian Andree, ob. cit., págs. 78 e 79.

de II classe, porque não havia charretes de III classe.»[538] Enquanto homem privado, é Ackerknecht quem melhor nos descreve Virchow: «*Ele era muito acessível. Após as reuniões, ele gostava de ir com os colegas e os estudantes beber um copo de vinho ou cerveja, entoando cânticos. Ele consumia tabaco de rapé; quando era jovem, gostava de dançar. Nas suas férias, jogava bowling, nadava e escalava montanhas. Ele era hospitaleiro, e não convidava apenas os seus semelhantes, mas também os seus assistentes, e frequentava a casa daqueles. Ele podia ser muito alegre, especialmente no seio da sua família, que o venerava. Como bom alemão, era capaz de se emocionar profundamente com a música.*»[539]

A Virchow também não faltava sentido de humor, um humor bem mordaz. Alguns exemplos: numa carta a seu pai, de 1860, tendo por referência o jubileu da universidade de Würzburg, Virchow escreve que «*"até já mandei fazer uma nova toga, e pela primeira vez vou passear as minhas condecorações [...] de forma que espero representar um autêntico macaco da civilização[...]"*»; numa carta datada de 1881, endereçada a Schliemann, alusivo a uma cerimónia de condecoração agendada para este, Virchow afirma que «*"para o nosso mundo de feição burocrática, com uma condecoração, você entra para a classe dos comuns mortais. Isso não irá impedir que os imortais lhe continuem a ser misericordiosos"*»[540]. A sua linguagem irónica transparece também profusamente nos seus discursos parlamentares. Por vezes, deixou também algumas citações polémicas. A mais polémica e conhecida delas: «*"Autopsiei milhares de cadáveres, mas nunca encontrei uma única alma."*»[541] Contudo, num discurso perante o *Reichstag*, citado por Andree, Virchow, no âmbito de um debate sobre ciência e religião, nega alguma vez ter dito tal coisa. Outra característica de Virchow, enquanto pessoa, era o de *brincar* com os espíritos mais sensíveis, aquando da prática das autópsias. Por exemplo, quando se autopsiava um cadáver que contasse já alguns dias, Virchow, quando via algum dos seus alunos com manifestações de mal-estar ou de *impressão*, interpelava-os com a frase: "*E vossemecê quer ser médico!?*"[542].

Finalmente, pergunta-se, como foi possível a um comum mortal desenvolver uma obra tão colossal, em vários domínios, simultaneamente? Ao que parece, tal como Napoleão, Virchow não perdia muitas horas com o sono. Era usual dormir diariamente apenas 3 a 4 horas[543]. Deste modo, e fugindo à regra, Virchow não passou 1/3 da sua vida a dormir, como sucede normalmente com o comum dos mortais, o que lhe dava mais tempo.

---

[538] Erwin Ackerknecht, ob. cit., pág. 30.
[539] Idem, *Ibidem*.
[540] Ambas as citações colhidas em Heinrich Schipperges, ob. cit., pág. 21.
[541] Citação recolhida no site http://www.dafkurse.de/lernwelt/menschen/virchow.htm, pág. 3.
[542] Informação recolhida no site anterior.
[543] Christian Andree, ob. cit., pág. 132.

CAPÍTULO XVI

VIRCHOW: OS 100 ANOS SEGUINTES À SUA MORTE

Em termos gerais, a memória *post mortem* de Virchow conhecerá um curioso calvário: em linhas gerais, momentos de ostracismo e de ressurreição, quer *à direita*, quer *à esquerda*. Nas linhas que se seguem tentaremos dar conta do surgimento de três Virchows diferentes, correspondentes a três Alemanhas distintas: o III Reich, a extinta RDA e a República Federal da Alemanha.

Nas primeiras 3 décadas após a sua morte, a figura de Virchow ficou sem mácula, embora, a breve trecho, se notassem uns tímidos ataques, oriundos de meios intelectuais suspeitos, diríamos mesmo, medíocres. Os primeiros ataques têm lugar nos anos vinte. Em 1922, por exemplo, surge um artigo anónimo, publicado no periódico *"Deutsche Tageszeitung"*, sob o título *"Konfessionelle Verhetzung unter wissenschaftlichem Deckmantel"* (Perseguição religiosa sob a capa da ciência), no qual Virchow é acusado de ter desconhecido completamente os factos históricos. Já em 1921, num artigo subscrito pelo pré-historiador Karl Schuchhardt, tendo por objecto os préstimos de Virchow na pré-história, este lança a acusação de Virchow ter sido «*uma pessoa completamente ignorante que apenas teve o descaramento de escrever sobre coisas que não entendia*»[544].

Outro ataque verifica-se em 1931, por parte de um reitor de um liceu feminino; num escrito, intitulado *"Männer gegen Tod und Teufel"* (Homens contra a morte e o diabo), o reitor denuncia Virchow como judeu, o que obriga um dos filhos ainda vivos de Virchow a comprovar a sua *arianidade*[545].

Nos anos de 1940 e 1941, o conselheiro médico austríaco, Josef Lartschneider, em dois opúsculos, intitulados *"Hippokrates oder Virchow?"* (Hipócrates ou Virchow?), com o subtítulo *"Deutsches Arzttum am Scheideweg"* (A medicina alemã na encruzilhada), «*denuncia Virchow como o sucessor do "cabecilha jacobita" Raspail, que teria roubado todo o seu saber aos ingleses e franceses do século passado. Além disso, a sua patologia celular era uma ideia fantasiosa, o seu trabalho político, alta traição, e toda a sua obra era "produto de uma mundividência inferior".*»[546]

---

544 Elementos colhidos em Christian Andree, ob. cit., pág. 26 e 27.
545 Christian Andree, ob. cit., pág. 27.
546 Christian Andree, ob. cit., pág. 27.

O ponto alto verifica-se com o filme de propaganda "Robert Koch", de 1939, em que Virchow surge como um vilão, adversário de Koch. Mais: Virchow é igualmente *caracterizado como o boicotador de qualquer progresso e, para além disso, como um político estúpido, no que respeita à sua oposição a Bismarck*.[547]

Este ódio do nacional-socialismo contra Virchow advém, fundamentalmente, do seu gigantesco trabalho de campo, efectuado sobre 6.760.000 crianças alemãs em idade escolar, e que tinha destruído a ideia preconcebida e errônea de a *raça alemã* ser constituída apenas por gente alta, loira e de olhos azuis: segundo Ackerknecht, ao se referir aos resultados finais, *«se destruía, um vez por todas o mito da raça alemã, ao demostrar que "os alemães não eram racicamente iguais, em lado algum, e, ainda memos, que fossem predominantemente loiros."»*[548] Destruía-se assim o futuro mito da *raça ariana*,[549] a ideia central do nacional-socialismo. Precisamente pelos resultados científicos colhidos por Virchow é que Ackerknecht se imperssiona pelo facto de, décadas mais tarde, *«o mito racial alemão se ter gindado numa espécie de religião de Estado canibalesca, e que fosse defendido por auto-denominados cientistas reputados.»*[550]

Em síntese, para o nacional-socialismo, Virchow não passava de uma figura obscura, um liberal, simpatizante de judeus, que vetava e destruía as ideias dos outros, quando as mesmas não se integravam no seu sistema científico; a *vítima* mais destacada teria sido o bacteriologista Robert Koch. As poucas pessoas que se atrevem a defender Virchow encontram pouca ou nenhuma divulgação; chega a proibir-se a publicação de uma biografia de Virchow, no início dos anos quarenta, *«por a mesma conferir uma imagem demasiado positiva de Virchow»*[551].

A partir de 1945 verificam-se novos desenvolvimentos. Na zona de ocupação ocidental, Virchow é completamente reabilitado. Na zona de ocupação soviética, entre 1945/1946, Virchow é igualmente reabilitado, mas por pouco tempo. Segundo Andree: *«Durante os últimos anos do estalinismo, a opinião sobre Virchow, originária da Rússia, altera-se em 180 graus. [...] Na Alemanha de Leste, Virchow volta a colher o ódio dos ideólogos – desta feita, dos do outro lado. Assim, a professora Olga Lepeschinskaja, de Moscovo, afirmava em 1950 que Virchow tinha sido um político e cientista reaccionário, que havia continuamente vetado o progresso da ciência e que a sua patologia celular havia sido absolutamente prejudicial.»*[552]

Contudo, aquando das comemorações do seu 150.º aniversário, em 1971, o regime da RDA reabilita incondicionalmente a memória de Virchow, organizando gigantescos festejos, reeditando algumas das suas obras. Andree chama a atenção para a ironia do facto de algumas das frases de Virchow passarem a circular entre as pessoas da RDA; ponto alto será a presença de frases de Virchow nas manifestações em Berlim Leste,

---

[547] Idem, *Ibidem*.

[548] Erwin Ackerknecht, ob. cit., pág. 178.

[549] Mesmo durante o regime nacional-socialista, havia uma espécie de consciência colectiva silenciosa que negava a existência duma verdadeira raça ariana; exemplo disso era uma anedota (proibida!) que circulava por esses tempos, e que definia o *supra sumo* do *bom ariano*: o bom ariano deveria ser esbelto como Göring, alto como Göbbels e loiro como Hitler (informação colhida em fontes populares).

[550] Erwin Ackerknecht, ob. cit., pág. 174.

[551] Christian Andree, ob. cit., pág. 28.

[552] Idem, *Ibidem*.

em Outubro/Novembro de 1989: «*"Constitui uma maldição do género humano o facto de este ter aprendido a suportar por habituação igualmente as situações mais horríveis."*»[553]

Actualmente, Virchow continua presente como nunca. Ao nível político, redescobrem-se as ideias de Virchow, continuando as mesmas a inspirar as necessárias e constantes reformas em curso na saúde e na medicina.

---

[553] Citação extraída do 'Relatório sobre a epidemia de tifo [...]', em Andree, ob. cit., pág. 29.

CAPÍTULO XVII

O LEGADO

O espólio de Virchow é vastíssimo; e é tão vastíssimo que ainda hoje os trabalhos de inventariação dos seus escritos, em várias áreas, se encontram em curso. Em termos de espólio de objectos científicos propriamente ditos, *«o patologista Virchow preparou e etiquetou mais de 20.000 preparados com as suas próprias mãos, identificou e classificou mais de 4.000 crânios.»*[554] Em termos de correspondência, *«no seu espólio encontram-se mais de 20.000 cartas, que estão na sua maior parte guardadas no arquivo central da Deutsche Akademie der Wissenschaften* (Academia de Ciências Alemã) *em Berlim, com mais de 2.200 correspondentes diferentes.»*[555]

Os seus opúsculos, de maior ou menor dimensão, transpassando as diversas áreas do saber, são cerca de 1.188[556]. Neste momento, o Dr. Christian Andree está a levar a efeito um esforço herculeo: a publicação integral dos vários trabalhos de Virchow bem como a sua correspondência, notícias na imprensa da época, os seus discursos parlamentares, os seus pareceres em várias comissões, os seus diários de viagem etc. Para se ter uma noção mais aproximada, estima-se que a obra final ascenderá aos 71 volumes (!); alguns já se encontram no mercado[557].

Virchow destacou-se igualmente pela instituição de um museu de patologia anatómica. Começou a sua tarefa em 1856, com cerca de 1.500 objectos; em 1890 a colecção atingia os 19.000 objectos. Em 1899 era inaugurado especialmente um museu para o efeito, o *Berliner Medizinhistorisches Museum* (Museu da História da Medicina, de Berlim, conhecido pela sigla BMM). Na data da sua inauguração, a colecção ascendia a 20.833 objectos, distribuídos por uma área de 2.000 m². Os sucessores de Virchow continuaram a aumentar a colecção. No rescaldo da II Guerra Mundial, dos cerca de

---

[554] Heinrich Schipperges, ob. cit., pág. 7.

[555] Idem, *Ibidem.*

[556] Segundo outra fonte, aquando das festividades pelo seu 80.º aniversário, circulou uma pequena obra, com 118 páginas, nas quais constavam títulos de vários trabalhos; cerca de 800 versavam sobre a medicina, ao passo que cerca de 1150 trabalhos tinham por objecto temas antropológicos. Informação recolhida no site http://www.m-ww.de/persoenlichkeiten/virchow.html

[557] Informações extraídas do site http://www.blackwell.de/register/hum/virchow.htm

26.000 objectos, apenas 2.500 escaparam à destruição. Actualmente, a colecção é composta por cerca de 10.000 peças, abarcando um espaço temporal desde 1726 até ao presente[558].

Finalmente, a memória de Virchow encontra-se perpetuada em diversos hospitais bem como em diversas institutos, quer médicos, quer histórico-antropológicos. Não é por acaso que um dos maiores hospitais de Berlim ostenta o nome de Virchow (o *Virchow-Krankenhaus*).

Outro aspecto, quase desconhecido, foi o facto de Virchow, juntamente com Lina Morgenstern, destacada sufragista alemã de origem judaica, ter instituído a primeira "sopa dos pobres" em Berlim, aquando da crise despoletada pela guerra de 1866. No início dos anos setenta, estava garantida a prestação de alimentos a cerca de 10.000 necessitados/dia, distribuídos por 10 "cozinhas populares"[559].

Em suma, pode afirmar-se que existem dois legados: o legado material, que é a soma do seu vasto acervo físico (as cartas, os opúsculos, as varias publicações que dirigiu e apadrinhou, os preparados patológicos), e o legado espiritual. Este último é o mais rico e profícuo. Com efeito, é na releitura de obras como a *"Medicinische Reform"* que ainda hoje se podem descobrir e redescobrir pistas para a construção de um futuro melhor. O facto dos seus pensamentos visarem o ser humano, tornam esses pensamentos e reflexões universais e, quase que nos arriscamos a dizer, intemporais.

---

[558] As informações contidas neste parágrafo foram extraídas do site http://www.hu-berlin.de/uni schau2000/medizinhistorisches.html

[559] Informação recolhida em Christian Andree, ob. cit., pág. 74.

CONCLUSÕES

É chegado a hora de passar à parte mais complicada: as conclusões. Complicada, porque se terá de fazer um balanço do todo, requerendo-se ao mesmo tempo que se seja *breve*. Sem escândalo, pelo que se expôs na presente tese, Virchow foi um *Übermensch*, um super-homem, pois se é difícil a um comum mortal deixar a sua marca numa só área do saber humano, Virchow deixou a sua marca em várias áreas; áreas tão diversas como a medicina, a antropologia e a pré-história. Simultaneamente, dedicou a sua existência igualmente à vida pública, quer aos assuntos da sua *Polis*, quer aos elevados interesses da colectividade nacional: o Estado. Foi nosso propósito visualizar e compreender Virchow nas suas várias vertentes. Mas, em termos de universalidade, foi na medicina que deixou a sua marca maior, e isso ainda quando era relativamente novo.

Com efeito, em termos de medicina, Virchow representa e encarna um paradigma: a passagem da medicina romântica, especulativamente estéril, para uma medicina verdadeiramente científica, especulativamente produtiva. Em termos epistemológicos, marca a passagem da filosofia natural para a ciência natural.

No que respeita à medicina propriamente dita, Virchow faz parte do leque de homens que converteram a medicina naquilo que ela hoje é: uma ciência, a mais nobre das ciências, pois que procura minorar o sofrimento do Homem na sua existência terrena, prolongando-lhe a vida. Munindo-se dos progressos tecnológicos (como o microscópio e os reagentes químicos), Virchow parte no encalço da doença, dissecando cadáveres, analisando e reanalisando o que se lhe depara ao microscópio, tirando ilações. Compreende que a vida radica e começa na unidade mais simples e menor: a célula; e é igualmente na célula que se aloja e principia a doença. Daí à sua patologia celular, que revolucionará o conceito e o entendimento de doença, vai um passo. Por outro lado, estabelece um diálogo *vivo*, entre o patologista e o clínico; compreender e analisar as causas da morte, para prolongar a vida aos vivos.

A patologia celular foi, com efeito, a coroa de glória de Virchow; contudo, em vez de se acomodar à sombra dos louros, fiel ao seu *leitmotiv* "*Uma vida cheia de trabalhos e de esforços não é um fardo, mas uma bênção*", Virchow dedicou e multiplicou as suas energias a outros campos, tão dispares como a política, comunal e nacional, bem como a outras áreas do saber, como a pré-história, a arqueologia e a antropologia, destacando-se em todas estas áreas.

Como refere Ackerknecht: «*É quase certo que se Virchow não tivesse existido, outro qualquer teria criado a "Patologia Celular" [...] outro qualquer teria realizado os seus trabalhos antropológicos. E por isso ganha maior relevância o facto de um só indivíduo ter feito todas essas coisas; ... É por esse motivo que a obra geral de Virchow tem maior relevância do que a mera soma das suas partes.*»[560]

Actualmente, vivemos na época da especialização. No nosso tempo, seria impossível haver alguém que se destacasse nas ciências naturais, nas ciências humanistas, na vida académica, e que fosse simultaneamente político comunal e parlamentar; o *nosso* tempo deixou de conferir espaço a homens desta envergadura. Depois, acresce que os campos dos vários saberes se encontram cada vez mais entrincheirados, não obstante alguma apregoada transdisciplinariedade que possa haver. O perigo reside em perdermos uma visão do conjunto. Virchow foi certamente um dos últimos *grandes* que, tendo actuado em campos do saber quase opostos, nunca perdeu uma visão do conjunto. Atrevo-me a dizer que a sua visão de conjunto se centrava, afinal, no Homem. Conhecer o Homem, em todas as suas vertentes (medicina, antropologia, sociedade, história), para melhor o entender...e apontar caminhos.

Este deveria ser o caminho ideal. Sucede que a evolução do conhecimento científico, a sua inevitável emancipação do transcendente, ou mesmo de *Deus*, a inversão do termo *criador/criatura*, o absolutizar do conhecimento pelo conhecimento (neste ponto, vale a pena empregar uma citação de Ernst Haeckel: "*Os frutos da árvore da sabedoria valem sempre a pena, mesmo que por causa deles se perca o paraíso*"), acabaria por esvaziar a sociedade de valores éticos, acabando por potenciar ao máximo, no séc. XX, os pecados contra a humanidade (a eliminação *científica* nos campos de extermínio, as bombas atómicas sobre o Japão, por exemplo). A uma longa época de *valores* sem ciência digna desse nome, seguiu-se a breve trecho uma *ciência* sem valores.

Summa summarum: O triunfo da ciência, aliada a uma eliminação da figura paternalista de Deus e à mecanização da sua criatura, o Homem, potenciara todos os excessos praticados no século XX. A acalmia e o regresso da civilização, a partir de 1945, são uma visão parcial. No que respeita ao nosso tempo actual, com a decifração do genoma humano ou a clonagem, abrem-se majestosas portas que nos poderão conduzir *cientificamente* em duas direcções moralmente opostas. Qual delas vingará?

A única conclusão possível é a de se reinstituir uma ciência orientada por *valores positivos*. A definição dessa positividade caberá à ética e à filosofia. Não há nada de mais perigoso que uma ciência sem valores. Nesse aspecto, nenhum exemplo servirá melhor que o exemplo de Virchow: embora fosse um anti-clerical quase primário, nunca subalternizou o ser humano, bem pelo contrário: toda a sua vida, todos os seus inúmeros trabalhos, tiveram por fim a emancipação do Homem, mas de um Homem envolto em valores positivos.

Para finalizar, parece-nos oportuno transcrever uma citação de Eugen Richter, que traça um nobre elogio a Virchow, ainda em vida deste:

"*Vemo-lo entre nós, o modo como vive, mas, nas épocas futuras e durante séculos não se conseguirá compreender que um só homem tenha realizado uma obra tão exemplar em domínios tão diversos. Aí nascerá a lenda, que na transição do século XX, Virchow não era uma pessoa singular, mas um nome colectivo para uma série de contemporâneos de excepção que em áreas tão diversas realizaram coisas tão magníficas.*»[561]

---

[560] Erwin Ackerknecht, ob. cit., pág. 200.
[561] Vasold, citando Eugen Richter, ob. cit., pág. 377.

CRONOLOGIA DE VIRCHOW[562]:

13/10/1821	Virchow nasce a 13 de Outubro, em Schivelbein, na Pomerânia.
Maio de 1835	Matrícula no liceu, em Köslin.
Junho de 1839	Conclusão do liceu; exame de maturidade.
Outubro de 1839	Início do estudo da medicina, em Berlim.
1843	Primeira publicação de Virchow, um ensaio histórico sobre o mosteiro de Schivelbein. Licenciatura em medicina e médico adjunto na *Charité*.
1844	Assistente do *Prosektor* Robert Froriep.
1845	Primeira publicação sobre coagulação sanguínea e leucemia, nas *"Neue Notizen"*, de Froriep.
1846	*Prosektor* na *Charité* de Berlim.
1847	Promoção como docente privado. No mesmo ano, juntamente com Benno Reinhardt, funda o *"Archiv für pathologische Anatomie und Physiologie und für Klinische Medizin"*, actualmente conhecido por *"Virchows Archiv"*.
1848	Redige as famosas *"Mitteilungen über die in Oberschlesien herrschende Typhus-Epidemie"*. Participação na revolução de Março, em Berlim. Funda, juntamente com Rudolf Leubuscher, a *"Medicinische Reform"*.
1849	Exoneração das suas actividades, em virtude do seu envolvimento político. Virchow assume a regência da cadeira de anatomia patológica, na Universidade de Würzburg.
1850	Consorcia-se com Rose Mayer, em Berlim, a 24 de Agosto.
Fevereiro de 1852	Relatório sobre a *"Calamidade no Spessart"*.
1856	Regresso à Universidade de Berlim, regendo a cadeira de anatomia patológica; director do recém-fundado Instituto de Patologia.
1858	Publicação da sua obra *"Die Cellular-Pathologie"*.
1859	Virchow é eleito para a Assembleia Municipal de Berlim.
1861	Virchow, juntamente com outras individualidades (Theodor Mommsen, Hermann Schulze-Delitzsch, por exemplo) funda o *Deutsche Fortschrittspartei*; início da carreira parlamentar de Virchow no *Preussischer Landtag*.
Junho de 1865	A questão do duelo com Bismarck.
1867	A vereação de Berlim constitui uma comissão, sob a direcção de Virchow, destinada a solucionar a questão das águas resi-

---

[562] Os dados biográficos de Virchow foram extraídos das obras citadas de Manfred Vasold e de Heinrich Schipperges.

duais da cidade; Virchow visita Paris, a fim de se inteirar do sistema de canalização.

1870	Durante a guerra franco-prussiana, Virchow organiza hospitais de campanha e transporte de militares feridos.
Janeiro de 1873	Virchow discursa pela primeira vez sobre o *Kulturkampf* no *Landtag* da Prússia.
1873	Virchow apresenta um relatório geral sobre a limpeza e o escoamento das águas residuais de Berlim. Início das obras e saneamento.
1874	Virchow é eleito membro da Academia Real das Ciências, de Berlim. Início dos trabalhos de investigação sobre a composição étnica do povo alemão.
1876	No Congresso Internacional de Antropologia e Arqueologia, de Budapeste, Virchow apresenta os primeiros resultados dos trabalhos de investigação sobre a composição étnica do povo alemão.
1879	Virchow visita Heinrich Schliemann, em Tróia.
1880	Virchow é eleito deputado ao *Reichstag*. Viagem a Espanha; participação no Congresso Internacional de Antrolologia, Arqueologia e Pré-história, em Lisboa, organizado por Carlos Ribeiro.
1881	Graças aos bons ofícios de Virchow, os achados de Schliemann chegam a Berlim.
1882	Viagem de Virchow ao Cáucaso.
Fevereiro de 1888	Viagem de Virchow com Schliemann ao Egipto e à Grécia.
Março de 1890	Nova visita de Virchow a Schliemann, em Tróia.
Agosto de 1890	Congresso Internacional de Medicina, em Berlim.
1891	Comemorações do 70.º aniversário de Virchow.
1892	Virchow torna-se reitor da Universidade de Berlim.
1893	Aquando das eleições parlamentares para o *Reichstag*, Virchow perde o seu assento parlamentar. Virchow discursa perante a Royal Society, em Londres.
1894	Virchow discursa perante o Congresso Internacional de Medicina, em Roma.
1897	Virchow preside à Conferência Internacional sobre a Lepra, em Berlim.
1901	Comemorações mundiais por ocasião do 80.º aniversário de Virchow.
1902	Fractura do colo do fémur; Virchow morre a 5 de Setembro, em Berlim.

BIBLIOGRAFIA

ACKERKNECHT, Erwin H. – *Rudolf Virchow – Arzt, Politiker, Anthropologe*, Estugarda, Ferdinand Enke Verlag Stuttgart, 1957.

ACKERKNECHT, Erwin H. – *A short history of medicine*, Revised Edition, Baltimore, The Johns Hopkins University Press, 1992.

AMADO, J. J. da Silva; BOMBARDA, Miguel – Rudolph Virchow. *A Medicina Contemporânea*. 19:41 (1901) 333-336.

ANDREE, Christian – *Rudolf Virchow – Leben und Ethos eines grossen Arztes*, Munique, Langen Müller, 2002.

ASCHOFF, Ludwig – *Rudolf Virchow – Wissenschaft und Weltgeltung*, Hamburgo, Hoffmann und Campe Verlag, 1940.

BECKER, V. – "Die Medizin ist eine Naturwissenschaft". In: *Sitzungsberichte der Physikalisch- -Medizinischen Sozietät zu Erlangen. Inspiration der Medizin durch Virchow*, 9(1)2003, pp. 5-11.

BOLLET, Alfred Jay – Rudolf Virchow. Cientista conservador e político liberal. *Momento Médico*. 23:358 (1983) 3-6.

BOMBARDA, Miguel – Jubileu de Virchow. *A Medicina Contemporânea*. 17:49 (1899) 421.

Brockhaus'konversations-Lexikon, 14te Vollständige neubearbeitete Auflage, in XVI Bände, 15tes Band, Leipzig, Berlim e Viena, F. A. Brockhaus, 1895.

DUCHESNEAU, François – "La structure normale et la pathologique du vivant". In: GRMEK, Mirko D. – *Histoire de la pensée médicale en Occident*, Paris, Editions du Seuil, 1999, pp. 29-57.

FAURE, Olivier – *Histoire sociale de la médecine (XVIIIe-XXe Siècles)*, Paris, Anthropos, 1994.

FERREIRA, Bettencourt – Virchow (1821-1902). *Jornal da Sociedade das Sciencias Medicas de Lisboa*. 66:8-9 (1902) 273-284.

GUERRA, Francisco – *Historia de la medicina*, vol. 2, Madrid, Ediciones Norma, 1985.

HEACKEL, Ernst – *História da Criação Natural*, Porto, Lello & Irmão – Editores, 1961.

HORTA, Jorge da Silva – Rudolf Virchow. A propósito da passagem do centenário da teoria celular. *Semana Médica*. 1:31 (1959) 1; 3-5.

HORTA, Jorge da Silva – Rudolf Virchow: a propósito da passagem do centenário da teoria celular. *Jornal da Sociedade das Ciências Médicas*. 124:3 (1960) 325-341.

JACOB, Wolfgang – "El legado medicosocial de Rudolf Virchow. La medicina como ciencia del hombre". In: LESKY, Erna – *Medicina Social. Estudios y testemonios historicos*, Madrid, Ministerio de Sanidad y Consumo, 1984, pp. 165-186.

LAIN ENTRALGO, P. – *Historia de la medicina*, Barcelona, Salvat Editores SA, 1989.

LOPEZ PIÑERO, José M. – *Ciencia y enfermedad en el siglo XIX*, Barcelona, Nexos, 1985.

MENDES, J. J. Amaral – A época de Virchow na evolução da patologia moderna. *Arquivos de Patologia Geral e Anatomia Patológica da Universidade de Coimbra*. Nova série. 11 (1971) 121-163.

MEYER, Ernst – *Rudolf Virchow*, Wiesbaden, Limes Verlag, 1956.

MORTON, Leslie T.; MOORE, Robert J. – *A chronology of medicine and related sciences*, Aldershot, Ashgate, 1998.

NEVES, Azevedo – Rudolf Virchow. *A Medicina Contemporânea*. 20:38 (1902) 303-307.

PEREIRA, Ana Leonor; PITA, João Rui – "Liturgia higienista no século XIX – pistas para um estudo", *Revista de História das Ideias*, Coimbra, 15, 1993, pp. 437-559.

PEREIRA, Ana Leonor; PITA, João Rui – "Ciências". In: MATTOSO, José (dir.) – *História de Portugal*, vol. 5, O Liberalismo (1807-1890), Coordenadores: TORGAL, Luís Reis; ROQUE, João Lourenço, Círculo de Leitores, 1993, pp. 652-667.

PEREIRA, Ana Leonor – "Novas sensibilidades científico-culturais em Portugal na aurora do séc. XX". In:*Estudos de História contemporânea portuguesa*. Homenagem ao Professor Vitor de Sá. Lisboa, Livros Horizonte, 1991, pp. 421-431.

RIERA, Juan – *Historia, Medicina y Sociedad*, Madrid, Ediciones Pirámide SA, 1985.

ROSEN, George – *A history of public health*. Expanded edition. Baltimore, The John Hopkins University Press, 1993.

SCHIPPERGES, Heinrich – *Rudolf Virchow*, 2ª edição, Hamburgo, Rowohlt, 2003.

SIGERIST, Henry E. – "De Bismarck a Beveridge. Desarollo y tendencias de la legislación sobre seguridad social". In: LESKY, Erna – *Medicina Social. eEstudios y testemonios historicos*, Madrid, Ministerio de Sanidad y Consumo, 1984, pp. 187-209.

STAHNISCH, F. – "Auswirkungen einer morphologie basierten Begrifflichkeit am Beispiel *Virchow'scher* Vorstellungen zur Neuroglia". In:*Sitzungsberichte der Physikalisch-Medizinischen Sozietät zu Erlangen. Inspiration der Medizin durch Virchow*, 9(1)2003, pp. 29-38.

TUBIANA, Maurice – *História da medicina e do pensamento médico*, Lisboa, Editorial Teorema, 2000.

VASOLD, Manfred – *Rudolf Virchow – Der grosse Arzt und Politiker*, Francforte Fischer Taschenbuch Verlag GmbH, 1990.

VASOLD, Manfred – *Pest, Not und Schwere Plagen – Seuchen und Epidemien vom Mittelalter bis Heute*, Munique, Verlag C. H. Beck , 1991.

Rudolf Virchow (1821-1902). *Triângulo*. 10:4 (1972) 121-122.

Rudolph Virchow. *Jornal da Sociedade das Sciencias Medicas de Lisboa*. 65:10 (1901) 321-327.

WEINDLING, Paul – "Public Health in Germany". In: PORTER, Dorothy (Ed.) – *The history of public health and the modern state*, Amsterdam, Clio Medica, 1994.

WITTERN-STERZEL, R. – "Die Medizin ist eine soziale Wissenschaft". In:*Sitzungsberichte der Physikalisch-Medizinischen Sozietät zu Erlangen. Inspiration der Medizin durch Virchow*, 9(1)2003, pp. 13-20.

SITES

http://www.uni-heidelberg.de/institute/fak5/igm/g47/bauervir.htm,
http://www.dafkurse.de/lernwelt/menschen/virchow/virchow.htm
http://www.dhm.de/lemo/htlm/biografien/VirchowRudolf/
file://A:\Schwanns%Theorie%20der%20Zellneubildung.htm
file://A:\Haeckel%über%20Virchows%Vortrag%20zum%20Kretinismus.htm
file://A\Rückkehr%20nach%20Berlin.htm
http://home.tiscalinet.ch/biografien/virchow.htm
http://www.m-ww.de/persoenlichkeiten/virchow.html
http://www.blackwell.de/register/hum/virchow.htm
http://www.gkpn.de/hofmann.htm
http://www.hu-berlin.de/uni_schau2000/medizinhistorisches.html

PUBLICAÇÕES PERIÓDICAS

Die medicinische Reform, 1848-1849
(consulta da edição fac-similada, Hildesheim, Georg Olms Verlag, 1975)

www.ingramcontent.com/pod-product-compliance
Lightning Source LLC
Chambersburg PA
CBHW052010090426
42741CB00008B/1635